清代書院
課藝選刊

小俊 主編

黄州課士録

[清] 周錫恩 編定
潘志剛 整理

長江出版傳媒 | 崇文書局

國家社會科學基金重大招標項目
國家社會科學基金冷門絶學研究專項

湖北省公益学术著作
Hubei Special Funds 出版专项资金
for Academic and Public-interest
Publications

前　言

《黄州課士録》为清末黄州經古書院學生的課業文集，由山長周錫恩編定，經書院學生鍾鵬程、王葆周等人校訂後，光緒辛卯年(1891)初刻於黄州，後復刻周錫恩評點本，仍稱“光緒辛卯刊本”。該書共八卷，分六册，每頁九行，每行二十五字，單魚白口，四周雙邊。天津圖書館、復旦大學圖書館、常州市圖書館均有收藏，缺册，唯湖北省圖書館保存完整。本次點校整理即以湖北省圖書館所藏周錫恩評點本爲主(省圖索書號:集三/165)。

周錫恩(1853—1900)，字蔭常，號伯晉、是園、幼珊，黄岡羅田人。光緒二年(1876)優貢第三名，五年(1879) 中鄉試第二十二名，九年(1883)會試第六十六名、覆試一等第十七名、殿試二甲第五十一名、朝考一等第五十四名，選翰林院庶吉士。十二年(1886)散館授編修，充國史館、功臣館纂修，翰林院撰文。因其才華甚著，同湖南才子張百熙有“北周南張”之稱。十四年(1888)充任陝西鄉試副主考。次年喪子，旋即丁母憂。時逢張之洞主政湖北，精心辦學，經張之洞推薦，十六年(1890)出任黄州經古書院山長。在任期間用心教學，所獲黄州人才甚夥，《黄州課士録》即所教士子課業成果。返朝後，十九年(1893)擔任浙江鄉試副主考，因魯迅祖父周福清科場舞弊案而受牽連，被停職回家。居家期間操持地方事務，積極爲民請命，被地方守令屢次上告朝廷“專行”，遂於光緒二十六年(1900)被朝廷革職，除籍爲民，并交地方“嚴加管束”。因抑鬱成疾而於當年去世，年僅 47 歲。周錫恩現存有《傳魯堂遺書》，亦稱《是園遺書》,包含《傳魯堂文集》六卷、《傳魯堂駢文》三卷、《傳魯堂詩初集》三卷、《傳魯堂詩二集》四卷、《易説》二卷、《使陝記》三卷、《觀二生齋隨筆》一卷。另校閲過兩湖書院課藝稿,舉薦士子頗多。

鍾鵬程,字振之,黄岡人。縣諸生。曾任武昌文普通中學堂教員,民國年間創辦鍾家崗小學。王葆周(1854—?),字文伯,羅田人,王葆心(1869—1944)兄。縣學廩生,肄業兩湖書院、江漢書院、黄州經古書院。歷任順直、雲南、兩粵、湖北、四川等官書局委員。民國年間任鄉議長、區公立兩等小學堂堂長。

《黄州課士録》共八卷。卷首有二序,作者分别爲時任黄州知府李方豫(1837—1895)與山長周錫恩,卷尾为楊壽昌跋。卷一"考訂",卷二"性理",卷三"經濟",卷四至卷八爲"詞章",包括賦、雜文、詩。卷末爲《黄州課士録題辭》,收録題辭 30 餘則。全書評點大部分爲周錫恩所作。需要指出的是,該書目録與正文多有舛誤:《〈明儒學案〉得失論》,目録作者爲"霍鳳喈春如黄岡",正文爲"李自英";《擬謝希逸〈月賦〉》,目録作者爲"魯家璧",而正文署"李鴻渚"。此外,周錫恩評點本存在多處作者字號被抹去的情況,應當是在初版基礎上糾正錯誤所爲。此次整理過程中,盡量保持底本原貌。

《黄州課士録》反映了黄州經古書院鮮明的辦學特色,既是時代的要求所致,也是知識分子的心願所向。透過該書課藝内容,我們可以看到當時知識分子在歷史變遷中的反思和探索,也能看出他們在傳統與現代之間的猶豫與矛盾。下面就該書的課藝内容説明以下三個特徵,以見本書之價值與意義。

第一,訓練學術方法,重視傳統儒學。周錫恩授業課程有"考訂之學""性理之學"。考訂題目涉及《爾雅》《詩》《周禮》《春秋》等儒家經典中的字、詞、句以及文化、地理等問題,或考索字、詞的形音義,或闡釋經典文句含義,或説明文化流變。"考据莫大通經,通經莫先小學”，周錫恩試圖訓練學生的治學方法，糾正乾嘉考據學末流的諸多弊端，如望文生義、嚮壁虚造、蔑古申今、據近定遠、輕疑妄改、袒同讎異等。就其本意，周錫恩想借此種方式去除前人對儒家經典的誤解，重新認識儒家經典的真理，故諸多性理之學之題，如《學原於思説》《原性》《原命》《原心》《原仁》《原陰陽所始》《荀子言性惡辨》等，要求士子從學問的源頭來考慮儒家基本命題或概念，顯示在西學的衝擊下，知識分子對傳統儒學的反思。也正是清末士子從源頭出發重新考察經典，使得儒學再次焕發生命。同時，《〈明儒學案〉得失論》《國朝學案得失論》《宋明諸儒解格物不同説》等課題，要求士子對宋、明、清乃至當今的儒學發展史作檢討，辯證看待儒學的功過與是非，顯示出清末知識分子對儒家學説的重視。

第二，强調學以致用，提倡經世救國。清末政局是中國發展史上千百年來未見之變動，在世界現代化的進程中，中國危如累卵。而中國士大夫自古秉持的修身、齊家、治國、平天下的抱負并未起到有效的作用，周錫恩認爲其中的原因乃是中國所談經濟之學“放言不忌”“空言不實”“高言不切”，未能與時俱進，切指社會弊端，提出有效策略。故《黄州課士録》中針對國内弊病提出“收銅器以救錢法議”“保甲源流利弊説”“鐵路議”“長安應建陪都議”“變武科議”“廣建育嬰堂説”“長江水師參用兵輪議”“裁驛費以養電線議”“團練宜修寨堡説”等有關政治、經濟、軍事、電信、商務、育人這些議題，提請士子考慮挽救中國之最根本、最基礎、最急切的問題；針對國外問題，提出“泰西以商耗中國，中國宜講商務説”“擬保高麗以防俄患疏”等議題，要求士子開拓視野，從全球變化的格局來指陳當時的中國該何去何從。不少課藝一針見血，提出了真知灼見，於社會發展補益良多，可見基層知識分子對時代脉搏的準確把握。又如卷七“詞章”部分，將西洋器物顯微鏡、時辰錶、電鐙、氣球作爲詩題，敦促學生認識、吸收、運用西方新事物。正是這樣的培育，中國大地才會湧現出一批批在國家危亡之際前僕後繼的奮鬥者,使吾中華民族至今屹立不倒。

第三,推尊鄉賢名士,培養鄉土情懷。清末正值國家危難之境,家鄉受侮之時,文化漸變之際。黄州經古書院所授課業極爲推贊鄉賢,盛贊名士。他们以保衛家鄉爲題,於憂患之中培養士人濃厚的鄉土情懷,展現了國人對故土的深愛,對中國深厚優秀傳統文化的自信。這在山長周錫恩身上具有鮮明的反映。在其所作序言中,周錫恩稱"吾黄人文,號爲冠楚",列舉了考訂、性理、經濟、詞章等方面頗有建樹的鄉人,如考訂方面有詹同、瞿九思、顧景星等;性理方面有耿定向、曹本榮、萬年茂等;經濟方面有余玠、康茂才、王廷瞻、帥承瀛等;詞章方面有潘大臨、王廷陳、劉侗、陳沆等。所述黄州名士對中國的經濟、政治、文化、學術等方面做出了巨大的貢獻,爲後人所服膺。該書卷六收録百餘首吟詠黄州先賢的詩歌,卷七以黄州"王元之竹樓""韓魏公讀書堂""蘇子瞻乳母墓""秦少游海棠橋""杜于皇飢鳳軒"等名勝古迹爲歌詠對象,勉勵士子繼承黄州優秀歷史文化。

儒家推己及人,這種對家鄉的熱愛擴及到對整個湖北(楚國)的熱愛,又從家鄉地方的熱愛上升到對整個國家的熱愛。卷一"考訂"《〈春秋〉之楚非夷辨》《黄州入江諸水源流考》二文,前者指出春秋時期的楚國并非夷狄,孔子整理的"五經"已有提及;後者對黄州境内的江河進行了全面梳理,堪稱"黄州水經注"。卷三"經濟"有《黄州險要論》《湖北水利策》等文,論述黄州地理位置之重要、修建湖北水利之益。又如卷三《擬保高麗以防俄患疏》提出朝廷要保全高麗,防範北方强敵俄羅斯;《長安應建陪都議》一文則提議清政府將陝西長安建爲陪都。這些文章在滿懷故土深情中寄寓了對家國深沉的擔憂與熱愛。讀該書,可知爲何黄州大地在近代會湧現出如此多且有影響的大師級人物!

《黄州課士録》無疑是一本瞭解清末政治局勢、社會弊病、近代教育、士人思想、地方文化的重要文獻資料。正值中華民族復興之際,本書的整理出版希望可以幫助更多的人瞭解當時知識分子熾熱的心。由於水平有限,本書中可能還存在一些錯誤,不當之處,還請讀者多多批評指正!

目　録

叙 …… 李方豫 1
叙 …… 周錫恩 2

卷一　考訂

廣《爾雅》釋荷 …… 王懋官 6
釋蜾蠃 …… 王葆心 9
倬彼甫田解 …… 夏仁壽 11
祝祭于祊解 …… 童樹棠 13
前題 …… 王葆心 15
《鄉黨》寢衣考 …… 王葆心 17
撝謙解 …… 王懋官 18
《荀子》引《詩》考 …… 夏仁壽 19
前題 …… 殷炳楠 23
辟雍考 …… 鍾鵬程 25
蜡臘考 …… 夏仁壽 26
其形渥解 …… 夏仁壽 28
日中見沫解 …… 王葆心 30
《春秋》之楚非夷辨 …… 曹集蓉 32
黄州入江諸水源流考 …… 王葆心 33

卷二　性理

學原於思説 …… 王葆心 39
前題 …… 聞宗穀 39
前題 …… 陳正保 41
原性 …… 帥培寅 42
前題 …… 聞宗穀 44
前題 …… 王葆周 46
原命 …… 聞宗穀 47
原心 …… 夏仁壽 49
前題 …… 聞宗穀 50
原仁上 …… 王懋官 51
原仁下 …… 王懋官 52
前題 …… 聞宗穀 53
前題 …… 李自英 55
原陰陽所始 …… 王懋官 56
荀子言性惡辨 …… 趙雋杭 57
《明儒學案》得失論 …… 李自英 58
國朝學案得失論 …… 梅作芙 59
宋明諸儒解格物不同説 …… 王葆心 60
擬張子東銘 …… 葉啟壽 62
前題 …… 童德潤 62
前題 …… 夏仁壽 63
前題 …… 鍾鵬程 63
前題 …… 霍鳳喈 63
擬程子視聽言動四箴 …… 童樹棠 64

前題 …………………………………………………… 胡　浩　64

卷三上　經濟

收銅器以救錢法議 …………………………………… 王葆心　66
前題 …………………………………………………… 涂廷桂　67
前題 …………………………………………………… 周紱藻　70
保甲源流利弊説 ……………………………………… 李焱龍　72
鐵路議 ………………………………………………… 李林滋　74
前題 …………………………………………………… 童樹棠　77
黄州險要論 …………………………………………… 張炳壽　79
長安應建陪都議 ……………………………………… 王葆心　82
變武科議 ……………………………………………… 王葆周　87
變武科議 ……………………………………………… 戴阿魯　89
擬保高麗以防俄患疏 ………………………………… 王懋官　93

卷三下　經濟

廣建育嬰堂説 ………………………………………… 鍾鵬程　96
長江水師參用兵輪議 ………………………………… 李自英　99
前題 …………………………………………………… 聞宗穀　103
裁驛費以養電線議 …………………………………… 王懋官　104
前題 …………………………………………………… 魯家璧　106
前題 …………………………………………………… 王茂桓　108
湖北水利策 …………………………………………… 鍾鵬程　109
團練宜修寨堡説 ……………………………………… 畢惠康　111
前題 …………………………………………………… 王楚喬　115
泰西以商耗中國,中國宜講商務説 ………………… 鍾鵬程　117

卷四　詞章　賦

漢章帝詔選高材生受學賦 以扶進微學、尊廣道藝爲韻 …… 夏仁壽 119
青雲塔賦 以勢如湧出、孤高聳天爲韻 …… 梅作芙 121
前題 …… 帥培寅 122
前題 并序 …… 許　堃 123
前題 …… 劉　鵬 125
恭祝二旬聖壽賦 以得衆動天、美意延年爲韻 …… 曹集蓉 125
恭祝二旬聖壽賦 以得衆動天、美意延年爲韻 …… 張壽之 127
團扇賦 …… 山長擬作 周錫恩 129
前題 …… 童樹棠 130
前題 …… 劉　鵬 130
前題 …… 梅作芙 131
前題 …… 曹集蓉 132
前題 …… 范曾綬 133
擬謝希逸《月賦》以白露暖空、素月流天爲韻 …… 童樹棠 134
前題 …… 李鴻渚 135
前題 …… 曹集蓉 136
前題 …… 夏仁壽 137
紅葉賦 以霜葉紅於二月花爲韻 …… 童樹棠 139
紅葉賦 以霜葉紅於二月花爲韻 …… 夏仁壽 140
白燕賦 以玉翦一雙高下飛爲韻 …… 童樹棠 141
白燕賦 以玉翦一雙高下飛爲韻 …… 梅作芙丹雲 142

卷五上　詞章　賦

漢賦 以四瀆之尊、漢居其一爲韻，謹序 …… 童樹棠 143

前題 …… 葉啟壽 145
擬《大言賦》《小言賦》 …… 葉啟壽 147
前題 并序 …… 王葆心 148
前題 …… 童樹棠 149
前題 …… 王茂桓 151
前題 …… 夏仁壽 152
黄天蕩覽古賦 以題爲韻 …… 夏仁壽 153
前題 …… 鍾鵬程 154
前題 …… 王樹勳 155
秋鷹賦 以秋鷹整翮當雲霄爲韻,并序 …… 梅作芙 156
前題 …… 夏仁壽 157
前題 …… 鍾鵬程 158
寒溪寺老桂賦 以天香云外飄爲韻 …… 夏仁壽 159
前題 并序 …… 李自英 160
前題 …… 魯家璧 161
前題 …… 鍾鵬程 162
梅影賦 以疏影横斜水清淺爲韻 …… 童樹棠 162
前題 …… 涂廷桂 163
前題 …… 夏仁壽 164

卷五下 詞章 雜文

擬揚子雲百官箴 …… 童樹棠 165
前題 …… 夏仁壽 168
聚寶山銘 并敘 …… 曹集蓉 171
前題 …… 童樹棠 171
前題 并敘 …… 前 人 172

前題 …… 梅作芙 172
前題 …… 王葆心 173

卷六　詞章　詩

論黄州詩絶句 …… 梅作芙 174
前題 …… 夏仁壽 174
前題 …… 黄子昜 174
前題 …… 王葆周 174
前題 …… 黄子昜 175
前題 …… 梅作芙 175
前題 …… 王葆周 175
前題 …… 石相欽 175
前題 …… 王國楨 176
前題 …… 王葆周 176
前題 …… 夏仁壽 176
前題 …… 洪席珍 176
前題 …… 黄子昜 177
前題 …… 石相欽 177
前題 …… 黄子昜 177
前題 …… 石相欽 177
前題 …… 王葆周 178
前題 …… 王葆周 178
前題 …… 范毓璜 178
前題 …… 洪席珍 178
前題 …… 夏仁壽 179
前題 …… 王葆周 179

前題 …………………………………………………… 程廷藻 179
前題 …………………………………………………… 王葆周 179
前題 …………………………………………………… 石相欽 180
前題 …………………………………………………… 黄子昜 180
前題 …………………………………………………… 石相欽 180
前題 …………………………………………………… 黄子昜 180
前題 …………………………………………………… 黄子昜 181
前題 …………………………………………………… 石相欽 181
前題 …………………………………………………… 梅作芙 181
前題 …………………………………………………… 夏仁壽 181
前題 …………………………………………………… 石相欽 182
前題 …………………………………………………… 石相欽 182
前題 …………………………………………………… 石相欽 182
前題 …………………………………………………… 黄子昜 182
前題 …………………………………………………… 黄子昜 183
前題 …………………………………………………… 梅作芙 183
前題 …………………………………………………… 王葆周 183
前題 …………………………………………………… 石相欽 183
前題 …………………………………………………… 黄子昜 184
前題 …………………………………………………… 黄子昜 184
前題 …………………………………………………… 黄子昜 184
前題 …………………………………………………… 石相欽 184
前題 …………………………………………………… 石相欽 185
前題 …………………………………………………… 黄子昜 185
前題 …………………………………………………… 黄子昜 185
前題 …………………………………………………… 王葆周 186
前題 …………………………………………………… 洪席珍 186

前題 …………………………………………………… 黄子勗 186
前題 …………………………………………………… 王葆周 186
前題 …………………………………………………… 梅作芙 187
前題 …………………………………………………… 王葆周 187
前題 …………………………………………………… 黄子勗 187
前題 …………………………………………………… 王葆周 187
前題 …………………………………………………… 王葆周 188
前題 …………………………………………………… 黄子勗 188
前題 …………………………………………………… 黄子勗 188
前題 …………………………………………………… 梅作芙 188
前題 …………………………………………………… 洪席珍 189
前題 …………………………………………………… 童樹棠 189
前題 …………………………………………………… 王國楨 189
前題 …………………………………………………… 王葆周 189
前題 …………………………………………………… 洪席珍 189
前題 …………………………………………………… 梅作芙 190
前題 …………………………………………………… 王葆周 190
前題 …………………………………………………… 黄子勗 190
前題 …………………………………………………… 王葆周 190
前題 …………………………………………………… 黄子勗 191
前題 …………………………………………………… 童樹棠 191
前題 …………………………………………………… 程廷藻 191
前題 …………………………………………………… 闕　名 191
前題 …………………………………………………… 洪席珍 192
前題 …………………………………………………… 石相欽 192
前題 …………………………………………………… 石相欽 192
前題 …………………………………………………… 石相欽 192

前題 …………………………………………………… 石相欽 193
前題 …………………………………………………… 王葆周 193
前題 …………………………………………………… 王葆龢 193
前題 …………………………………………………… 王葆周 193
前題 …………………………………………………… 石相欽 194
前題 …………………………………………………… 石相欽 194
前題 …………………………………………………… 夏仁壽 194
前題 …………………………………………………… 石相欽 194
前題 …………………………………………………… 洪席珍 195
前題 …………………………………………………… 石相欽 195
前題 …………………………………………………… 童樹棠 195
前題 …………………………………………………… 王葆周 195
前題 …………………………………………………… 黄子勗 195
前題 …………………………………………………… 石相欽 196
前題 …………………………………………………… 黄子勗 196
前題 …………………………………………………… 洪席珍 196
前題 …………………………………………………… 石相欽 196
前題 …………………………………………………… 王葆周 197
前題 …………………………………………………… 范毓璜 197
前題 …………………………………………………… 洪席珍 197
前題 …………………………………………………… 王葆周 197
前題 …………………………………………………… 石相欽 198
前題 …………………………………………………… 黄子勗 198
前題 …………………………………………………… 王葆周 198
前題 …………………………………………………… 范毓璜 198
前題 …………………………………………………… 洪席珍 199
前題 …………………………………………………… 黄子勗 199

前題 …… 石相欽 199
前題 …… 石相欽 199
前題 …… 黄子昜 200
前題 …… 王葆周 200
前題 …… 王葆周 200
前題 …… 黄子昜 200
前題 …… 黄子昜 201
前題 …… 洪席珍 201
前題 …… 石相欽 201
前題 …… 石相欽 201
前題 …… 王葆周 202
前題 …… 石相欽 202
前題 …… 黄子昜 202
前題 …… 石相欽 202
前題 …… 洪席珍 203
前題 …… 童樹棠 203
前題 …… 胡　浩 203
前題 …… 范毓璜 203
前題 …… 洪席珍 204
前題 …… 王葆周 204
前題 …… 石相欽 204
前題 …… 范毓璜 204
前題 …… 王葆周 205
前題 …… 王葆周 205
前題 …… 王葆周 205
前題 …… 石相欽 205
前題 …… 王葆周 206

前題 …………………………………………… 王葆周 206
前題 …………………………………………… 石相欽 206
前題 …………………………………………… 王葆心 206
前題 …………………………………………… 王葆心 207

卷七 詞章 詩

擬蘇子瞻《武昌銅劍歌》 ………………………… 童樹棠 208
前題 …………………………………………… 范曾綬 208
前題 …………………………………………… 劉 鵬 208
前題 …………………………………………… 劉鏡華 209
前題 …………………………………………… 黄巨源 209
前題 …………………………………………… 張炳壽 209
前題 …………………………………………… 胡 浩 210
前題 …………………………………………… 畢自厚 210
前題 …………………………………………… 梅作芙 210
前題 …………………………………………… 余仁恭 211
前題 …………………………………………… 謝 椿 211
王元之竹樓 ……………………………………… 王懋官 211
前題 …………………………………………… 周錦森 212
前題 …………………………………………… 李林滋 212
前題 …………………………………………… 范曾綬 212
韓魏公讀書堂 …………………………………… 王懋官 213
前題 …………………………………………… 周錦森 213
前題 …………………………………………… 畢自芬 213
蘇子瞻乳母墓 …………………………………… 王懋官 213
前題 …………………………………………… 曹集蓉 214

前題 …………………………………………… 范曾綬 214
前題 …………………………………………… 范曾綬 214
前題 …………………………………………… 陳慶萱 214
前題 …………………………………………… 李林滋 215
前題 …………………………………………… 周錦森 215
秦少游海棠橋 ………………………………… 王懋官 215
前題 …………………………………………… 周錦森 215
前題 …………………………………………… 帥培寅 216
前題 …………………………………………… 吴臨翰 216
前題 …………………………………………… 李林滋 216
前題 ……………………………… 許集奎心武 羅田 217
杜于皇飢鳳軒 ………………………………… 王懋官 217
前題 …………………………………………… 畢自芬 217
前題 …………………………………………… 陳慶萱 217
前題 …………………………………………… 帥培寅 218
前題 …………………………………………… 李林滋 218
前題 …………………………………………… 周錦森 219
秋陰 …………………………………………… 童樹棠 219
前題 …………………………………………… 聞宗穀 219
前題 …………………………………………… 范曾綬 220
前題 …………………………………………… 洪席珍 220
前題 …………………………………………… 曹集蓉 220
前題 …………………………………………… 陳慶萱 220
前題 …………………………………………… 程廷藻 221
前題 …………………………………………… 李鴻渚 221
秋雨 …………………………………………… 童樹棠 221
前題 …………………………………………… 胡　浩 221

前題 …………………………………………… 陳慶萱 222
前題 …………………………………………… 聞廷炬 222
前題 …………………………………………… 夏仁壽 222
前題 …………………………………………… 謝　椿 222
秋晴 …………………………………………… 胡　浩 223
前題 …………………………………………… 童樹棠 223
前題 …………………………………………… 劉　鵬 223
前題 …………………………………………… 黄子勗 223
前題 …………………………………………… 聞宗穀 224
前題 …………………………………………… 范曾綬 224
秋海棠 ………………………………………… 王葆心 224
前題 …………………………………………… 張壽之 225
前題 …………………………………………… 范曾綬 225
前題 …………………………………………… 蕭　璟 226
前題 …………………………………………… 梅作芙 226
前題 …………………………………………… 畢自厚 226
前題 …………………………………………… 聞宗穀 227
前題 ………………………………… 鍾鵬程振之　黄岡 227
前題 …………………………………………… 李鴻渚 227
前題 …………………………………………… 胡有煥 228
前題 …………………………………………… 黄巨源 228
擬昌黎薦士詩 ……………………………… 童樹棠憩南 228
前題 …………………………………………… 胡　浩 229
洋器四詠 ……………………………………… 曹集蓉 230
前題 …………………………………………… 王葆心 232
前題 …………………………………………… 王懋官 234
前題 …………………………………………… 梅作芙 235

前題 …… 葉啟壽 237
前題 …… 謝　椿 238
前題 …… 范曾綬 239
電鐙 …… 毛聲遠 240
電鐙 …… 聞廷炬 241

卷八　詞章　詩

擬蘇東坡和子由園中草木詩 …… 梅作芙 242
前題 …… 余嗣勳 243
前題 …… 吴臨翰 244
前題 …… 霍鳳喈 244
前題 …… 謝　椿 244
坿羊山草木詩 …… 山長周錫恩 245
題東坡笠屐圖 …… 童樹棠 247
題東坡笠屐圖 …… 何楚楠 247
晴川閣公餞俄儲紀事 …… 曹集蓉 248
前題 …… 葉啟壽 249
前題 …… 王懋官 250
前題 …… 王殿華 251
前題 …… 夏仁壽 251
前題 …… 張　朗 251
前題 …… 謝　椿 252
前題 …… 余錦琪 253
前題 …… 王樹勳 253
前題 …… 王葆心 253
前題 …… 鍾鵬程 254

擬韓孟鬭雞聯句 …………………………………………… 夏仁壽 254
前題 ……………………………………………………… 童樹棠 255
前題 ……………………………………………………… 鍾鵬程 256
前題 ……………………………………………………… 趙雋杭 256
前題 用昌黎《石鼎》聯句用韻………………………………… 魯家璧 257

黄州課士録題辭 ………………………………………… 王懋官等 258
跋 ………………………………………………………… 楊壽昌 273

黄州課士録

光緒辛卯刊于黄郡

叙

國家文運昌熾，冠軼前古，十八行省皆置講院，時藝而外，旁及經古。士之肄習院中者，旬鍛月鍊，鬱爲偉材，典至鉅也。

方豫忝守黄郡，於兹五年矣。郡人士之文藝，既相與討論而切究之，惟經古向無專課，亟擬興建，有志未逮。歲在己丑，南皮制軍自兩粤移督荆楚。下車伊始，首以揆文教爲急。既建兩湖書院於鄂垣，復爲黄州增經古書院，禮延羅田周伯晋編修主講。編修以名翰林負高譽，曩歲典省試，所得皆秦中雋才。既主斯席，釐定規條，甄拔瑰異，寒暑遞嬗，卷軸遂多，手訂《課士録》四卷，屬爲弁言。方豫不敏，何足以序兹編。竊念權人才之消長，辨士習之真僞，定學術之純駁，皆係乎提倡之有人。今制府嘉惠後進，復得編修講貫啟迪，俾士之英異秀特者，不囿於時而進於古。而荒落如方豫者，亦稍塞教士之責，其慚幸爲何如耶！至於向學之源流，藝文之利病，編修言之詳矣，方豫固無庸贊一辭焉。

光緒辛卯四月，江都李方豫叙於黄州官廨。

叙

吾黄人文，號爲冠楚。上章攝提之歲，總督南皮張公、太守江都李公開經古書院於郡城，甄溉高材，勵進樸學，惠至渥也。招錫恩爲院長。自維學術繆雜，行能亡算，無足激揚風教，振發桑梓，不模不範，夙夜赧顔。爰與李公釐定課士章程，厥分四目。

一曰考訂之學。孔曰“述而好古”，孟曰“博而返約”，三才並通，方號爲儒。故夷吾所知七十二代，曼倩能誦二十萬言。然考据莫大通經，通經莫先小學。書名之海，《説文》爲匯；注疏之功，《詩》《禮》宜先。蓋小學曰形、曰音、曰義。他書舉偏，許書得全，而《毛傳》迺西漢之故訓，《禮》注迺鄭君之精宜也。故以六書爲初地，以三《禮》爲極功，要使斠校精審，記聞通貫，芟其支附，鏟厥斷爛。吾黄詹同人同之精《禮》，瞿睿夫九思之訂《樂》，顧赤方景星之説字，靖果園道謨、萬蔚亭希槐之治經，皆其人也。

一曰性理之學。《中庸》逸篇，載于《漢志》；道學列傳，刱自《宋史》。人綱聖脈，實在真儒。必通書以下，遞晰源流。學案諸部，博衡同異，以改過爲先，以力行爲實，以合天爲終。主敬師考亭，守静從象山，認理取甘泉，致知宗新建，尊聞行知，靡膠一是。吾黄耿天臺定向之悟入，曹厚庵本榮之無欲，萬南泉年茂之崇廉恥，袁金溪銑之勘義利，皆其人也。

一曰經濟之學。通經期於致用，授政憂其不達。凡軍國遠圖，政刑鉅典，要使鑒達治體，明練時機。稽之諸史而知治忽得失，考之九通而識因革損益，參之鈔報而諳時勢變通。吾黄余義夫玠拒元兵，康壽卿茂才輔明祖，王稺表廷贍開越河，梅克生國楨剿哱拜，王大謨維允拒奄尹，下逮魯亮儕之裕之豪断，帥仙舟承瀛之廉明，皆其人也。

一曰詞章之學。游、夏之科，昭爛孔門。《藝文》一志，炳靈漢史。訓故尚述，得沈粹之中材，克以名家。詞章尚作，匪瑰穎之桀出，尠能樹幟。竊謂文之尊庳，駢散無分。偏嗜偶語，則沉膇不飛；癖取單筆，則躁剽無肉。而必卬眎韓歐，俛揖徐庾，過也。詩之派别，唐宋竝駕。唐宜深入，淺闊則臣戴主冠；宋宜渾成，迂僻則鼠入牛角。而必龕居李杜，閣束蘇黄，又過也。張思光曰："文無常體，有體爲常。"言有定也。韓退之曰："文無定法，惟取其是。"言無定也。要使景光情興，取妙我心；神韻律調，仰規曩式。吾黄深俊如潘邠老大臨，亮拔如王稺欽廷陳，精奥如劉同人侗，張藕灣仁熙、杜茶村濬之沈健，顧黄公景星之博贍，陳太初沆之高逸，皆其人也。

錫恩幼承祖訓，長聆師箴，尣雜因循，壯歲無就。五技終窮，慚荀卿之勸學；岐路易入，隨楊朱而啜泣。醫無折肱之良，馬有識途之用，原其疵纍，又可言焉。

考訂之弊有六：一曰望文生義。不聞儒先之説而狗曲譚經，不依傳注之文而兔園作册。二曰嚮壁虛造。張騫鑿空之術，乃以欺世；司馬子虛之賦，妄云述學。三曰蔑古申今。尊新安之經而黜《左》《穀》爲外傳，信里師之説而譏馬、鄭爲支離。四曰據近定遠。昧六書之本義，轉以通叚爲正；昧群經之本音，妄以古均爲叶。五曰輕疑妄改。誦《書》一葉便譏《舜典》爲僞，哦《詩》半句遂議《關雎》不莊。信古之過，據《説文》以改六經；信今之過，從坊刻以駁宋槧。六曰袒同讎異。奉虞陶爲古器而和棘不珍，敬渾敦爲先民而元愷見棄。兩廡所祠，醜詆等於洪水；眾女所妒，謡諑毁其蛾眉，抑又何也？

性理之弊有四：一曰腐爛。粟布之文，宜具冰雪之氣。乃理則塗附，類老革之可厭；聲則雷同，非古樂而亦卧。二曰俚俗。語録之起，仿自釋家，乃魏收作史，好以鄙語傳世；枚皋製賦，致用俳體貽譏。三曰標幟。講學之名，闇修宜避，乃戴子夏之小冠、緜蕞以議禮，束康成之博帶、皋比以誘眾。四曰偏激。程朱道問學，陸王尊德性，各具一體，詎設成心，乃輸、墨攻守，陳武庫於禮門；高、赤異同，變心齋爲舌壘，抑又何也？

經濟之弊有三：曰放言不忌。滔于雕龍之辯，出縱入横；景略捫虱之談，淩王轢霸。(稽)[嵇]康非薄湯武，朱雲淩折公卿。此一弊也。曰空言不實。指陳户政，問錢穀而不知；條列邊防，詢險要而拗對。談天罔知推步，説海鮮究測量。此一弊也。曰高言不切。舍今道古，蘭陵譏爲不雅；興禮創樂，漢文謙以未遑。譔《大誥》以訓民，摹《周官》而病國。此一弊也。

詞章之弊有四：曰雜習。孔璋不嫻詞賦而欲風同長卿，孔昭不諳經術而欲名齊董相。離則雙美，合則兩傷。欲苞眾長，終無一得。其惑一也。曰佞時。揣摹風尚，甘效颦之醜；諂附壇坫，忘牛後之羞。異昌黎之起衰，等孫宏之阿世。其惑二也。曰昧體。孟堅作頌，有似贊之譏；士衡撰碑，招類賦之貶。文如衣衲，稱體爲難。若一篇之中，流派羼雜，合雅鄭爲一謳，聯丹素於一幅。其惑三也。曰矜長。露才揚己，班固之譏屈原；浮華減壽，楊琯之料王勃。宋劉摯曰："自命文人，便無足觀。"其惑四也。

凡厥四科，略陳舊曆。專精爲上，博通實難。其偏近也以姿，其孤造也以學。其博觀約取也以書籍之廣博澔汗，其繼長增高也以師友之討論削奪。吾黄山水清遠，材俊彬蔚，飆興雲作，其在今乎？

自庚寅夏迄辛卯春，諸生課作千有餘篇，兹擇其尤雅，刊若干卷。譬萬寶燕息，璀璨在目；五音繁會，琅璈鏗耳。黄之秀璋，亦已繁矣。昔荀卿居楚，號爲大師；彦真還蜀，倡厥里學。振興鄉校，僕非其人。若宋玉稱曲，喜譽郢人；李實進賢，先記同里。各私其鄉，亦古今之公誼也。

其捐資付削人者，曰成都楊君葆初、無錫薛君誠伯、嘉善沈君來峰、新野陶君柳泉、泰順劉君蕖川、容縣封君少霞、鐵嶺彭君潤堂、長安梅君次山，皆令於黄而賢者也。紹有選録，以俟方來。

光緒重光單閼春二月，羅田周錫恩敘於黄州汪氏逸園。

卷一　考訂

廣《爾雅》釋荷

王懋官

《爾雅》釋荷，歷釋莖、葉、本、根、華、實之名，詳矣。而訓詁諸家互有異議。荷，扶渠邵氏晉涵《正義》曰"芙蕖本當作扶渠"。李氏巡云："扶渠，統名也。"是以扶渠名其通體。郭氏璞注"别名夫容"。按别名夫容，見《離騷》，郭所本也。然《説文》云："未發爲菡蕳，已發爲夫容。"是夫容爲花，非總名。邢氏昺疏："江東人譁荷華爲夫容，北人以藕爲荷，亦以蓮爲荷，蜀人以藕爲茄。"郝氏懿行《義疏》引樊光注詩有"蒲與茄，蓋三家《詩》，荷作茄"，則又以藕爲荷矣。《本草綱目》引韓保昇曰"藕生水中，其葉爲荷"，又引陸璣《詩疏》云"其莖爲荷"。此皆習傳爲誤，失其正體者也。段氏《經韻樓集》曰："荷，扶渠，謂其葉也。"斯言韙矣。按荷之言何也段云"儋何之何作何"，葉大而有容，能障風雨，有負何之義。段楙堂曰："何以謂之荷，言何其大也。猶大根駭人，謂之芋也。草木之葉，無大於荷者。扶渠者，何謂大葉，扶搖而起，渠央寛大，故謂扶渠。"段云"渠，水所居，葉若扶水而出"，即此意也。《爾雅》蓋舉荷以目其全體，故分别莖、花、根、實各名，而以"荷，扶渠"三字冠之焉。次曰"其莖茄"。三家《詩》，荷作茄。《揚雄傳》云："'衿芰茄之緑衣兮'，集句'茄'亦'荷'字。"《説文》段注云："茄之言柯也，古與荷通用。"是皆與樊光所引有"蒲與茄"同意。然《説文》云："荷，扶渠，葉若荷，作茄則是葉，非莖也。"按茄者，加也。凡據其上曰加其莖，茄謂加於蔤上。又茄從力，謂有力能負其葉也。《説文》云："茄，扶渠莖，從艸，加聲。"則不與荷通明甚。

次曰“其葉蕸”。唐石經雪牕本作“其萊蕸”，注疏萊作葉。《釋文》云“蕸或作葭”。李瀕湖《本艸綱》云：“蕸音遐，遠於蔤也。”盧文弨曰：“《説文》有葭無蕸，《藝文類聚》引作葭，《初學記》引作荷，《白帖》引作葭，《説文》‘荷，扶渠葉’，徐養源曰：“葭疑即荷字，葭荷雙聲也，古字多有雙聲相通者。”以荷爲扶渠葉，是蕸即荷。”許氏釋菡、蕳、蓮、茄諸字，徧引《爾雅》，獨無此句。然則“其葉蕸”三字，淺人所增耳。《音義》云：“衆家本無此句，惟郭有，然就郭本中或復脱此句，亦並闕讀。高誘注《淮南子·説山篇》大致與《爾雅》同，無‘其葉蕸’句。李善《文選注》所引亦本無也可證。”

次曰“其本蔤”。郭注云“莖下白蒻在泥者”。《説文》：“蔤，扶渠本。”徐鍇《繫傳通論》云：“藕節上初生莖時萌芽殼也。”按蔤者，入水深密之謂。蔤爲嫩蒻，如竹之行。鞭節生二莖，一爲葉，一爲花，盡處生藕，爲花葉根實之本，顯仁藏用，功成不居，可謂退藏於蔤。段云“蘁互於泥土中，深密不可見”是也。

次曰“其華菡萏”。《説文》作“菡蕳，扶渠華也，未發爲菡蕳，已發爲夫容”。《易林·訟之困》云：“菡蕳未華。”《楚辭·招魂》云：“夫容已發。”劉楨《公讌詩》云：“夫容散其華，菡蕳溢金塘。”曹植《夫容賦》云：“夫容蹇産，菡蕳星屬。”高誘注《淮南》云：“其華曰夫容，其秀曰菡蕳。”皆以夫容、菡蕳爲二意，與《説文》同。按菡蕳函合，未發之意；夫容敷布，容豔之意。段云：“菡之言马也，蕳之言嘾也。马者，草木之華未發菡然。嘾者，含深也。夫容者，言其鋪菜豐容也。”王念孫《廣雅疏證》亦謂菡蕳之言马嘾也。夫容之言，敷藩也。是皆可證。

次口“其實蓮”。《詩》有蒲與蕳，箋云：“蕳當作蓮。”郭云：“蓮謂房也。”《説文》云：“蓮，扶渠實。”按蓮者，連也。《説文》：“連，負車也。”段注云：“負車者，人輓車而行，車在後，如負也。人與車相連屬不絶，故引伸爲連屬字。蓮實比户相連，華實相屬，如負車也。”

次曰“其根藕”。《説文》:“藕，扶渠根。”段注云:“上言其本蔤，謂全荷之本。下言其根藕，謂華實之根也。本言其全，根言其偏。本在下，根上於本。故釋本而復釋根也”。藕，《説文》作蕅，或體也。《爾雅》作藕，六書之會意也。謂之藕者，花葉耦生，不耦不生。故根曰藕。或云藕善耕泥，故字從耦。耦者，耕也，亦通。《説文》:“耕廣五寸为伐，二伐爲耦。”《段注》《太平御覽》“二耜爲耦”注:古者，耜一金，兩人併發之。《論語》“長沮、桀溺耦而耕”，是兩人併發之證，引伸爲凡人耦之偁。《説文》杜林曰:“藕，一名蕫，言其光潤也。”是别一義也。

次曰“其中的”。郭云“蓮中子也”，《釋文》:“的”或作“菂”。嚴氏元照《爾雅匡名》云:“的、菂二字皆不見於《説文》，當作芍。”張載《魯靈光殿賦》引《爾雅》作“菂”。李善曰:“菂與芍同音。”的，《玉篇》云:“芍，都曆切，蓮子也。”《廣韻》:“芍，蓮中子也。亦作的。”下文的薂，郭云即蓮實也。按薂，覈也。蓮實熟時，覈堅，即《本草》石蓮子也。何以謂之“的”，的乃凡點注之名。子在房中，點點如的也。段云:“謂之的者，言其白也。恐未碻，終曰的中薏。”李巡云:“薏中苦心也。”陸璣《疏》云:“的中有青爲薏，味苦。”里語云“苦如薏”是也。按薏是其萌芽，亦謂之人俗作仁。薏者，意也。含生意也。古詩云“食子心無棄，苦心生意存”，非明徵歟? 此草别名别種甚夥，《爾雅》統名之曰“荷，扶渠”，賅之也，故不述。李瀕湖曰:“蓮産於淤泥而不爲泥染，居於水中而不爲水没。根、莖、華、實，凡品難同，清滯濟用，群材兼得。”由斯以觀，則濂溪稱爲花之君子，有以也夫!

宗段説，加之引申，心細筆豁，可與言小學者。

釋蜾蠃

王葆心

蜾蠃之義，有古義，有新義，有通義。《詩》："螟蛉有子，蜾蠃負之。"毛傳云："螟蛉，桑蟲也。蜾蠃，蒲盧也。"蓋本《爾雅·釋蟲》"蜾蠃、蒲盧、螟蛉，桑蟲也"。鄭箋申其説云："蒲盧取桑蟲之子，負之而去，煦嫗養之，以成其子。"其注《中庸》則云："蒲盧、蜾蠃，謂土蠭也。"犍爲文學注《爾雅》，亦謂"蜾蠃，土蠭，似蠭而小者也"。郭景純因之注《爾雅》云："細要蠭，俗呼爲蠮螉。"《釋文》《毛詩音義》説亦同許叔重《説文》以蜾爲或體，字出蠣，解云蠣蠃。蒲盧，細土蠭也。天地之性，細要純雄無子，復引《詩》以證其義，説與《列子》"純雄稺蠭"、《莊子·天運篇》"細要者化"、《庚桑楚篇》"奔蠭不能化藿蠋"同意。故《淮南子·説山訓》曰："貞蟲之動以毒螫。"高誘注："貞蟲，細要蠭，蜾蠃之屬，無牝牡之合曰貞。"揚子《法言·學行篇》曰："螟蛉之子，殪而逢蜾蠃，祝之曰'類我類我，久則肖之'。"陸璣《詩疏》因之，謂"螟蛉者，桑上小青蟲，似步屈《太平御覽》引舍人同，其色青而細小，或在艸萊上。蜾蠃，土蠭也，似蠭而小要，取桑蟲負之於木空中、筆筒中三字據《御覽》所引增入，七日而化爲其子。里語曰'象我象我也'。"《古今注》謂"蠭蜾之類無雌"，束晳《發蒙記》謂"出蜘蛛"。《莊子釋文》引司馬彪，謂："奔蠭亦云土蠭，取青蟲子祝之，使似己。"此古義也。毛西河謂："政待化而成，故以蜾蠃取譬。"邵二雲謂："化生之説爲不可易。"李孝臣謂："蒲盧之化不過七日，故以譬政之速。"皆從古義者也。陶隱居注《本草經》，於"蠮螉"條下曰："今一種蠭，黑色，要正細，銜泥入壁及器物間，作房如併竹管是也。其生子如粟米大，置中，捕草上青蜘蛛十餘枚滿中，仍塞其口，以擬其子大爲糧。其一種入蘆管中者,亦取草上青蟲。"《詩》云"螟蛉有子,蜾蠃負之",言細要物無雌,皆取青蟲教祝,便成己子。厥後本此説者,如掌禹錫所引《本草》蜀本注、寇宗奭《本草衍義》俱云"今人壞其封穴,坼窠而驗之,實有卵如粟米大,及青蟲在其中",誠如陶氏所説。故羅鄂州《爾雅翼》云:"陶説實當物理,箋疏及子雲之語疏矣。"嚴坦叔《詩緝》《易疇》引作《詩輯》誤、許白雲《詩集傳名物鈔》、沈仲容《詩經類考》、范處義《解頤新語》並及之。而宋戴侗《六書故》侗,宋人。《易疇》引作元人,今据《四庫提要》改正、明王廷相《雅述篇》、李時珍《本草綱目》言之俱詳。此新義也。

近人郝蘭皋《爾雅義疏》言:"牟應震嘗破蜂房視之,一如陶説。"程易疇《釋蟲小記》言:"孫縊答潘仿泉書,其論蜾蠃與陶説同。"此從新義者也。且蜾蠃通作果蠃。《東山》詩"果蠃之實亦施于宇"。《釋草》曰:"果蠃之實,栝樓也。"《爾雅》《釋文》引别本同毛傳同。《説文》出萿蔞,解云"果蠃也"。高誘《吕氏春秋注》:"栝樓又通作瓿瓡。"宋徐鉉本《説文》"果蠃作果蓏",誘注又云"機禾穗,果蠃也。果蠃之云,猶英華作苞,時呼蓓蕾孤毒之云也"。郝蘭皋《爾雅義疏》謂"栝樓、果蠃聲相轉也"。程易疇《釋字小記》謂:"果蠃之實栝樓。栝樓者,瓜之合聲。瓜,古音孤。果蠃者,瓜音孤之合聲也。"瓜之制字,屈其中而從爪,象形也。蜾蠃又通蒲盧。毛西河《四書賸言》引《解頤新語》曰:"瓠之細要曰蒲盧,蜂之細要亦曰蒲盧,是艸木果實皆有蜾蠃也。"《爾雅》蚹蠃、螔蝓,《廣雅》作蠡蠃。郝氏《義疏》引《説文》:"蝸,蠃也。蝓,虒蝓也。又蠃,蜾蠃也。"又曰:"薄蠃,今海邊人謂蠃爲薄蠃是也。"是鱗介亦有蜾蠃也。馬瑞辰謂:"小鳥亦謂之蜾蠃,方言'桑飛自關而東',謂之工爵,或謂之過蠃。"《廣雅》作果蠃,是鳥亦有蜾蠃也。程瑶田謂"小蜘蛛抱繭者爲蜾蠃",後又疑爲《爾雅》之蠨蛸、長踦,是諸蟲可名蜾蠃者甚多,無定名,亦無定形。此通義也。段楙堂、戴東原謂古語隨變化成者曰蒲盧，此從通義者也。國朝説經家多從古義、通義，駁新義，故備舉之也。

淹括百家，説之伉伉，可以奪戴公之席。

倬彼甫田解

夏仁壽

《詩》“倬彼甫田”，毛傳云：“倬，明貌。甫田，謂天下田也。”箋云：“甫之言夫也，明乎彼太古之時，以丈夫税田也。”正義釋傳曰：“言明者，疾今不能言古之明信，故曰明也。”齊《甫田》傳曰：“甫，大也。以言大田，故謂爲天下田也。”釋箋曰：“以下十千爲有限之數，則不據天下不可言大。”《士冠禮》注：“甫，丈夫之美稱，故云甫之言丈夫也。”愚謂毛、鄭異説，各述一義，箋實不如傳之塙焉。案李黼平《毛詩紬義》，以为傳云“明貌”自是狀貌彼田，言明乎天下之田如彼其廣也。箋云“明乎太古之時，乃明信之義”，箋傳訓明同而意則殊。正義以箋述傳，誤會傳旨矣。正義牽合箋傳二説，前人未指其誤，看書甚細。案《説文》“倬，箸大也”，段氏注：“箸大者，箸明之大也。”引《小雅》“倬彼甫田”傳云：“倬，明貌。”《大雅》“倬彼雲漢”，傳云：“倬，大也。”戴東原《毛鄭詩考》云：“按明貌是補正毛義。”許兼取之曰：“箸，大，蓋其字亦作菿。”見《韓詩》“菿，卓也，倬之借也”。《説文》艸部：“菿字，艸大也，卓聲，到聲，古同部。”本從艸，到聲，俗本《説文》加菿字，而於菿，訓艸木倒，誤。《釋文》《爾雅》訓大，從竹到，尤非。郝懿行、阮芸臺以及李黼平、馬竹吾辨之詳矣。邵晉涵《爾雅正義》亦謂倬、菿古字通用，引《大雅》“倬彼昊天”鄭箋“明大貌”爲證案鄭箋無此語，當改作《正義》，毛無訓詁者，以前已注明，不更出也。王念孫《廣雅疏證》又謂“卓、晫並可，通用字，卓之言灼灼也，《詩》有‘倬其道’，《韓詩》作‘晫’”案《釋文》，倬，明貌。《韓詩》作‘晫’。《毛詩紬義》‘箸明之道’,《三家詩異文疏證》引《玉篇》訓倬,晫然,明盛貌,並同。《法言·吾子篇》多見則守之以卓,皆是。又《唐韻》《韻會》訓著訓大均與此合,知毛以倬字訓明,兼有大義,允矣。

《説文》:“甫,男子之美稱。”然美、大義近,宜又爲大見《爾雅義疏》。段氏注云“引伸爲大也”,是甫有大義。又案《後漢·班彪傳》下注“甫,博也”,博亦大義。《廣雅·釋詁》“博,大也”,可證。《車攻》詩“東有甫草”,毛傳云“甫,大也”。《毛詩紬義》引《楚辭》劉向《九歎》云“覽芷圃之蠡蠡”,王逸注引《韓詩》曰“東有圃草”。《文選·東都賦》“豐圃草以毓獸”,李注引《韓詩》“東有蒲草”,薛君曰:“圃,博也,有博大茂草也。”《後漢書·班固傳》《馬融傳》,章懷太子注引《韓詩》仍作甫草。雖亦後人所改,實古字,圃、甫通用參陳啟源、戴東原、邵晉涵、馬竹吾説。戴東原引《國語》云:“藪有圃草。”韋注云:“圃,大也,有茂大之草以財用之也。”《詩》之甫草即《國語》蒲草耳,是其證也。又案郝懿行《爾雅義疏》“甫”字注引《説文》云“誧,大也,讀若逋”,則博與圃、誧俱從甫聲,故義皆爲大而其字亦通。觀齊詩《甫田》,韓亦作“圃”。盧氏文弨曰“《楊子·修身》李軌本作圃田,是圃借爲甫”,下吴秘云“圃,讀如甫”可見説詳見《三家詩異文疏證》其餘“魴鱮甫甫”,傳並訓大,知古誼本自如此。孫毓著《毛詩異同評》所云“甫田者,猶下云大田”,可謂能伸毛説。然則毛解“倬彼甫田”,言乎其大明者,彼天下之大田耳,較鄭義爲優矣。

宗毛傳徵引甚富,駁正義及邵二雲氏處尤爲精密。

祝祭于祊解

童樹棠

《詩·楚茨》"祝祭于祊",毛傳:"祊,門内也。"鄭箋:"孝子不知神之所在,使祝博求之平生門内之旁、待賓客之處。"按《禮記·禮運》,玄酒以祭,至禮之大成,備列祭之始終。首云作其祝號,即此詩祝祭也。《周官·大祝》"凡大禋祀,肆享祭祇,則執明水火而祝號",鄭注:"肆享,祭宗廟也,故書祇爲祊。"杜子春曰:"祊當爲祇。"今按從故書爲是,即此詩"祝祭于祊"也。魯《詩》作閍見陳樸園《魯詩遺説考》,《爾雅·釋宫》:"閍,謂之門。"《禮·郊特牲》鄭注"廟門曰祊",正義"廟門曰祊",《爾雅·釋宫》文、《禮器》"爲祊乎外"、正義引《釋宫》"廟門謂之祊",皆與今本《爾雅》不合。古本《爾雅》必作廟門谓之祊也。

祊,亦作閍,蓋釋魯《詩》文。《春秋·襄二十四年》正義引李巡注:"閍,故廟中門名也。"孫炎注《詩》云:"祝祭于閍,謂廟門也。"許叔重作鬃,《説文》:"鬃,門内祭先祖所旁皇也。"《詩》曰:"祝祭于鬃《廣雅》作禚,或從方作祊。"按許叔重爲毛《詩》之學,所見本作鬃也。閍、鬃、祊,一也。以其爲廟門,故字從門。以其求神於門内,故字從示。以其爲神所旁皇,故字從鬃。許解鬃爲門内祭,乃本毛義。考《禮經》,祊祭祇在門内,原無門外之禮。毛傳自是塙義。凡《禮器》所偁"爲祊乎外",《祭統》所偁"而出于祊"者,皆對室中言,非門外也。《家語》孔子引《周禮》"繹祭于祊",此所謂明日之祭在廟門内,非以祊爲門外之名。

祊者,正祭索神於門内之事也。康成箋《詩》不誤,注《禮》乃混祊于繹而有祊爲門外之説蓋惑於"爲祊乎外"之語。孔沖遠回護其辭,解廟門外爲繹祭之祊,門内爲正祭之祊,而《詩》之祊與《禮》之祊遂生膠葛。近儒陳石父云:“廟門之内,皆祖宗神靈所憑依焉,孝子不知神之所在,於其祭也,祝以博求之,所謂索祭祝于祊也。”秦文恭云:“《祭統》云:‘君在廟門外,則疑於君。入廟門内,則全於臣、全於子。’蓋祭祀之禮,皆行於廟門之内,不當在廟門外。”按陳、秦之説甚是,與毛傳合。《郊特牲》又曰“祊之爲言倞也”,鄭注:“倞,猶索也,倞或爲諒。”段楙堂云:“《説文》‘倞,彊也’,倞亦作傹,倞不訓索,而與水部之滰音同。”滰者,浚乾漬(水)[米]者,索求神似之。朱仲鈞云:“諒,信也,實也。以其精誠與神明相感於無形,故使祝博求之,以期神之來饗。”此祊義也。

朱子《儀禮通解》、馬貴與《文獻通考》俱以祝祭于祊列於既徹之後,似正祭畢而後行祊祭者。然意薦孰之後,有此祝祭于祊之禮,非正祭畢而後祊也。何以明之?此詩上文“絜爾牛羊,以往烝嘗。或剥或亨,或肆或將”,下即繼以“祝祭于祊”。尋其次序,顯爲始祭之時而血祭而腥祭而爓祭即薦孰也而祊祭矣。以《禮器》《郊特牲》二篇參考之益塙。《禮器》曰:“納牲詔于庭,血毛詔于室,羹定詔于堂,設祭于堂,爲祊乎外。”今以文次之,納牲詔庭即“絜爾牛羊”也,血毛詔室、羹定詔堂即“或剥或亨”也,設祭于堂即“或肆或將”也,繼以爲祊乎外即“祝祭于祊”也。次序不可見乎?《郊特牲》曰:“詔祝于室,坐尸于堂,用牲于庭,升首于室,直祭祝于主,索祭祝于祊。”亦以文次之,用牲于庭、升首于室即“絜爾牛羊”“或剥或亨”也,直祭祝于主即“或肆或將”也,繼以索祭祝于祊即“祝祭于祊”也。次序不又可見乎?兩篇之義,彼此無不合《詩》之義,證以兩篇無不合,可以補《通解》《通考》之疎,即可以定“祝祭于祊”爲始祭求神之禮,至祭必有祊者。《祭統》云:“氣也者,神之盛也。魄也者,鬼之盛也。合鬼於神,教之至也。”《郊特牲》曰:“魂氣歸于天,形魄歸于地,故祭求諸陰陽之義也。”又曰:“聲音之號,所以詔告于天地之間也。”故《禮運》《大祝》並云:“祝號,孝子以其恍惚以與神明交，主以依神，先求之室，尸以象神，繼求之祊，無非冀魂魄之合也。"此祭祀之理也，亦祭祀之禮也。毛傳、鄭箋多涉古禮，故不明乎三《禮》者不可以通傳箋，即不可以通《詩》，斷斷然矣。

據《禮器》《郊特牲》以正鄭氏《詩》《禮》互異之失，語語精審，不獨可與言《詩》，有功於《禮經》不淺。

前　題

王葆心

《詩》"祝祭于祊"有異文、有異義。

異文何？《周官・太祝》"凡大禋祀、肆亨、祭祇，則執明水火而號祝"，鄭注"故書祇爲祊"，杜子春曰"祊當爲祇"。又《説文》引《詩》作鬃，《爾雅》作門，謂之閍。謹案馬瑞辰《毛詩傳箋通釋》云："從故書作祊为是，祭祊，即此詩祝祭于祊也。"盧文弨《經典釋文考證》云："祊，《説文》重文。段玉裁《説文解字注》云'彭聲、方聲，古音同部，此祊、鬃通用也。'《爾雅》作閍，其音義則云'或作祊'。"邵晉涵云："閍，本或作祊。"見《爾雅正義》郝懿行云："《禮器》正義引《釋宫》云：'廟門謂之祊。'《郊特牲》正義亦引云：'門謂之祊。'"正義引《釋宫》文互異，孫同元已有辯證。此又閍、祊通用也。蓋祊、鬃俱從示。示，神事也，則知祊、鬃俱爲祭名。閍從門，廟門爲孝子所旁皇也，則知閍爲門名。《詩》《説文》專言祭，故文從示。《爾雅》專言門，故文從門也。又考《周官》"大司馬致禽以祀祊"，鄭注謂"祊爲方聲之誤"。秋田主祭，報成萬物。《詩》曰"以社以方"，賈疏："祊，廟門内之祭。"今因秋田而祭，當是四方之方。然則大司馬之祊不在此祊之例，非與《詩》異文也。

異義何？毛傳曰："祊，門内也。"《説文》曰："鬃，門内祭先祖所旁皇也。"鄭君箋此詩云："孝子不知神之所在，故使祝博求之平生門内之旁、待賓客之處。"其注《禮器》"爲祊乎外"云："謂之祊者，於廟門之旁，因名焉。"其注《郊特牲》"索祭于祊"云："廟門外曰祊。"又注云："祊之禮宜於廟門外之西室。"《左傳》疏引李巡云："祊，故廟中門也。"又引孫炎云："《詩》云'祝祭于祊'，謂廟門也。"凡此數家，或言門内，或言門外，或專言廟門。既各自为説，鄭君則前後歧焉。此異義也。

蒙謂毛以祊爲門内，而按以《郊特牲》"不知神之所在于彼乎、于此乎"之語，則毛説爲偏。郝懿行《爾雅義疏》宗之，非是《説文》宗毛。而復釋以旁皇鬃、旁、皇三字疊，均以旁皇釋鬃，蓋即《郊特牲》"于彼于此"之意。段玉裁曾申其義頗當。鄭君箋詩曰"門内之旁"，於《禮器》注亦曰"廟門之旁"，宗毛也。特益以旁字欲與祊字比附異耳。又云"賓客之處"，云"廟門外曰祊"，云"祊之禮宜於廟門外之西室"，則與前宗毛之義異出矣。郝懿行謂其誤以祊爲繹祭，不知祊與繹本二祭，祊又不專在廟門外。《祭統》"詔祝于室而出于祊"，出乃對室言之，非出廟門外。《禮器》"为祊乎外"者，蓋亦對廟中而言耳。祊之爲繹，惟見《家語》《家語》高子睪問於孔子曰："周禮繹祭于祊，祊在門之西，今衛君更之，如之何？"，於古無徵。然《家語》爲王肅依託，馬瑞辰曾摘之，此足破鄭君之惑。若孫、李之説乃專釋門之語，與繹祭無涉，故郝氏《義疏》、邵氏《正義》俱引之，郭注不察，遂引《詩》以證門，不知祊與閍雖通，而祭名、門名仍别也。然則衆義雖異，按以《郊特牲》之語及邢疏，合内外之論，祊之義自顯也。邢疏又言《禮》言"索祭"即《詩》"祝祭於祊"，與祭同日。説尤足據。邵氏《正義》宗之可謂密矣。若《釋宫》之文，孫同元謂此經有脱誤，以祭器正義所引爲證見嚴杰《經義叢鈔》，當從之。《説文》解旁皇，段玉裁謂或作徬、傍，彷徨皆俗。今亦從段氏所謔正，蓋皇暀也。孝子既盡其禮，故精氣晘之，證以下文“先祖是皇”之文，而知段解之碻。

别《毛詩》《爾雅》《周禮》《説文》四書異文處，甚有心見。

《鄉黨》寢衣考

王葆心

寢衣者，寢時所衣，即被也。案何晏《集解》釋此節，引孔安國《論語訓解》曰“今被也”。賈公彦《周官》“王府”疏引鄭康成《古文論語注》亦曰“今小卧被”。古誼如是，後儒有謂爲齋宿時所著者，其説出於曾氏。程子《經説》本之，朱子《集注》、南軒《論語解》俱因之，然於古無據。毛奇齡《論語稽求篇》識其誤，錢大昕《潛研堂集》獻其疑，則以被訓寢衣者，其説難易，且證之《説文》衣部衾篆下，訓爲大被，而於被篆下則曰“寢衣，長一身有半”，即《論語》之文以訓被。是衾爲大被，寢衣爲小被矣。

被以掩身，故取長。《釋文》曰：“長，直亮反。”何焯《義門讀書記》曰：“長，李讀本音。”可證訓被之有本。江永《鄉黨圖考》謂孔注訓以被，則不當名寢衣，言衣則必有袂，疑以被訓寢衣，尚非當者。然古衣與被通，《康誥》“紹聞衣德言”即被德言。《繫辭》“古之葬者厚衣之以薪”，即被之以薪。且《説文》以依釋衣，象覆二人之形。衣不可覆二人，被可覆二人。然則衣者，晝之被；被者，夜之衣也。晝被專稱衣，故夜之所衣必加寢字以别於晝。《釋名》最顯，無誤他疑。江永又以夜寢必覆以被不當特記，然“必有”二字，實從長一身有半生義。寢衣而長身過半，與褻裘而短右袂，一長一短，均與人異。故兩節連記之。翟灝《四書考異》引《七經考文》言“布下有‘也’字”，則古本此節與下節語氣已斷，非錯簡可知。而馬國翰所輯《古論語》，據皇侃《義疏》敘列《鄉党》於第二，於此節宗鄭注本，更可證古誼相承，無竄改舊文之弊。江永《鄉黨圖考》雖宗朱子，然所云“寢衣之制無考”，又云“或是夫子特製以爲齋時之用”，蓋亦不敢遽斷也。他若錢維城以有字不訓又，而作三分有二之有。一身有半，一身之半也，後世之短袂似之。雖折衷近理，要皆不可從。

詁訓攝契，文意曉然。

撝謙解

王懋官

《易·謙》六四：“撝謙。”撝，《釋文》：“毀皮反，指撝也，義與麾通。”《説文》作摩，從手靡聲。《字詁》：“手指曰麾。”王逸《離騷注》：“舉手曰麾。”《太元元數》“事貌用恭撝肅”，王肅注云：“撝，指撝也。”《後漢·皇甫嵩傳》“指撝足以振風雲”，李賢注云：“撝即麾。”班彪及《劉盆子傳》俱讀爲麾。《文選·典引》“靡號師矢敦奮撝之容”注：撝即麾也，古通用。《晁氏易》云：“京房作揮。”《文言傳》王肅注：“揮，散也。”《淮南·览冥篇》注云：“撝，揮也。”宋李衡《周易義海撮要》、朱震《漢上易》、李富孫《易經異文釋》、阮元《經籍纂詁》引並同王注，手指撝也。孔疏：“指撝皆謙，動合于理也。”馬云：“撝猶離也《廣疋》離猶散也，謂溥散其謙也。”段玉裁訓同。焦循《易通釋》引同。鄭讀撝謂宣，謂威儀宣著也。焦循《易通釋》、宋翔鳳《周易考異》、張惠言《易義別録》引並同。荀云猶舉也，坌欲舉三，使居上五也。又云佐也，謂敬以佐恭也。毛奇齡《仲氏易》、姚配中《周易姚氏學》、阮元《經籍纂詁》引並同。程傳訓布施之象，朱子《本義》謂發揮其謙德。《御纂易經述義》用其説。釋者紛如，殆如聚訟。

竊謂此爻變震，☳錯巽，☴綜艮，☶之小過；䷽中互下巽上兑，成大過。䷽上震互兑，動而説，外不侮人。下艮互巽，伏而止，内不失已。爻居艮體之上，艮爲手、爲指，則進退揖讓，舉手爲容，指、撝皆謙，其儀不忒。取爻外之象，當即撝之字形。究之，按《説文》手部撝下云：“撝，許歸切，裂也。”來瞿唐《易訓》同字作[illegible]，象兩臂之分也。[illegible]象十指之布也。蓋手古作[illegible]，故引手向上爲[illegible]，後加手爲攀，竦手向内爲[illegible]。[illegible]後加手爲拱。叉手下垂爲[illegible]古舉字，後加手爲掬，擗手分列爲[illegible]，根極六書，從形得義，屏去後人一切轉注假借。後加手爲排。撝，古本作[illegible]，今加手爲撝，非其例歟。而許書正篆之爲，訓母猴，因其好爪，故加爪，爪即[illegible]之半體，後人見[illegible]爲爲之古文，遂以[illegible]爲爲之正字，而不知撝即爲，爲實爲，如鳥舒翼，張拱端好，兩手分垂，謙讓不違其則。故訓爲裂。裂，分手也。其曰手指撝者，指非指畫之指。釋王注獨得精詁。撝即麾肱之麾手指當連讀，並與諸家所訓不悖，蓋足據也。

貫索群言，斷以六書之精，説經侃侃，楊太常諸多儒望而嘿塞。

《荀子》引《詩》考

夏仁壽

《毛詩》學出荀子。今考《荀子》引《詩》凡七十八，逸《詩》凡七，論《詩》一，不盡同毛，有與魯、齊、韓説合者。意荀子備覽三家傳習之本，故所引多與《毛詩》異同。玆據影宋台州本録而定之，爲類十六。

一曰《毛詩》同者。《儒效篇》治辨之極也，引《詩》“平平左右”，案毛訓平平，辨治也，即荀義。

二曰《魯詩》與毛異者。《不苟篇》引“左之左之”四句，言君子能以義屈伸變應故也。案《説苑・修文篇》引此詩傳曰"君子無所不宜也"見《魯詩故》,是本荀説。毛云"左陽道,朝祀之事;右陰道,喪戎之事",與此殊。

三曰《魯詩》與毛異字同義者。《勸學篇》引"尸鳩在桑"六句云:"故君子結於一也。"案《説苑》云:"尸鳩所以養七子者一心,君子所以理萬物者一儀。"《列女傳》云"言心之均一也",與荀合。毛作鳲鳩,傳云:"善人君子,其執義當如一也。"言執義一,則用心固。義,古儀字。《修身篇》引"潝潝訿訿",案《荀子》疑本作噏噏呰呰見馮登府《三家詩異文疏證》,馮所據者别一本也。此本作"潝潝訿訿",或後人依毛傳改。荀所引當是《魯詩》。《漢書・劉向傳》上封事云:"歙歙相是而背君子,故其詩曰'歙歙訿訿'云云。"噏、歙通用,觀《老子》"將欲歙之",《釋文》作"歙",河上公本作"噏"可知。特訿改作呰,呰、訿亦通用字。毛傳"潝潝然患其上""訿訿然不思稱其上"與"歙歙相是"意合。《禮論篇》引"愷悌君子,民之父母",下云"彼君子者,固有爲民父母之説焉"。案古文《孝經》引《詩》作"愷悌"。孔安國傳:"愷,樂;悌,易也。樂易于人,似民之父母。"毛作豈弟,傳云:"樂以强教之,易以悦安之,民皆有父之尊,有母之親。"同魯説。《大略篇》引"物其指矣,唯其偕矣",毛"指"作"旨","唯"作"維"。厷,通用字。案"物其有矣,唯其時矣",《説苑》引作唯見《魯詩故》,知此亦《魯詩》也。又"天子召諸侯,輦輿就馬,禮也"引"我出我輿"四句。案《史記・匈奴傳》引"出輿彭彭",《馬遷傳》《魯詩》、荀作出輿,與魯同。毛傳"出車就馬於牧地",用荀義也。

四曰《齊詩》與毛異者。《君道篇》引"太師維垣",毛"太"作"大"。案顔注《漢書・諸侯王表》"太師爲垣牆",謂封太公於齊也。顔習班氏學,班氏世傳《齊詩》,是作"太",乃齊本矣案《疆國篇》引仍作大師,不作太,或後人依毛本改。

五曰《齊詩》與毛異字同義者。《榮辱篇》引"天生蒸民",案《白虎通·姓名篇》引作“天生蒸民”，則此作“蒸”者，蓋《齊詩》也。毛作“烝”，假字。《富國篇》引“鐘鼓喤喤，管磬瑲瑲”，案毛此詩作“磬筦將將”，齊作“鐘鼓鍠鍠，磬管鏘鏘”見《齊詩故》。以《管子》推之，《荀子》所引當是齊本。管、筦，古今字。《爾雅》：“鍠鍠，樂也。”注：鐘鼓音。則“喤喤”當作“鍠鍠”。荀作“喤喤”，假用字。《詩》“八鸞鏘鏘”，又作“八鸞瑲瑲”，“佩玉將將”作“佩玉鏘鏘”“佩玉鏘鏘”見《齊詩故》，皆將、鏘、瑲借用之證，與毛合。《臣道篇》引“莫知其它”，案“它”，毛作“他”，它、他通用。《齊詩》“它”多作“他”，如《漢書·匡衡傳》引“它人是媮”作“它人”，可見《荀子》“它”字用《齊詩》本也。

六曰《韓詩》與《毛詩》異者。《宥坐篇》“今夫世之淩遲亦久矣，而能使民勿踰乎”引“周道如砥，其直如矢，君子所履，小人所視，眷焉顧之，潸焉出涕”。《韓詩外傳》引同荀義，而於“周道”二句訓易，“君子”二句訓明，“眷焉”作“睠言”。案此，疑後人依毛傳改。觀“小明睠睠懷顧”，《文選注》引作“眷眷”。馮登府定爲《韓詩》，是韓本作“眷”之證。言、焉，古音近，故可假用言，語詞。如“静言思之”“願言則嚏”“公言錫爵”之類甚多。言、焉蓋通用。毛“眷焉”作“睠言”，如砥訓貢賦平均，如矢訓賞罰不偏，與毛説異。

七曰《韓詩》與毛異字同義者。《大略篇》引“我言惟服，勿用爲笑，先民有言，詢于芻蕘”，言博問也。案《韓詩外傳》卷三載，東野以九九見齊桓公事引下二句云：“博，謀也。”又卷五《説儒》引此二句云：“取説之博也。”皆同荀義。毛“惟”作“維”，“用”作“以”。《倉頡篇》用以也，以、用一聲之轉。毛無傳箋云“當與采薪者謀之，匹夫匹婦，或知及之，況如我乎”，是毛同於韓也。

八曰《詩》字參見韓、毛而義同於毛者。《勸學篇》引“匪交匪舒”，案毛作“彼交匪紓”，《韓詩外傳》作“匪交庶舒”。荀引上二字同韓，下二字同毛毛作“紓”，《玉篇》：“紓，舒也。”。荀意，交，侮也。舒，紓也。“匪交匪舒”者，不侮慢不怠緩之義。古彼字與匪通。毛序侮慢諸意，與荀合。毛傳：紓，緩也。交字無訓。箋、疏均訓交爲交接，本《韓詩外傳》，必交吾志然後予意。序爲毛所傳，知毛不作交接解也。

九曰韓、魯《詩》與毛通者。《非相篇》引“雨雪瀌瀌，宴然聿消”，與毛本異。案《韓詩外傳》作“雨雪麃麃，(曣)[曣]晛聿消”。《魯詩》又作“見晛聿消”。馮登府謂《荀子》作“麃”，與《外傳》同。馮據別本，此本或後人依《毛詩》改。《廣雅》：“曣晱，煗也”，即《韓詩》之曣晛。晛與晱同。《荀子》作“宴然聿消”。“宴”通“曣”，“然”即“晱”省。曰作聿，《釋文》云“劉向作聿”。劉習《魯詩》，則韓、魯同，與毛相發明。

十曰韓、魯《詩》與毛異字同義者。《大略篇》引“如切如磋，如琢如磨”，謂学问也。案《韓詩外傳》引作瑳同。《说苑・达本》引亦同。毛本作“磋”，傳云“道其學而成也”，是本荀義。

十一曰三家《詩》與毛異者。《議兵篇》引“武王載發，至則莫我敢遏”。今《毛詩》“發”作“旆”，“遏”作“曷”。案《韓詩外傳》作“載發”，《漢書・刑法志》亦作“載發”。今《外傳》與《刑法志》竝作旆，後人依《毛詩》本也。作遏馮登府定爲《魯詩》，馬國翰定爲《齊詩》，蒙謂固世傳齊學，又稱魯最近，疑是詩齊、魯皆作“遏”。案“發”乃正字，發謂起師伐桀也。載之言則武王，載發猶言武王則發耳。發古音與遏近。毛傳：“旆，旗也。”與三家殊。

十二曰三家《詩》與毛異字同義者。《富國篇》引“雕琢其章，亹亹我王”。案《説苑》作“彫”，彫本字，雕借用字。《詩》異字異義作亹亹馮氏定爲《魯詩》，進貌。《白虎通》作“亹亹文王見《齊詩故》。王應麟《詩考》引《韓詩外傳》亦作“亹亹文王”。《爾雅》：“亹亹，勉也。”毛本作“追”。追、雕通用，作“勉勉我王”，義竝合。

十三曰引《詩》改字仍與毛相通者。《榮辱篇》引“爲下國駿蒙”，《毛詩》“蒙”作“厖”。案《詩》“狐裘蒙茸”，徐邈讀爲尨，《左傳》引作“厖茸”，《韻會》“厖”字通作“蒙”。以《荀子》引“爲下國駿蒙”，

《左傳》厖、茸音蒙爲證，是蒙、厖古借用字作“蒙”當是古本。

十四曰引《詩》異字可訂今毛本之誤者。《宥坐篇》引“天子是庳，卑民不迷”。毛“庳”作“毗”，“卑”作“俾”。案馬國翰《目耕帖》引《荀子》云“卑民不迷”，與宋本《釋文》合。《毛詩》舊本亦作“卑”，是作“俾”者，後人所改也。卑、俾聲相轉，庳、毗亦借用字。

十五曰通論《詩》三家與毛異者。《大略篇》論《小雅》“疾政以思往者，其言有文焉，其聲有哀焉”。案三家多以《小雅》爲刺時之詩，本此。

十六曰引《詩》不稱《詩》者。《榮辱篇》“天生蒸民”本《烝民》詩蒸字與毛異，説見上。《大略篇》“濟濟鎗鎗”見《楚茨》詩。鎗，蹌之借字。

然則《荀子》引《詩》多用三家本，惜三家已佚，不能盡據而録之，舉其可知者以俟博通者輯正焉。

縱横條丗，能補馮氏《異文疏證》所未備。

前　題

殷炳楠

《荀子》一書，六經皆有徵引，而惟《詩》爲最多。

有明繫以《詩》而約舉其詞者，如云《詩》“戒屨盟”是也。有約舉其詞而不繫以《詩》者，如“錯衡冰泮”是也。有舉其篇名而未嘗引其語者，如《雍》徹、《清廟》是也。有引其語而未嘗定爲《詩》者，如“天生蒸民”“夙興夜寐”“濟濟鎗鎗鎗與蹌通，《毛詩》作蹌”“飲之食之，教之誨之”是也。有繫以《詩》而不見於今《詩》者，如倞注之逸《詩》七條是也。有一詩而三引者，如“自西自東”三句，“爲鬼爲蜮”六句，“温温恭人，維德之基”二句是也。有一詩三引而詳略不同者，如“淑人君子，其儀不忒”四句，《富國》及《君子篇》全引，《議兵篇》秖引上二句是也。有一詩而兩引者，如“禮儀卒度”二句，“無言不讎”二句，“天作高山”四句是也。有一詩兩引而詳略不同者，如“孝子不匱”二句，《大略篇》全引，《子道篇》秖引上句是也。有一詩兩引而字不同者，如《君道篇》引“徐方既來”，《議兵篇》作“其來”；《疆國篇》引“價人維藩”，《君道篇》作“介人”是也。有字與《魯詩》同而與《毛詩》異者，“唯其時矣”，毛作“維”，《説苑》引作“唯”；“尸鳩之尸”，毛作“鳲”，《説苑》引作“尸”。劉向習《魯詩》，所引既與荀合，知荀亦用《魯詩》也。有字與《齊詩》同而與《毛詩》異者，“不知其它”，毛作“不知其他”。“他”，《齊詩》多作“它”，如“山樞之他人”作“它人”，是此作“它”，知亦《齊詩》。又“管磬瑲瑲”，瑲、鏘古字通。《詩》“八鸞鏘鏘”亦作“八鸞瑲瑲”。《齊詩》“磬管鏘鏘”，“管”字與荀合，毛作“莞”，知荀用《齊詩》也。有參用《韓詩》字並與《毛詩》通而義與韓、毛並異者，“匪交匪舒”，韓作“匪交庶舒”，“匪交”與荀同，毛作“彼交”。彼與匪古字通。《左傳》引“如匪行邁謀”，杜注“匪，彼也”。然荀引此詩乃證不傲不隱不瞽之意，則“匪”字雖通彼而義終爲非。《説文》：“匪，非也。”王引之《經義述聞》解“桑扈彼交”云：“彼，亦匪也；交，亦敖也。”與荀引此詩意合，而韓與毛同釋爲交際之交，是荀不與韓同而毛亦與荀異也。有字與《毛詩》異而並與《齊詩》異者，“爲下國駿蒙”，毛作“駿厖”，齊作“駿駹”，皆與此不同也。有字與毛異而實勝於毛者，“武王載發”謂湯起而伐桀，其義自顯白，不必如毛改作“旆”也。有隱用古義而爲《毛詩》所本者，如釋《卷耳》之詩而謂不可以貳周行，是即隱用《左傳》官人之義，而毛因之，遂以爲思官賢人，置之行列也。

總計所引共七十五條，字間與《毛詩》異，義多與《毛詩》同。蓋大毛嘗受《詩》於荀，荀即《毛詩》之祖。惟逸《詩》七條不見於《毛詩》，其時三家盛行，或荀即據用三家本，或後爲《毛詩》脱簡，皆未可知，當存以俟考。

刊除枝碎，撮舉宏義，得乾嘉諸經師一派。

辟雍考

鍾鵬程

辟雍之“辟”，即古璧字。雍與廱、雝通用，謂壅也。壅水如璧，乃辟雍之本義。因本義而引伸，故訓辟爲明，訓雍爲和。惟其制則有内外之辨。《韓詩説》天子之學圜如璧，壅之以水。《大戴禮》明堂外水曰辟雍。盧植《禮記注》天子太廟圜之以水似璧。據此，則太學、明堂、太廟皆有辟雍而水皆四周於外。

《史記·封禪書》公玉帶上黄帝明堂圖，明堂圖中有一殿，四面無壁，通水圜宫垣，即所謂辟雍也。然云明堂圖中有一殿，似此一殿乃明堂中之一殿，非謂明堂止此一殿也。看書獨細。《五經異義》引《左氏》説，天子靈臺在太廟之中，壅以靈沼，謂之辟雍。則辟雍乃壅靈臺，非壅太廟也。潁子容《春秋釋例》行饗射、養國老，謂之辟雍，其四門之學謂之太學，則太學似未嘗壅，以辟雍也。據此，則辟雍當設於太學、明堂、太廟中。謹案《爾雅·釋器》“肉倍好謂之璧”，壅水象璧，則水當倍地，而地上之宫，勢必狹而不廣。《毛傳》“水旋邱如璧，以節觀者”，鄭箋“四方來觀者均”，《白虎通》“欲使觀者平均”，雖非確詁，確有心見。言四方觀者平均，則辟雍雖有宫，仍無牆壁，以爲太學、明堂、太廟，恐皆非所宜。謂設於太學、明堂、太廟中者當近是。

竊意文王之辟廱，乃燕遊肄樂之所。其後饗歆、太射、養老，皆由肄樂而廣其用。通許書“天子饗歆”及《莊子》“文王之樂”諸説。故太學、明堂、太廟中皆可設，不置牆壁，以便四方之觀者。而禮樂所以明和天下，因取象教化之流行四方也。以合毛傳、鄭箋，能使雜義合爲一串。辟雍不始於文王，而定爲天子制，則自周有天下始用於太學，其制與諸侯殊。故《王制》云："天子曰辟廱。"上文太學在郊，明主諸侯説，仍是周制。蓋周制，諸侯之太學亦仍殷制在郊也。辟廱乃太學中之一制，不必即是太學。《周禮》《孟子》所以皆未之及，至鄭箋云"築土雝水"，則辟雍之外，仍有短垣，與《説文》"辟"作"廦"，釋廦爲牆，其義亦未嘗相背矣。

環絡群言，以辟雍爲設於太學、明堂、太廟中，能令諸家訟訐皆釋，看似騎牆，實融會也。

蜡臘考

夏仁壽

蜡、臘實二祭也。《周禮·春官·籥師》"祭蜡則歈豳、擊土鼓，以息老物"故書蜡爲䖶，杜子春云"䖶當爲蜡"，鄭注："萬物助天成歲事，至此爲老而勞，乃祀而老息之。"賈疏："老即老物，蜡祭是也。息之者，即息田夫。臘祭宗廟是也。"今以經文考之，當是於歲十二月，舉其有功於田者而祭之，以其樂爲報田之樂，故曰"歈豳、擊土鼓"。年既順成《郊特牲》文，於是養息老物。老物者，《説文》段注所云："蜡字當從昔。昔，老也，即息老物之恉，不與臘混。"段説不分，息爲息民，老物爲息老物，知此秖單言蜡。

《禮·月令》："孟冬，乃祈來年於天宗，大割祠於公社，及門閭，臘先祖五祀。"下又云："勞農而休息之。"鄭注："此《周禮》所謂蜡祭也。"又云："或言祈年，或言大割，或言臘，互文。"孔疏云："此等之祭，總謂之蜡。"今按經文，臘先祖、五祀次於祈年、大割之後，自是截然兩意。下勞農、正祈年、大割之事，蜡祭是也。鄭注爲其老而勞，故知此蜡祭之文。休息、正臘先祖、五祀之事，臘祭是也。賈疏以息爲息田夫，故知此臘祭之文。此句總結上一節之意，以其同月舉事，故並記之，非合而一之也。且蜡者，索也，索此八神而祭之也見《獨斷》。臘者，接也，祭在新，故交接也晉博士張亮説。以其祭之取義，知其異矣。又按明堂位注，“蜡者，報田之祭”。田有一年之勞，故《雜記》云：“百日之蜡，其祭四方，百物皆祭之。”《周禮·春官·大宗伯》“以疈辜祭四方百物”，鄭注：“磔禳及蠟祭。”《郊特牲》云：“八蜡以記四方。”曰八蜡，以八蜡爲主耳。臘則專祭先祖、五祀，斯又以所祭之神知其異也。又按《詩經古義》，蜡祭，報社也。社一歲有三，孟冬大割祠於公社，是其一，與祈年、天宗並舉者。《周禮·肆師》所謂“社之日，卜來年之稼”，即此時事。是蜡祭當在社中。

竊謂《禮運》仲尼與於蜡賓亦然，鄭注謂“亦祭宗廟”。果在廟中，則《雜記》云“一國之人皆若狂”，豈容無忌憚若此。陳祥道《禮書》“既蜡，則臘先祖五祀於廟中”，引“仲尼與於蜡賓出遊於觀之上”爲證。經文當是言出于蜡祭之社而游於臘祭之觀。觀即宗廟之觀，不與祭蜡之社連，則又以其祭所之地知其異也。

蜡之祭廣，順成之方，乃行之。臘之祭專，雖年不順成，不能廢先祖五祀之禮。故近儒秦文恭《五禮通考》以爲蜡與臘不同，則制禮之意亦異也。《郊特牲》“皮弁素服，葛帶榛杖”，言蜡祭也；“黄衣黄冠”，言臘祭也。邢氏《論語疏》謂“黄衣爲蜡祭服”，亦沿其誤。所服、祭服皆異，又曰“既蜡而收民息已”，則蜡在前，臘在後矣。即其所祭之日亦有異焉。惟《周禮·夏官·羅氏》“蜡則羅襦”注，言“以羅網圍取禽獸也”。《月令》注“臘”字，謂“以田獵所得禽祭也”。二文似相近，然獵取禽獸爲祭用，不獨蜡，臘不得因此牽合。鄭注《郊特牲》尚不誤，疏云“但不知相去幾日”，亦不誤，惟云“總其祭，俱名蜡”，猶惑於《月令》注文耳。又按蜡、臘爲一，在鄭之前已有此誤。許叔重《五經異議》“與於蜡賓”説：“夏曰嘉平，殷曰清祀，周曰大蜡，總謂之蜡。"故《説文》出"臘"字云:"冬至後三戌,臘祭百神。"段注"臘即蜡也",亦守許説。許氏在鄭君之前則合蠟、蜡爲一舊矣。蔡邕《獨斷》、應邵《風俗通》並與此同,或加漢曰臘,或加漢改曰臘。《廣韻》出臘字,下注云:"《褯玉篇》:褯與《廣韻》同,下更出蜡,則正字當作褯,從虫昔者,假借字亦見《字林》,報祭也。古之臘曰褯,則字書亦沿此誤也。"《左·僖五年傳》"虞不臘矣",杜注:"臘者,歲終祭衆神之名。"《御覽》引舊注云:"日月會於龍尾,百物備合,於是祭群神也。"均屬牽渾。孔疏:"秦漢改曰臘,不蜡而爲臘矣。"意秦漢始合蜡、臘爲一,歷代相沿,未嘗是正。觀《秦本紀》惠王十二年初臘,始皇三十一年更改曰嘉平。《風俗通》云:"漢家火行,火衰於戌,故曰臘也。"可見故終秦漢之世,但有臘之名而蜡之名亡。《家語·觀鄉射》"子貢觀於蜡"注:"今之臘也。"曰今之臘,則古之臘不與蜡同可知。近儒齊次風《註疏考證》、惠定宇《左傳補註》均以蜡、臘爲二,而仍不免泥於"總謂之蜡"一語,故言之未分曉也。

精鑿,舉許以寬鄭氏之失,尤見觀書如月。

其形渥解

夏仁壽

《易·鼎》九四:"其形渥。"九家本"形渥",晁氏《易詁訓傳》引作"刑渥"。渥者,厚大,言罪重也見李鼎祚《周易集解》。虞氏本亦作"刑渥",注:"兑爲刑渥,大刑也。"九家、虞氏義近。京氏"刑渥"作"刑剭"。剭,謂刑在頄。一行、陸希聲同。朱子《本義》從晁氏作"刑渥",訓重刑,實用虞説,此一誼也。

王注:"渥,沾濡之貌也。既覆公餗,體爲渥沾。"史徵《周易口訣義》:"渥,霑濡之貌,覆餗於地。"即被沙鹵霑濡,與注小異。伊川

《程子易傳》:"其形渥,謂赧汗也。"朱震云:"其形渥,羞赧之象,澤流被面,沾濡其體也。"同程義。來知德注:"渥,沾濡也,言覆其鼎,鼎之上皆霑濡羹糁也。"來訓沾濡亦與王同,惟訓形爲鼎之形,故曰鼎之上,與注訓爲人形體之形殊。毛氏、仲氏《易》:"其形渥,謂鼎覆,則全鼎淋漓,其形渥如。"焦孝廉循《易章句》訓形爲形器之形,渥猶滿也。二説均與來合。此又一誼也。

愚謂諸家説不若九家、虞氏爲長,惜其説未備。按《周禮·秋官》"司烜氏,邦若屋誅",鄭注:"屋,讀爲其形剭之剭案,"爲"今本作"如",從段玉裁《周禮漢讀考》改,謂所殺不於市,而以適甸師氏。"賈疏引《易·鼎卦》云:"鼎折足,覆公餗,其形屋。鄭義以餗美饌,鼎三足,三公象,三公傾覆王之美道,屋中形之。"是賈尚見鄭《易》注本今所傳鄭《易》者,宋王應麟輯、國朝惠棟補,特引經文又作"屋蒙"。按,形字通刑,《孝經》"形於四海",《釋文》字又作"刑"。《荀子·疆國篇》"刑範正"注:"刑與形同。"是其證。剭,本從屋得義,故字从刀从屋,疏引作屋者,亦通用字。渥亦通屋。觀漢修堯廟碑,"赫如屋赭",字作"屋",可見王念孫《廣雅疏證》剭、屋、渥形義均近。《周禮》之屋即剭之省。《易》之渥,即剭之假借,是則《易》此爻經文當作"刑剭",作"形渥"者,後人所改也。

《新唐書·元王黎楊嚴竇列傳》贊:"《易》稱鼎折足,其刑剭。"蓋指元載以罪誅言,是宋庠所據《易》本亦作"刑渥"馬國翰説。又案《漢書》班固"底剭鼎臣",服虔曰:"《周禮》有屋誅,誅大臣於屋不露也。"下引經文作"渥",亦渥、剭借用之證。師古曰:"剭者,厚刑,謂重誅也。"馬國翰謂班氏正用《易》義。服虔解與鄭小異,蓋馬誤以師古説爲服説故云。馬又謂"王符《潛夫論·三代篇》《易》曰'鼎折足,覆公餗',言不勝任,則有渥刑也",與服氏同當作與顔氏同。而作"渥",又微異。愚案剭訓屋中刑之,刑之重大,無過於此,是剭已包得渥義。《易釋文》訓剭重刑,則鄭與虞、服、顔義均合。蓋大臣傾覆王道，必有重刑加之於屋中刑之者。《周禮》所謂“適甸師氏”，所以别於庶姓無爵、刑殺于市者二語見《周禮》“掌囚”注。此古之法也。《爻辭》，周公作。《周禮》，亦周公作。故《易》此爻義與《周禮》義合。段玉裁《周禮漢讀考》亦以鄭《易》“渥”作“剭”爲是，因謂鄭以屋中刑之釋剭。鄭所傳《費氏易》實作“剭”。然則訓剭为重大之刑施之屋下，九家、虞、鄭之説不可易也。近儒張惠言《周易虞氏義》並《鄭氏義》、洪頤煊《讀書叢録》兼宗鄭、虞，姜宸英《湛園劄記》、江藩《周易述補》皆宗鄭氏，可以救王注、程傳之失。

折九家、虞、鄭之中而釋其滯結，于群説亦能心貫，可與言《易》。

日中見沬解

王葆心

《易》“日中見沬”，《釋文》云：“徐武蓋反，又亡對反，微昧之光也。”虞翻注、荀爽九家集注，俱作沬姚配中《周易姚氏學》引同。虞云：“小星也。”張惠言《周易虞氏義》同《集注》云：“斗杓後星。”毛奇齡《仲氏易》、李林松《周易補述》引同劉歆《洪範五行傳》、王弼《易注》亦俱作“沬”。劉《日食説》云：“于《易》‘日中見沬’。”李鼎祚《周易集解》本評注同，惠棟《周易述》、張惠言《虞氏易禮》、李富孫《易經異文釋引》俱同。王云：“沬，微沬之明也。”李富孫《易經異文釋引》同班書《五行志》、宋李衡《周易義海撮要》引陸績《周易述》亦俱作“沬”。班云：“于《易》在震之豐，曰豐其沛，日中見沬，折其右肱。”馬國翰《目耕帖》引同陸云：“沬，斗槩，謂斗之輔星。”阮元《經籍纂古》引同，馬國翰《目耕帖》引陸希聲《易傳》同，並云：“斗以象大臣，槩以象家臣。”此皆《釋文》出沬所本也。

《釋文》又云：“《字林》作昧，亡太反，云斗杓後星。”王肅云：“音妹，鄭作昧。”服虔云：“日中而昏也。”子夏《傳》云：“昧，星之小者”。馬同薛云：“輔星也。”毛奇齡《仲氏易》、宋翔鳳《周易考》、李富孫《易經異文釋》引並同又《王商傳》引《易》曰：“日中見沬，則折其右肱。”蘇林曰：“日者君之象，中者明之盛，盛而昧，折去右肱之臣，用無咎也。”與《王莽傳》引合見《目耕帖》並云，蓋漢經師之佚説也。宋朱震《漢上易傳》引子夏《傳》，沬亦作昧，此又從昧之各家也。按虞、荀、陸、薛、馬、鄭諸人俱從子夏《傳》小星之義，訓沬。據《史記・天官書》“輔星，孟康謂在北斗第六星旁”，然《易》取象於斗，復取斗旁之星，於義爲偏。諸人所據子夏《易傳》，紀昀謂是書乃後人依託，非其原書，恐難取據。而《説文》水部出沬云：“洒面也，從水未聲。”又出頮云：“古文沬從𦥑水從頁，日部。”又出昧云：“昧爽且明也。從日未聲，一曰闇也。”據此，則沬古無小星之解。各家不從小星解者，惟蘇林、服虔、王弼。陸德明説與《説文》“一曰闇也”義合，則各本作昧者，當從此解。按昧之訓闇從未得義也。《淮南・天文訓》：“未，昧也。”《漢書・律曆志》：“昧薆于未。”《釋名》釋天：“未，昧也。”《禮・月令》注“觀斗所建”疏：“未，昧也。”《太元元數》辰“辰戌丑未”注：“取其冥昧也。”《書・無逸》疏：“日昳爲昧。”《文選・東都賦》注引《孝經鈎命決》曰：“東夷之樂曰佅。”又引毛萇《詩傳》曰：“東夷之樂曰韎。”俱莫芥切。阮氏《經籍籑詁》以韎入五未，以佅入七曷，恐非。蓋誤以佅作從本末之末讀也，今訂正。《白虎通》：“禮樂西夷之樂曰昧，昧之爲言昧也。”此從昧之訓也。然以《易》義按之，出沬之《易》當從徐爰武，蓋反讀若本末之末。《易》之“沬”，作“沬”。蓋字體相似之訛。《廣韻》十三：“末、眛，莫撥切，星也。”《易》曰“日中見眛”，《釋文》引《字林》亡秦反，王肅音“妹”，又云“鄭作昧”，以明鄭與《字林》作眛、王肅音昧本不同也。故舉鄭以別之，則鄭氏《易》當從“末”作“眛”，而今乃誤其文爲鄭作“昧”耳。此其讀末之確證。可知《易》舊本從“末”不從“未”，其音妹者，字從未。則自王肅始而《字林》因之也。沬與眛通。末，《説文》云：“木上曰末，從木從上”。元戴侗《六書故》曰：“末，本之窮也。”與蔑、莫、無，聲義皆通。又凡從末之字，抹、妹、怽、昧,《集韻》引《字林》云:“抹,殺滅也。”《廣雅釋詁》:“妹,塵也。”“怽,忘也。”《説文》:“昧,不明也。”皆得體於末而成義者。

沬從水,按《淮南子・説山訓》“人莫鑑於沬雨”注:“沬雨,雨潦上覆瓮也。”《説文》水部出瀑云:“疾雨也。一曰沬也。”《説文》水部無“沬”字,惟此解一見。疾雨噴沬,故瀑出也。馬融《長笛賦》曰:“山水猥至,澮瀑噴沬。”今夏盛時,日中暴雨,山溪水多陡漲者是也。蓋日中而忽暴雨,陰至之象。九三,日中陽也,應在上六,志在於陰,故日中得暴雨也。上文沛義,又當從虞翻“日在雲下稱沛”之解。《釋文》云:“本或作沛,幡幔也。”據陸説,則雲之垂象之,與虞氏可互證,隆雨之候也。然則沬從徐讀而義爲沬雨,於《易》較合。彼專附子夏《傳》者,毋亦有未考耶?

淹貫諸書,從徐爰説讀“沬”爲“沬”,與《廣韻》引《易》作昧音義相合,能得國朝説《易》諸家所未到。

《春秋》之楚非夷辨

曹集蓉

楚之見于經也,始於莊十年。書曰:“荆敗蔡師於莘,以蔡侯獻舞歸。”公羊氏言不與夷狄之獲中國。穀梁氏言謂之荆,狄之也。顧氏《日知録》曰:“《春秋》於楚,斤斤焉不以其名與之。”莊十年,始書荆。二十三年,於其來聘而人之。二十八年,復稱荆。僖之元年,始稱楚人。四年,盟於召陵,始有大夫。二十一年,會於盂,始書楚子。然使宜申來獻捷者楚子也,而不書君;圍宋救衛戰城濮者子玉也,而不書帥。聖人之意,使之不得遽同於中夏也。此皆以楚爲夷者也。

竊以爲不然。蓋楚僭號負固,蠶食諸姬,《春秋》之斥之也,以其敗王章;《春秋》之進之也,以其爲中國也。

然則以楚爲夷,何據乎? 將溯其始封歟。楚爲高陽氏,後至鬻熊事文王。成王時,舉文武勤勞之後嗣,封熊繹於楚,是其始封非夷也。將薄其風俗歟。江漢諸詩采入二《南》,向化之速有非列國所能及者。若所云荆,强也,言其氣躁强。或云荆,警也。説皆不足據,是其風俗非夷也。將疑其法制歟。春秋時,左史倚相最稱淹博,其他名公卿言論風采,載諸史策,更僕難數。且《檮杌》一史與晉《乘》、魯《春秋》並著,而《左氏傳》亦有疑爲楚人所爲者。文章典物照耀南邦如此,是其法制非夷也。

且夷夏之辨尤宜以地定之。《禹貢》列荆州,《周禮・職方》亦列荆州。《路史・國名記》云:"楚初封居丹陽,今之秭縣,本曰西楚;後徙枝江,亦曰丹陽,是爲南楚。"《文獻通考》云:"荆州之域,《春秋》时可考者十三國,而楚居其首。"是以東坡蘇氏《春秋圖》列中國異姓爵姓具者,楚實與焉。區楚於夷狄之外最爲巨識,而前此説經者,皆襲爲夷夏之論。鐵眼有稜,銀手立斷。公、穀開其端,漢儒承其流,即太史公亦有"楚蠻"之語。楚而夷也,則是九州不當列荆州,五嶽不當列衡山,九藪不當列雲夢矣。況楚封孔子以書社,向無子西之沮,孔子必受之,是則孔子仕於夷也。奉身則居其官,秉筆則貶其國,豈聖人所忍爲乎? 厥後戰國時,屈、宋繼出,拓宇於風《詩》,導源於兩漢,爲千古詞賦之祖。卓哉! 絶後空前,無與並麗者也。夷云乎哉? 夷云乎哉?

詳碻得要,可與鄭小谷考並傳。

黄州入江諸水源流考

王葆心

大江自漢陽入黄岡,東南逕蘄水,亂蘄州,達廣濟,東浮黄梅,蜿蜒綿亘,一瀉千里。掠吾黄而東者厥有五邑,其中注川注澮,曰洲曰陼。奔騰漭泱而惡流焉,大艑小艆而艤集焉。天實作之,非人力所能啟也。

經麻城、黄岡而西入江者曰舉水。《明一統志》"春秋吴越戰於柏舉",即此地。源出麻城東北之龜峰山,至縣東與源出石門、黄葉二山之閻家河合。閻家河下流爲桃林河《通志》作桃花河,以岸多桃,故名。《水經注》:"舉水西北逕蒙龍戍南,又西流左合垂山之水。"蒙龍戍乃梁南定州治,故城在今縣東北,疑即今桃林河下流也。

而源出河南商城西界嶺之四道河,源出河南光山東界嶺之白塔河即《水經注》之垂水,《通志》作柏塔河,亦名界河,合流爲新河明知縣王世禄督民疏鑿以殺水勢者也。自北來會,始名縣前河。石勒將麻秋所築,故城在其東。西南逕縣十里,名高岸河。稍西,匯源出縣東南唐殿西之麻溪河。源出白杲山之白杲河,爲汝陰河口。又西爲迎河集,而源出分水嶺之浮橋河,古稱倒水者注之。按《水經注·倒水注》,舉水東南歷赤亭下,謂之赤亭水。赤亭,宋元嘉中所立,故城在今麻城西北,則倒水古屬麻城無疑。《一統志》及《通志》皆從之,《府志》以今之紫潭河爲古倒水,屬黄岡,與前皆不合。今從桑欽、酈道元説。又西南逕宋埠市,至歧亭鎮,合源出黄安鹿皮衝之松溪河,名歧亭河。又南爲柳子港,始入黄岡界。《宋書》西陽有赤亭水,爲五水蠻之一。《太平寰宇記》歧亭河在縣西北八十里,俱指此也。而舉水入黄岡者,則自柳子港,南逕赤土坡,又南逕秤鈎灣,經流逕舊洲今稱新洲,爲舊洲長河,而三店横河之水入焉。源出鐵綫嶺之沙河《名勝記》東坡嘗買田於此,源出大畸山,會高家及孔子、淋山諸河之道觀河西流,俱自東來會。南過姚二渡,南爲廟埠潭,爲黄舍潭。又南爲石頭潭、董福灣。支流自楊家河口南爲汲水港,又南爲小西河,至細河口與經流合。

而白塔河水自東入焉《通志》作百塔河,南逕辛家衝,又逕赤腳山,爲方一渡,又南至穆家涇,而源出麻城白沙關,會程方、湖田、白馬,東流姚家、阜角、金湯、陡埠、尹家諸河之紫潭河,自西來會《一統志》

或以此爲古志倒水者，誤，合南流至徐家樓下之張家灣。支流帋與道觀河南流，注史壩橋河入江，今堙。經流南注鵝公頸，古稱大舉口梁大寶六年，世祖遣徐文盛拒侯景進軍於此，《水經注》稱爲舉洲，南入於江。

《太平寰宇記》：舊洲河在黄岡縣西北一百二十里，水流至團風大江口。江至大舉口爲雅淡洲所間，分爲二流，舉口在北流。北流既挾，舉水而東，逕團風鎮。又東至三江口與南流合。言舉水田，大舉口入江者，指上流而言。《通志》《麻城志》言由三江口入江者，指下流而言然。以府志爲是。《輿地紀盛》：三江口去黄岡縣三十里，在團風鎮之下有江三路，而下至此會合爲一。嘉慶《湖北通志》：舉水入江處謂之三江口。《黄岡縣志》：今舉水自柳子港下東徙，南逕宋家渡、荷葉淀入舊州長河，是舉水之入江在黄岡，而源在麻城。古今未改也。而舉水入江之北又有源，自涢口過黄陂縣，至倉子埠逕三水港，逕武磯爲陽城河。至大港口入江之街埠河，一名界埠河。而界埠河之西北又有源，出黄安縣西老君山，會金局關水，會官倉河水，注火石橋烏峰河水之灄河，其入江則由黄陂之灄口矣。黄岡縣五重鄉道觀河水所逕亦有灄河，明知縣簡霄曾於此築堤，見《湖北通志》。

經黄岡、蘄水、羅田而南流入江者曰巴水《宋書》西陽五水，蠻首巴水。《水經注》：巴水，源出雩婁山，下靈山，南歷蠻中。吴時舊立屯於水側，引巴水以溉焉。《一統志》靈山在今安徽壽州霍邱縣界，而《羅田志》謂出鹽堆山，蓋巴水上流已湮没，其可見者，惟平湖鄉上流而已。今按巴水有二源，一出羅田鹽堆山，下爲惟壠洑及九子《縣志》作九資河、新昌、騾走諸河，逕滕家堡，十里、木樨、二里河之水入焉，又十里爲尤河。一出羅田石柱山之七里衝，西流爲長河，又四十五里會東安河，爲雙河口，又南逕海螺石，北峰河注之，十里逕縣治東爲官渡河，繞城二十五里爲尤河，與平湖鄉之水會，南流入蘄水、黄岡二縣界爲巴水。巴水因黄岡、蘄水、羅田三志所載各異，他卷引用多纏繞不清，此獨條理秩然。巴水東界屬蘄水，童家河、劉家河之水入焉。

南逕上巴河市，元潭港、史家河自東入焉。又南明家港水入焉。又南逕桃花潭爲西陽河。巴水西界屬黄岡，西逕但店《府志》一作段家店，又南陳家河、一里河《府志》亦作溢流河之水入焉。又南爲上巴河，馬甲潭、東港、火柴港《縣志》作火燒港之水入焉。又南至魚場、朱大夫河入焉《府志》明刑部郎中朱恕所濬。又南逕孫家觜爲西陽河，南逕馬騎山，源出迴龍山之三台河入焉。又南至下巴河入於江。《輿地紀盛》所謂源出石版山者，蓋今之石柱山也。精鑿。

《水經注》所謂自巴口入江者，蓋即今之下巴河也齊中興元年，東昏侯遣吴子陽等十三軍，進據於巴口救郢州，即此。發源安徽英山，由蘄水以西入江者曰浠水亦作溪川，見《通志》。浠水出英山，入羅田爲英山河，而舊縣畈逕魁山南之義水入焉。又南爲落翎河、雞兒河，入蘄水界。逾險石，爲石險河，一名古河，又名界河。羅田夫子河、白蓮河之水注之，蔡家河之水注之。又西南柴家河注之，又倒流河之水入焉。又西逾蘄水縣南，爲南門河，雲路口之水注之。又六神港之水入焉，逕蘭谿鎮入於江。浠，古作希，《水經注》希水出灊縣霍山西麓，分爲二水，枝津出焉。又南積而爲湖，謂之希湖，又南逕軑縣東而注於江，是曰希口。今則希湖跡湮矣。

而《輿地紀盛》所謂石嶮湍迅異常，入蘄水界爲浠水者即此也。專流於蘄州，西南入江者曰蘄河，源出於四流山，過查家山爲龍井河。田家橋、牛頭衝諸水會之。又十里河南畈之水會之，又東將軍山、相山、細洲河《府志》作細竹河諸水會之，爲兩河口。又東十里，龍目衝之涼亭河入焉。過張家塝，西六谿河之水注之。又東白水畈諸水會焉。逕三十六水《通志》：在州東北源出黄梅縣界，今名高溪河，紫雲山龍鬚衝之桐梓河《通志》作童子河水入焉。又南逕鴨公觜，源出北極尖石鼓河之水注之。又東蔡家河衝蓮花庵諸水入焉，至劉家河仙人台西北，康嘉堡、汪家壩、澤霖河諸水會焉。至甕門爲洗馬潭即鈷鉧潭，見顧景星《白茅堂集》，過關口河西，蘄陽坪、西龍河、陳家壩、株林河、胡家河諸水注之。過黄城河《府志》作皇城，椰木街、白石頭、石壁崖之水入焉。逕高家鋪《府志》作高山鋪西，烏石河、石櫟堰之水注之。又二十里達蘄州舊治，白雲山㟁突起一洲間之，左流者爲蘄河，右流者爲西河。又南五里逕曹河市，源出黎企里《通志》作黎企衝之兩河水入焉。又東逕陳氏半畝園，分而爲二，至溻口市復合。據《通志》，水凡三分。《府志》則秖二分。溻口亦作豁口，見《通志》。顧黄公有豁口詩，《府志》以俗訛作豁口，非是。由三渡橋越土門山之陰，其西河之水逕易家河、白池湖至楊公潭，與溻口㟁河會，踰土門山之陽，並由赤東湖，相距不數武爲相見灣，旋東西分流，至龍峰始合而注於大江，謂之蘄口，今呼挂口。其廣濟迤西之水東流入蘄州境者，逕櫟木橋匯於鴻塘、赤東諸湖，亦由挂口入江。補敘廣濟水處甚密。

《水經注》江水過蘄春縣南，蘄水從北東注之，指此水。《太平寰宇記》四流山山勢逶迤，有泉水分四流，南流入蘄春界，亦指此水。而蘄州西北之彭司河，源出蔣家山、琳山，會蘄水縣策湖諸水，則由茅山口入江，黄州江亦至此一曲東去，滔滔者至此亦過半矣。

廣濟之水俱匯赤磯湖，達黄梅之太白湖以入於江。一曰梅水，源出縣北二十里之横岡山，匯諸澗水合而成川，下會層峰諸溪水爲雙河口，西南流逕畢家畈，又五里逕廣濟縣北，又南逕春風橋，會靈山浮渡諸水，又北折而西逕仁壽橋，繞迴川㟁爲縣河，逕四高樓，又北爲滄浪橋，又南而清流港之水入焉。逕劉公閘，又十里逕潘家壋《通志》作潘壋，又逕柏林河東岡澗，又逕陶家塘，由廣濟縣南歷紫石頭，匯午山湖，由連城港入於赤磯湖。金德嘉《居業叄集》：川上多種梅，始自劉令。

一曰荆竹河，在廣濟東北，源出東山衝，至明水山石，飛瀑噴沫，下注爲龍潭，深不可測，見《輿地紀盛》。潭西溢出，逕萬牛垸，又逕五峰山，與梅水、衝之水會焉。其白土嶺之荆竹鋪諸水，亦由車防河歷聖龍潭來會，數里逕貓山口，爲團頭河，分而爲二。南流逕六里畈，復合爲一。逕廖陸溪，入於赤磯湖。

一曰大金河，在廣濟東南，逕鯉魚溝右大金廟，又東十餘里，逕黄花港，歷羊頭岔，又北逕鳳皇山，獅子山下諸水會焉。又北入於赤磯湖。又有龍湫水，逕株山嶺，匯十八疊，歷花關橋，逕屈家河，繞太平山側，亦入於赤磯湖，而赤磯湖又匯於太白湖，以達於急水溝，而入於江。《水經注》所偁青林山之青林水，即今之青林口，實武穴口，南對瑞昌碼頭岸。《韋園集》詩可證。《居業叁集》謂爲刊水，亦引《水經注》爲證。明永樂時曾築堤於此。

黄梅之水分東北、西北兩路，俱由急水溝入於江。東北之水名隆斗河，亦名鼓角河。有二源，一出唐家山，南流逕隆平山麓，又逕渡下橋。一出枝角山，南流逕亭前驛，至兩河口合流，過柘林鋪，至鐵塘口，會山溪河。繞黄梅縣南，名縣河。自縣西流匯張家湖，會馬家橋河，爲殷家河，又西南流逕黄連觜，走下新市，達東觀市，出急水溝入於江。西北之水名中雙城河，《一統志》疑即《寰宇記》之黄梅水，諸水源自紫雲山，歷太平衝六渡河三十六水，逕考田河，逕太河鋪，逕黄花畈《通志》作白港畈，分而爲二。其西流者入長安湖。其東流者，下桂家寨，入濯港。又源自德安山之漆水港，並西大葉山之水，逕雙城驛，歷黄梅山河，逕舒城山，亦會於濯港，逕黄連觜，與東北之水會，由急水溝入於江。由是而逕段姚市，入安徽宿松縣界，而黄州八邑之水畢洩焉。

《會典·湖北水道圖説》所舉雖略，然於歧亭河、巴河、英山河、童子河、漳源河俱詳載無遺。然則黄州之水雖多，其最久遠者，亦不過數水也。近桐城姚氏鼐謂考地理必居其土，經歷無訛，始爲足信，故作《九江》《廬江》二郡考。今考水道於吾黄，亦抑竊焬姚氏意焉。

明覈有法。

羅田王葆心校字

黄岡夏仁壽覆校

卷二　性理

學原於思説

王葆心

繼孔孟論學者，荀子也。荀子曰："誦數以貫之，思索以通之。"繼荀子論學者，楊子也。楊子曰："學以治之，思以精之。"居二子之後以論學，則有伊川之言曰："學原於思。"

夫古之言思，首自《洪範》，其言思曰"睿"。應邵訓爲"通"，張晏曰通達以至于聖是也。伏生又訓爲"容"，董仲舒謂心無不容是也。蓋學懼處於蔽以錮其靈，思能通，則破其蔽矣；學懼安於褊以拘其性，思能容，則祛其褊矣。載籍之博，名物之繁，非思無以定其究也。道德之深，性天之奧，非思無以考其歸也。善信者，非思則不疑。善疑者，非思則不信。自非齊聖，固有思之而弗獲者矣，未有不思而能獲者也。雜爲漢學之病，膚爲宋學之病。學由思入，則學不雜；思以濟學，則學不膚。吾懼世之學流於膚且雜也，故考古訓之思能通、思能容者而作是説，將以告夫善學程子者。

置驛以通漢宋，文亦雋桀可喜。

前　題

聞宗穀

今論學者曰"聖人不思而得"，吾竊以爲過焉。聖人之於學也，本無待於思，而究未嘗不思，果其不思，而六人之學必極於定静安慮而后言得者。夫何謂也耶?

由前而論,爲千古開學統者,莫若堯、舜。堯、舜不思,曷造精一?然堯、舜,聖者也。由後而觀,爲千古承學統者,莫若顔、曾。顔、曾不思,曷體忠恕?然顔、曾,賢者也。以堯、舜之聖,顔、曾之賢,而尚不欲爲苟且浮華之學,矧其爲去堯、舜、顔、曾萬萬者哉!

夫學,猶水也,不濬其源,不疏其壅,則涸竭無餘矣。日濬之疏之,始必涓涓而來,久且成爲河海。思之云者,是所以濬之疏之之道也。又如燕人適越,其道里之所從,城郭之所經,山川之阻修,風雨之晦冥,必一一實經體驗,中道無畫,然後越可幾焉。若坐環堵之室而望越之渺茫,車不發軔而欲乘雲駕風以遂抵越,有是理哉?蓋學不能有通而無塞,必思以通其塞而塞乃通,否則塞者塞而通者且旋塞矣;學不能有明而無昧,必思以明其昧而昧乃明,否則昧者昧而明者且旋昧矣。

夫至通者塞、明者昧而學尚可恃也耶?夫至學不可恃而堯、舜、顔、曾尚可譏也耶?精一者,堯、舜之學也,而日兢兢於人心道心之界者,則思也。忠恕者,顔、曾之學也,而日勉勉於省身克己之修者,則思也。惟能思其思,故能學其學,未有爲堯、舜、顔、曾之人而不用吾思者也,未有非堯、舜、顔、曾之人而可不用吾思者也。不思,則雖以堯、舜之聖,顔、曾之賢,必無以造精一、體忠恕。能思則不必堯、舜之聖,顔、曾之賢,而皆可造精一、體忠恕。思顧不重乎哉!思者聖功之本,思之者性功之本。從聖功出,足成吾學之大。從性功入,足踐吾學之實。合通書與程朱之精語以爲文。

思曰睿,睿作聖,聖乃無不通,無不通生於通微,通微生於思,思乃無不濟矣。沉潛乎義訓,反覆乎句讀,韓退之之所謂思者,此也。發微不可見,充周不可窮,周濂溪之所謂思者,此也。從容會於幽閒静一之中,超然得於書言象意之表,楊龜山之所謂思者,此也。使其言皆若出於吾之口,使其意皆若出於吾之心,朱仲晦之所謂思者,此也。必如此乃可幾堯、舜、顔、曾之學。

毋曰學其學易,能如此,即可幾堯、舜、顔、曾之學。毋曰學其學難,世儒不察,朝取一書而讀之,暮取一書而讀之,驅率聖賢之言强從己見,就令義理可通,已涉私意穿鑿,而不免郢書燕説之誚。矧沾沾於耳口間,其於義理之歸,不啻築牆垣而塞門巷也。而薄聖經賢傳而不爲,日耗其精於虚無讖緯之中,而終莫窺聖賢之門逕者,則又徒思之咎。吾將援聖人之教以告天下後世曰:不如學也。

心似玲瓏,筆如牛弩,氣若廣陵之濤,此才豈可斗計。

前　題

陳正保

古之所謂學者將以明道而行之也,道之明求諸心,心之官主於思。

思也者,即務盡其格物致知之理也。夫學始格致而誠意、正心、修身、齊家、治國、平天下,無不一以貫之者,所謂明道而行之也。行必由於知,莫不各有所行之事,莫不各有所行之事之理。不知其事,無以行其事也。不知其事之理,無以知其事也。是故欲知誠意之事,則必思其意之理。欲知正心之事,則必思其心之理。欲知修身之事,則必思其身之理。欲知齊家、治國、平天下之事,則必思其家國、天下之理。

乃自告子壹意制心,其言曰:"不得於言,即不必求明於心,其或不得於心,亦無事求助於氣。"彼固謂仁義絶無與於人心,而一切畫斷焉而不求。窅窅焉、默默焉,槁坐而尸居焉,以爲適還其心之本體,而自然之明於是乎出,則思由是廢矣。即有小變,其説者曰,即思即學,以爲吾嘗掃室而居,冥情而坐。吾無色無想之心,上入無際,下極無垠,見夫古今有未闢之境,《詩》《書》有未啟之靈。光明照徹,靡所於遺,是則異氏以寂然無、炯然覺之心爲心,思而不學者也。

而今之爲學者,吾又惑焉,其言曰:聖人所以明道者辭也,以成辭者字也,由字以通其辭,由辭以通其道,字有篆隸之異,聲有古今之殊,考之《倉》《雅》,攻其訓詁,其有不通,又必博稽載籍,輾轉引伸以説之。一字之義,紛紜數千言,又何怪窮老畢精竭慮於此,而於聖人著書立説之本志,冥冥然有如浮雲之障日月者乎。

孔子嘗言之:"學而不思則罔。"孟子曰:"思則得之,不思則不得也。"故後之學者,如程、朱、陸、王諸儒闡明聖道,靡不以致知爲急務焉。若夫聲音訓詁之爲學,譬土壤之於泰山,涓流之於河海,雖有之而無足多也。憑虛意造之爲思,譬登高之不緣梯級,破浪之不事帆檣。雖勞焉,而無所獲也。其亦倦焉、悔焉而思返焉。返之宜何從?曰:於《易》思消長之機,於《書》思治亂之述,於《詩》思邪正之界,於《禮》思聖人制事之大經,於《春秋》思聖人制事之大權,於《樂》思陰陽進退萬物變化自然之理。而後知六經之切於人,萬世不可廢者,聖賢之力也。欲學聖賢者,其亦返求諸心而已矣。

斥駁未免門户之見,文則清轉沖龢,得力于歐曾一派。

原　性

帥培寅

儒者多言天地之性,以爲人性之原於天也。顧天地之性,安從而見之,毋亦言天地之情可矣。夫天地普萬物而無心,心且無有,即奈何誣以情。不知未發謂之中，中也者，性也。已發謂之和，和也者，情也。名雋。天地不有太和之氣乎。太和之流動者，和也。其凝静者，中也。是天地無情而有情，而天地之性寓焉矣。

太和之氣，化生萬彙，人、物得之以爲性，然或偏於健，或偏於順。偏則惡矣，故曰惡亦不可不謂之性也。砉然中解，目無全牛。然而太和之氣，固周流灌輸而不息，則太極之理亦即包含於太和之氣而不可没。太極者，所以生之理也。太和者，生之具也。告子不曰所以生之謂性，而曰"生之謂性"，孟子所以昌言排之也。

世之言性者，莫不疑夫巨奸大惡之性之惡也。夫巨奸大惡者，禽獸中之虎狼，草木中之荆棘也。請即以虎狼荆棘明夫巨奸大惡者之性猶有善也。今夫虎猶乳子也，非其性之仁慈乎？草木無知，似無從驗其性矣。然荆棘生生而不已，非其性乎？然猶可曰：此其氣也。若夫秋冬之際，歸根復命，其氣亦幾乎息矣。一轉便深。至春而萌芽條鬯，非其生理未滅乎？生理者，性也。至於能乳子而不免噬人，能生生而終爲荆棘，則囿於氣質故也。人之奸且惡者，猶是也。然禽獸草木不能用學以勝氣。

人則不然，使巨奸大惡者而知向學，安在不能復性耶？惟氣拘物蔽，習染深痼，故甘居下流而不辭耳。善乎，成湯之誥曰"若有恒性"，蓋舉不雜氣質者言之也。思、孟之論性猶是也。孔子曰"性相近也"，蓋兼氣質而言之。程張之論性猶是也，言異而旨同也。朱子曰"性即理也"，吾亦曰"性即理也"。發乎情而後有邪正，見乎才而後有剛柔，强弱之不同也。孟子乍見孺子之説最善，吾爲推廣之曰：平居傲然不屑也，一爲省察，則退然望道未見矣。浩浩乎若自得也，一爲省察，則赧赧然不能片刻安矣。嘐嘐然自信也，一爲省察，則炯然不容昧矣。此《中庸》慎獨之功，《大學》誠意之旨，曾子之省身，顔子之克己，皆是也。苟非性中固有之禮義智，而何以辭讓、羞惡、是非之隨感而輒應也。抑省察即見，不省察即不見。故學貴明以復其初也,明明而不已則誠矣。於戲!可不勉哉。

貫穿群説,斷理必綱,學識之優純,文藻之清茂,可以冠時。

前　題

聞宗穀

天下之飛潛動植,蠢蠢而蠢蠢者,有異類也。天下之聖凡賢不肖,紛紛而雜雜者,有異人也。人之異其人也,猶物之異其類。物之異其類,物之性然也。人之異其人,豈人之性然哉。夫大塊噫氣,其名爲風,風之所出而無異氣也。而呼者吸者叫者號者,其聲若是不同,以其所託者,物物殊形爾。因其聲之不同,而謂有異風可乎?黄河之水渾渾而流以至於海,竟莫能清者,何也?水原於天而附於地。源之初出,曷嘗不清哉。出於巖石之地者,瑩然湛然,得以全其本然之清。出於泥塵之地者,混於其滓,則源雖清而流不能不濁矣。非水之本濁也,地則然也。

人之性亦猶是也。性者,天之命也。聖人得之而不惑者也。人之所以惑其性者,情也。情者,性之動也。百姓溺之而不能知其本者也。仁義禮智信,性之體也。君臣之義、父子之仁、夫婦之别、長幼之序、朋友之信,性之用也。人之稟於天者,即氣即性。天之賦於人者,即理即性。非擇聖人而故多予之,非擇中材而故靳予之,非擇不肖而故不予之。人同此性,性同此理。孔子性近、孟子性善之説盡之矣。而横渠張氏則曰:"形而後有氣質之性,善反,則天地之性存焉。"潛室陳氏則曰:"仁義禮智者,義理之性也;知覺運動者,氣質之性也。"退之韓氏則曰:"性有上、中、下三品之别。"伊川程氏則曰:"善,固性也,惡亦不可不謂之性。"夫人之才本有昏明强弱之不同，其不同者，氣質之雜糅而非氣質之本然。必以雜糅爲本然，是不知。或相倍蓰而無算者，不能盡其才者也。不盡其才而有不善，乃所謂習也。烏得以之罪氣質哉，而况欲誣性乎？

性猶水也，氣質猶器也。水不因器之拘而變其潤下之性，豈因氣質之拘而變其本然之善哉。謂人當養性以葆其性可，謂人當變化氣質之性以存天地義理之性則不可，何也？若分氣質、義理而二之，將使學者任氣質而遺義理，則荀子言性惡之説信矣。又或遺氣質而求義理，則胡氏謂性無善惡之説信矣。又或衡氣質、義理而並重，則楊子以性爲善惡混之説信矣。三者之説信而孔孟之旨反晦。爲是説者，大都本之人心道心而誤焉者也。須知性即氣，氣即性。而義理者，氣質之本然，乃所以爲性也。性則是人心，而道者人之所當然，乃所以爲心也。人心、道心只是一心，義理、氣質只是一性。如種粒，然生意者，性也。生意之默默流行者，氣也。其生意之顯然成象者，質也。奈何截而分之曰性善而氣質不善耶？故雖極愚極濁之人，未嘗不知愛親敬長，則氣質之非不善可知也。禽獸之一其性，有人所不及者矣，而偏且塞者不移也。人之失其性，有禽獸之不若者矣，而正且通者具在也。宋元兇劭之誅也，謂臧質曰："覆載所不容，丈人何爲見哭？"唐柳燦臨刑自詈曰："負國賊死，其宜矣。"由是觀之，劭之爲子，燦之爲臣，未嘗不明於父子君臣之道也。惟知之而動於惡，故人之罪，視禽獸爲有加。精論可補入《近思録》。惟動於惡而猶知之，故人之性，視禽獸爲最貴。人之異其人，誠非若物之異其類者之性然也。人人負仁義禮智信之德，即人人可盡君臣、父子、夫婦、長幼、朋友之道，體一而用百也。人人負仁義禮智信之德，人人未能盡君臣、父子、夫婦、長幼、朋友之道，用殊而體不殊也。退之論性，謂雜佛老而言也者，奚言而不異。而吾則謂雜義理、氣質而言也者，又奚言而不異。

理溢乎詞，詞盈乎氣，横出怒發，如春晝華、如秋江潮，侯魏望而容墨。

前　題

王葆周

太極元氣函三爲一，人受天地之中以生，獨陰不生，獨陽不生，獨天不生，陰陽三合，然後始生。陽主性，故天爲五行，人爲五性。人者，天地五行之秀氣也。性者何，仁義禮智信也。有譱無不譱也。言性而不本於仁義禮智信之譱，鑿於天而昧於人。其爲説也，駁言性之譱而不本於陰陽五行之奥，詳於人而略於天。其爲説也，虚孔子而後，一閧之市，異詞坌湧，不駁不虚。吾宗孔子，《易》繫陰陽，剛柔之論詳矣。

曷言乎性本於陽也？《孝經鉤命決》則曰："性生於陽以就理。"《説文解字》則曰："性，人之陽氣。"《白虎通德論》則曰："性者，陽之施。人稟陽氣而生，故内懷五性。然則在陽，曦明迭代；在性，摩盪日新。"之三説者，如莛拂楹，蔑可撼焉。曷言乎五性本于五行也？《太元經》曰："三八爲木，性仁。二七爲火，性禮。四九爲金，性義。一六爲水，性智。五十爲土，性信。"《白虎通》暢其義，決其言，則以肝木屬西方義，心火屬南方禮，腎水屬北方智，脾土屬中央信。劉歆、賈逵説如是，翼奉、晉灼説亦如是。孔子曰"智者樂水"，則以水爲智，信矣。非必如《乾鑿度》《尸子》、鄭君《中庸》注，以信屬水，智屬土也。蓋木金水火非土不載，仁義禮智信非信不成。明乎五者之爲性，則性之譱也不辨而明矣。

彼周人世碩、宓子賤、公孫尼子之徒，言性有譱惡。荀子言性有生而好利、生而疾惡。揚子言性譱惡混者，是直以多欲之情爲性。性論晦矣。若夫《管子》言生民必平正,《淮南子》言人生而静,漢詔言人性皆有五常,是其識性體有足多者,肰則孔子所謂性近習遠,蓋即《中庸》所謂生學困三品,用力殊而成功一也。得此解則韓子三品之説無所措矣。所謂上智下愚,蓋以論學,非以言性也。《告子》言性離情以猍詞,鑿於天而昧乎人,其説也失之駁。或祖孟子之言性而略於陰陽五行,致五性之説不明;詳於人而略於天,其流也病於虚。惟孔子之言性言天,亦言人貴實不貴虚,而性以之盡,而情亦以之正,而命亦以之定。

按古今言性,宋五子及有明諸儒備矣。顧言天而涉於虚無,言人而病於冥窈,後學病焉。今謹以《周易乾鑿度》《孝經鈎命决》《管子》《荀子》《尸子》《淮南子》《揚子法言》《太元經》《白虎通》《説文解字》《漢書》、鄭康成《禮記注》各説,捃拾成篇,不敢闌用秦漢以下語,專奉古誼,折衷大聖,閳者或無責焉。葆周謹識。

耑崇古義,敘次斑駁,似《漢史・五行志》《日者傳》。

原　命

聞宗穀

命之於人大矣哉。命何名也,冥焉爾,令焉爾。謂冥冥者,不可知而天有以令之爾。兼劉炫、朱子二説。堯、舜、禹、湯之惠迪吉,桀、紂、幽、厲之從逆凶。前古天人之際,此其大較也。以故言命者,每曰貧富焉、貴賤焉、死生焉,盡之矣。善惡分而貧富應之,賢愚分而貴賤應之,惠逆分而死生應之。理有固然,無足異也。而人每有以修禳延齡、祈禱愈疾者,是則賄賂可以媚神明,巫祝可以讃上帝,而死可以倖生也,又何論貧富貴賤,區區在人耳目者哉,則以爲人之能制命也有然。

然而夷齊仁也而貧，而陶猗富矣。孔孟聖也而賤，而驩賈貴矣。顔子賢也而夭，而盜跖壽矣。其果夷齊諸人之徒知務德而未能修禳祈禱以制命哉？抑亦冥冥之中天所以命夷齊諸人者刻薄顛倒一至斯哉？其果陶猗諸人之不必務德而惟是修禳祈禱以制命哉？抑亦冥冥之中天所以命陶猗諸人者榮顯豐厚一至斯哉？使天而無以命之，而何以夷齊貧、陶猗富，孔孟賤、驩賈貴，顔子夭、盜跖壽？使天而有以命之，而何以貧夷齊、富陶猗，賤孔孟、貴驩賈，夭顔子、壽盜跖？當其下筆風雨快，筆所未到氣已吞。而竟貧焉、賤焉、夭焉者，是命能行於夷齊諸人而不能行於陶猗諸人也？必不然矣。而不知命如朝廷誥勅，始而設官分職者，君之正命也。其職事所當，則有繁簡劇易之不同。君若不得爲之主焉。然其終也，黜陟幽明，邦有常憲，則又歸於正命也。始而降衷於民者，天之正命也，其氣數所遇，則有順逆窮達之不齊。天若不得爲之主焉。然其終也，福善禍淫，天命不全，則又歸於正命也。其理一而已矣。

夷齊之貧、孔孟之賤、顔子之夭，在天亦明示以數之無可，如何以玉其成而隆其報。而夷齊諸人百折而不回者，惟是援天以自信，力争在須臾，而所全在千古也。鄭重。陶猗之富、驩賈之貴、盜跖之壽，在天亦惟畀以福之所前定，以策其效而伺其終，而盜跖諸人志得而氣盈者，惟是貪天以自張，所得者毫釐，而所失者千里也。孔子曰“不知命，無以爲君子”。子思子曰“君子居易以俟命”。孟子曰“夭壽不貳，修身以俟之，所以立命也”。夫所謂知命、俟命、立命者，固皆熟審乎天人之故，知氣數在天而義在我也。盡其道，不立乎巖牆之下，禍福、吉凶、修短莫之致而至者，乃係乎天之所爲。筆若遊龍，氣若雄虹。而行險僥倖、行非禮義之事，致於禍害桎梏死者，雖命亦隨之而實人之自召焉。

説者謂人不能制命，則人將爲命制矣。而吾則曰：在命者，吾之所不求；而在吾者，命之所不及也。吾不爲修禳祈禱，日營營焉以制命爲事，吾又奚爲制命哉。使天下不貧夷齊、不賤孔孟、不夭顔子，則所謂命者，誠杳冥之説矣。使夷齊不能貧、孔孟不能賤、顔子不能夭，則所謂知命、俟命、立命者，誠虚憍之談矣。惟其能貧而天是以貧之，鹿台、鉅橋無其饒也。惟其能賤而天是以賤之，高車、華胄無其尊也。惟其能夭而天是以夭之，彭祖、偓佺無其久長也。或者不察，庸庸以自好，沓沓以爲事，曾不知邪正者，身之無中立者也。每因禍福失其操而欲以人力争焉。無論争之，不如其意，命固在。即争之，克如其意，又安知非數之適然，直窮到底，爲大千古今作寶座獅子吼，勝於五師六宗低眉説偈多矣。而吾徒多此計較也耶。吾誠不爲命制，吾又奚煩制命哉，而況命固未必能制也。夫使命果可制，將販夫游手而望素封，童子投筆而思衣錦，盗賊操刃而貪長生，獨陶猗諸人爲足誇耀一時已哉？故夫援制命之説以之罪陶猗諸人者，則又與於不知命之甚也。

十盪十決，巨刃摩天，蘇明允學縱横家有此放詞，無此碻理。

原　心

夏仁壽

天地生人，一陽一陰，陰主受者也。耳之於聲，目之於色，口之於味，鼻之於臭，魄之爲也。所謂靈也，其靈者非他，陰之精氣而已。陽主施者也。心之精爽，無所弗通，魂之爲也。其神者非他，陽之精氣而已。精理能發陰陽五行家所未備。耳目口鼻，百執事耳，心則君焉，治此百執事者也，何以明之。孟子之言曰："耳之於聲也，目之於色也，口之於味也，鼻之於臭也，四肢之於安佚也，性也。"性也者，生於心者也。故《淮南子》曰："心者，形之主也。"心之精爽，有大小不同,譬於火之照物,《今文尚書》:心,火也。《元命苞》:心者,火之精。心火藏,故能察。其光大者,其照也遠。得理多而失理少,則爲聖人、爲君子。昌黎非三代兩漢之書不讀。其光小者,其照也近,近則得理既少而失理又加甚焉,則囿於質之故,愚者是也。惟學可以愈愚。《中庸》曰"雖愚必明",明之者心也。歸宿於學,語語精實。心能明,則愚而智矣。此困心之説也。且心一而已,而曰惻隱、曰羞惡、曰辭讓、曰是非,何也?曰:此情之所由見也。《詩序》云"情動於中","中"謂中心,言惻隱、羞惡、辭讓、是非。而名之曰心,以情發於心之中也。心不中則不正,不正則不誠,不誠則心無所主,而用之當於理者鮮矣。故孔子曰"存心",孟子亦曰"存心"。存心者,誠也,思也。荀子曰"養心莫善於誠",趙歧曰:"思慮可否,然後行之,胥是道也。"他如《釋名》謂:"心爲纖所識,纖微無不貫心也。"孔穎達疏言"包萬慮,謂之心",亦言"心之善者,視彼説動静、説理氣、説統性情",蓋已該之矣,兹不贅。

闡奥發微,讀之,鬼當夜哭。

前　題

聞宗穀

有本來之心,有後起之心。後起之心不可謂心也。天地之心,愛物者也,而有時蕭殺焉,氣使然也。人之心,好善者也,而有時去善就不善焉,習使然也。習於私異而相與非法教矣,習於刁健而相與賊閭閻矣,習於巧令詐僞而相與飾虚以亂實矣。自古爲惡之人千險萬怪,人皆謂伏其毒於心焉,其實不然。彼夫盜賊之徒一耳,夫端人正士之名,未嘗不恧焉思愧,則猶賴此一寸之未絶也。心果無覺也,百善不能破其牢;心果有覺也,一事皆可誘於道。以故舜、蹠之分,皆其習之已成。今人從其後而議之也。從淺近處指點,如當頭棒喝,惜孟子爲告子輩論性善千言萬語,不如此一段簡要。而彼蒼誕降之初,曷嘗分別。以予謂:若爲舜之心,若爲蹠之心。舜得其心而葆之,一切奇苦卓絶之爲,遂皆取定於一心,而放無不准。蹠則反其道以用之。後之論蹠者遂並罪其心焉。過矣,謂蹠爲不善,誠可罪也。謂蹠之心並不可謂爲善,是罪天也。天顧任其罪乎?心,一天也,天不任其罪,而蹠之心有何罪乎?雖耳目能視聽,而必心爲之施。手足能運動,而必心爲之使然。未有甫墮地而即入於邪者也。位天地育萬物,皆吾心之本體,取而措之裕如焉。又奚必執庸庸道學之譚而曰:心大則百物通,心小則百物病。

理析奇致,大暢元風。

原仁上

王懋官

天地之性,以爲最貴于人也,顧極貴之性于何諭之?毋亦言天地之心可矣。夫莽坱太虚,默肰無言,且無有奚從。而窺其心,不知太和絪緼。理生昆群,人孕其美,是謂體仁。《禮運》曰:“人者,天地之心也。”孔子曰:“仁者,人也。”孟子曰:“仁也者,人也。”又曰:“仁,人心也。”根宗孔孟,掃去後世一切支解,可謂知言。蓋必有其根其氣乃生,必有其量,眾善斯成。肰則人者所以生之具仁者,所以生之理也,故其爲道也。春秋之氣,吾其體雨露之功,吾其用以之居心,則慈而祥,以之處世則愛而公。民,吾同胞;物,吾與也。若夫聖王立教,剛柔異宜,寬猛相濟。堯舜揖讓,湯武征誅。象則有庳分封,管蔡不免囚戮。武王除炮烙,召伯樹甘棠,子産鑄刑書,孔子誅少正卯,得乎人情之正,求乎天理之安。盎肰赤子之心,坱肰寬厚之氣。求仁得仁,生、殺俱仁也。且微、箕、比干,其仁見稱于孔子。而漢之霍光,武帝謂其忠厚可任。其後廢置昌邑,剛毅弗阿,儻所謂仁者必有勇耶?是以仁人在上,其化敦其民也,衣食樸而無華,兵戈銖而無刃,親戚不相毁譽,朋友無所怨德,雞鶩見食而相呼,虎豹馴情而向化。仁人在下則德備,水淖弱以清而灑人之惡,玉温潤以澤而瑩己之胸。致中和而不言性情,極位育而不言施報。若後世之以煦煦爲能者,天淵也。故曰必能體生物之心而後爲至仁,必至仁而後與天地合德。筆大如椽。

原仁下

王懋官

仁之詮爲人,故訓也。許叔重《説文解字》曰:"人,天地之性最貴者也。"《白虎通》曰:"人者,天之貴物也。"太元元文,物之所尊。曰:"人,誠以天地合氣,命之曰人,有七尺之骸,戴髮含齒,倚而食者,必能自全。其所以生之理,非徒以悳予人之謂仁也。"《説文·人部》仁下云:"親也,從人二"。段氏若膺注曰"親者,密至也",讀如相人偶之。

以人意相存問而言,鄭氏康成因之,徐氏楚金紀之,國朝阮文達宗之。未見有異解者,何也?抑亦未即古文而深討其義耳。夫古文仁,一爲二,一爲忎,一爲𡰥。《六書正譌》曰:"元從二從人,仁亦從人從二,在天爲元,在人爲仁,所謂君子體仁足以長人,人所以靈于萬物者,仁也。"忎,從千心。《荀子·解蔽篇》曰:"心者,形之君而神明之主,則仁者施生愛人,千萬人之心也。"砉然中窾,毫無支鑿,訂經如此,甚難。𡰥爲古夸字,何以仁亦同也?夸,俗仁,故字通夸,訓平,亦訓悦。仁者,稱物平施,則千萬人悦之。

吾甚懼世之訓仁者流于膚且雜也。故考文申義,庶與朱子所

訓“心之悳、愛之理”或不謬也。若劉熙《釋名》之云“含忍”，韓愈《原道》之稱“博愛”，則又未窺仁道之全體而狃于一偏者也，

前篇説義宗《論》《孟》，後篇釋形從古文，包該處能補阮文達所未備。

前　題

閭宗穀

仁也者，自盡其爲人而已。自聖人罕言仁而仁之道常尊，自後儒多言仁而仁之理轉晦。漢宋以來，紛紛同異，各師一説，其害烈哉。

夫元亨利貞，天之四德也，而元無不統。東西南北，地之四方也。而東方之氣，無所不通。天之元、地之通，猶人之仁。人受天地之氣以生，萬善莫不畢具。而衆山之殽錯，必有爲之祖；百川之沸騰，必有爲之海者，則仁是也。仁也者，天予之人以成其性，人得其性以成其人。天之予人以性之謂理，人之見性於情之謂道。言乎體也，即性即理。言乎用也，即情即道。合之而不見其渾，離之而不見其散。世未有無性之人，即未有無情之人，亦即未有無性之情、無情之性。各爲一物，而不相筦攝之人，惟仁始得以人其人，惟人始得以仁其仁。求之而若不克致也。在天予之，在性成之，自人其人而已。然不求之而若不克致也。

聖賢之仁，嘗自患其不給，不給則曰未盡其爲人，然用之而不竭。士民之仁，嘗自附於聖賢，自附於聖賢，則曰能盡其爲人。然施之而不宏然，此猶性情之正也。若夫上古之人，渾仁以公天下；中古之人，顯仁以利天下；而後世之人，嘗假仁以亂天下者，其故何哉？是豈惟不克自盡其爲人哉？其故何哉？上古之人一於理，中古之人明於理欲之分，後世之人趨於欲。欲之於仁，其本心之螟

蝨、正塗之榛莽也。故人之有仁，猶木之有本。木有本，幹枝所由生；人有仁，萬善所由出。人之賊其仁，猶木之戕其本。木無本，則其枝瘁而幹枯；人不仁，則其性槁然。木未有自戕其本者，必人戕之也。人未有人賊其仁者，必自賊之也。自賊之與人賊之，戕賊同，而戕之、賊之則不同。

而要之，能戕木之人即能賊仁之人。是豈惟不克自盡其爲人哉？其故何哉？夫夷齊，賢者也，不得謂之仁。而子必稱其仁者，嫉世之不爲夷齊者之多也。由、赤學聖人，日兢兢從事於仁者也，而子不謂之仁者，恐世之冒爲由、赤者之多也。冒爲由、赤，天下將無自盡其爲人之人，而仁將誰屬哉？如夷齊者，又奚不可以仁稱也耶？假仁以亂天下，我知夷齊不爲也。則夷齊自盡其爲人者也，未嘗戕之、賊之也。自盡其爲人而容有未盡也。未能以利己者利天下也，是即所謂施之而不宏也。然則必愛無不薄，乃謂之仁乎？曰：量能周天下而非大，理能聚一心而非小。謂愛即仁，則是覩萬物之瓌瑋洪圕而忘其生理也。抑必公天下而略人己之形，乃謂之仁乎？曰：飾於外者難真，蘊於中者難假。謂公即仁，則又恐蹈於釋氏冥心之學。如虛空木石，雖其同體之物，而皆不能有以相愛。聖賢之仁，所以用之而不竭者，正以能愛故也。仁之所以能愛者，天地以生物爲心，而人得之以爲性，是以能愛也。不必求之而自致者，性則然也。惟其求之而後致者，人之自盡其爲人也。便回爇天餤，長作照海燭。堯舜之施濟，孔子之安懷，皆自盡其爲人之事也。《大學》之格致誠正，《中庸》之學問思辨，皆自盡其爲人之功也。人立，斯仁成；仁成，斯萬善備。謂之爲性生情可也，謂之爲性達情可也，謂之爲即性即情、即情即性可也。

世未有無性之人，未有無情之人，未有無性之情、無情之性。各爲一物，不相竞攝之人，而卒有不克自盡其爲人之人，其故何哉？其故何哉？

繚而曲，如往而復。

前　題

李自英

本心之謂仁,又曰生之性爲仁。仁,人心也,性之德也。非心不可以言仁,非性不可以言仁之心。何以明其然也? 心統性,性即理,理具於心,渾然與物無間,其著爲仁義禮智四端者,則心之動而爲情,不得復以性言之矣。然則性、心固有二與? 曰:天地生物之心即爲性,生於天地而總攝貫通、無所不備即爲心。心以性始,性爲心涵。體用不相離,動静互爲根。無之而非心,無之而非性,即無之而非仁也。

或曰:心、性爲仁則言仁可矣。何以言禮義智? 曰:元亨利貞,天之四德,而元無不統,其運行爲春夏秋冬之序。而春生之氣,無所不通。故以仁本於心率於性,而禮義智無不包。禮者履此仁,義者宜此仁,智者知此仁。孟子曰:"惻隱之心,仁之端也。"夫惻隱爲仁而謂之端,則不足以盡仁可知矣。雖然,仁主於愛何也? 蓋心有知覺,性則無知覺。然言性必驗之情。父子有親,君臣有義,夫婦有别,長幼有序,朋友有信,用情自不能已者。故曰:仁者,愛之理。其爲理,何也? 則心之所以爲心,性之所以爲性也。或曰:仁無不愛,則程子所謂愛情仁性,不可以愛爲仁者,非與? 曰:程子所言以愛之所發而名仁,非謂仁之不主於愛也。譬如木然,本而幹,幹而枝,枝而葉,曷嘗判然離絶而不相管哉? 且程子亦嘗謂求仁之方在即聖賢言仁之處類聚參觀,體念思索,斯仁在是。而第據昌黎博愛之説以定仁,勢必認物爲己,以身徇人,其弊不流於異端,兼愛不止。故曰:仁者固博愛。然即以博愛爲仁,則誠有見其不可者。孔子有言:"我欲仁,斯仁至。"夫仁存於心、全於性,非有道里可計也,而必以爲至者，則以違乎心性言之也。違乎心性而猶可以至，則以吾心性中固有所以爲仁也。是故勉顔淵以克復、仲弓以敬恕、司馬牛以訒言、子貢以立達，而於樊遲，一則曰愛人，再則曰先難後獲。教術若不相同，然皆示以存心養性之功，俾至於仁而後已。而仁之本體，則有未嘗言者。非不言也，不可得而言也。其不可得言，何也？克復、敬恕、訒言、立達、愛人、先難後獲，皆所以爲仁，而仁究不可以克復、敬恕、訒言、立達、愛人、先難後獲名之也。是故夷齊之餓得仁，微、箕、比干之去奴死而得仁。

仁之道大，有心即有性，有心性即有仁，有仁即有禮義智。始無所始，終無所終。蓋渾然無間而已矣。字書曰："元從二從人，仁則從人從二。"夫在天爲元，在人爲仁。元者，善之長，體仁足以長人。理實一貫也。人不知仁，亦求諸本心本性焉耳，又何情之足云。

析理繭絲之中，織詞魚網之上。

原陰陽所始

王懋官

"泰初有無，無有無名，一之所起，有一而未形"，惛然若亡而存，油然不形而神，萬物皆往資焉而不匱，運量周乎萬物而無心。仿《老子》，詞雅意周。六合爲巨，未離其内。秋毫爲小，待以成形。乃所謂道也。立於一則曰道，成而兩則曰陰陽。陽以燥爲性，以奇爲數，以剛爲體。其爲氣炎，其爲形圓，浮而明，動而吐，皆物於陽者也。陰以濕爲性，以耦爲數，以柔爲體。其爲氣涼，其爲形方，沉而晦，静而翕，皆物於陰者也。此陰陽之分也。推其所始，則曰陽始於陰，陰始於無極，至於太極，則已有陰陽焉。夫渾敦未開，沖漠無朕，不可謂有矣。無則静，静則陰也。精透，語一可當百。

周子曰："太極動而生陽，動極而静，静而生陰，静極復動，一動一静，互爲其根。"動而生陽，則未動之前静也，陰也。是故《歸藏》首坤。坤爲地，萬物歸藏於其中，其義則由闔而闢，静而動也。故其書曰："坤乾孔子曰："吾欲觀殷道，宋不足徵也，吾得坤乾焉。"先陰後陽，故曰陰陽。"考諸經典有曰："陽，陰者乎?"然則陽始於陰，陰始於無極，其説允矣。邵子曰："無極之前，陰含陽也。有象之後，陽分陰也。"旨哉言乎，知所始乎。

至於《乾鑿度》曰："有太易，有太初，有太始，有太素。太易者，未見氣也。太初者，氣之始也。太始者，形之始也。太素者，質之始也。"易變而爲七，七變而爲九。九者，氣變之究也。乃復變而爲一。一者，形變之始也。鄭康成曰："此一則元氣形見而未分者，以形變之一爲元氣。形見而未分，則太極也。"是陰陽相並俱生之説也。張子曰："陰陽之精，互藏其宅。"則周而復始之説也。其餘則有謂陽始於復，陰始於姤者；有謂陽生於東而盛於南，陰生於西而盛於北者；有謂陽始於水、盛於木、極於火而終於金，陰始於火、盛於金、極於水、終於木者，是皆以陰陽既成之後，即八卦五行而言也，可勿論。

勃窣理窟。

荀子言性惡辨

趙雋杭

荀子嫉濁世之政，因爲《性惡》一篇，蓋言氣質之性也。氣質之性，誠有惡而無善。《書》曰："惟天生民有欲，無主乃亂。"荀子之言蓋本諸此，其意亦責夫爲民上者，使知民性之有待於矯，不得不急修仁義耳。後人不達其意，遂以此言深爲荀子病，且謂其父報仇，其子行劫。荀子放言高論,實啟李斯焚書坑儒之禍。

嗚呼！是不過以荀子之言性惡有悖於孟子之言性善也。不知孟子雖言性善,亦未嘗不言性惡。“口之於味,耳之於聲,目之於色,鼻之於臭,四肢之於安佚,是皆欲也”,而孟子亦曰性,則性亦有惡者矣。至曰有命焉,君子不謂性,是即荀子所云“其善者僞耳”,安得謂荀子所言之性非即孟子所云之性哉？且荀子之反性善,亦有激而然也。“民之秉彝,好是懿德”,《詩》之所云,夫誰不知,而賢人君子卒不數數覯者,上失其道,下不興行。而一二講學之士又徒齗齗於天命之性,而不兢兢於修道之教。此所以性雖善而为善者無幾也,則謂之性惡也亦宜。

雖然荀子之言性惡,蓋懼人之爲惡而諉之於性也。苟知其性之有辨而不敢動於惡,則性之惡者去而性之善者見矣。是則雖言性惡而實有補於言性善者也。不然,以荀子述先王之道,明禮樂之經,其有功於六藝者匪淺,而乃不知性之爲性焉。夫豈然哉？夫豈然哉？

詞成無好異之尤,辨立有斷詞之義。

《明儒學案》得失論

李自英

論學術者,必觀其人之深造自得,不可拘守門户,設淫辭而助之攻也。余讀《明儒學案》一書,往往屈彼伸此,不深究其心得之所在,亦何怪學之爲天下裂乎？

夫理學之名,肇自宋,迨明而曹月川、陳白沙、湛甘泉諸君子出,或主朱程爲正宗,或持二陸爲適派,齟齬鑿枘,勢常不相入。夫朱陸誠有異同矣,而一尊德性以立其體,一道學問以究其用,理固未嘗相戾也。且陸嘗爲考亭諸生講義利章,切中學者隱微深錮之病,遂刻之石。誰謂各懷左袒、不本心得以講學哉?

明之稱大儒者,薛、王而已。薛學本朱而無拘謹之弊。王學宗陸而衍良知之説。其用心均有所見。而其後病薛者謂膚淺不可恃,病王者謂虚無寂滅墮入禪宗。嗚乎!是門户之見,烏足以論薛、王哉?余謂河津,孔門之曾子也,爲學專以誠篤。余姚,孔門之子貢也,爲學專以穎悟。其入道不同而聞道則一也。若以薛、王之相矛盾,將謂一貫之旨曾子與子貢獨異乎哉?

然則薛、王固各有獨得,而學薛、王者當究其用心之何如,斯可矣。孔子曰"古之學者爲己"。夫知有己,則能深造。不知有己,則學即支離。故以子夏之篤信而不能保其學於田子方,荀子之好爲異論高議而其學遂亂於李斯、韓非之徒。子思曰:"及其知之一也,及其行之一也。"一者何,誠而已矣。誠則爲己,爲己則學薛可也,學王亦可也。蓋天下之理無窮,君子之志於道也,不成章不達。吾甚懼夫學術之壞以病薛王者病朱陸,並以病朱陸者疑曾子、子貢也。可弗辯哉!

歸宿於誠,本《中庸》及《荀子》,自是聖學嫡脈,文亦風迴雲浩,自然老成。

國朝學案得失論

梅作芙

天下存門户之見者不可與言學,亦惟存門户之見者不可以立言。自有宋分理學之派,而後世立言者,每每屈彼伸此,以自是其學之所宗。唐鏡海著《學案小識》推美二陸,擯棄夏峯。其所推美可也,其所擯棄不可也。夫程朱之學誠可以爲萬世正宗,然象山之尊德性，陽明之致良知，顧非聖道歟？

孔門曾子自行入，子貢自知入，其有得一也。必欲守程朱而攻陸王，其亦是曾子而非子貢歟？大抵偏守陸王者多失之簡易，偏守程朱者多失之拘謹，均之失也，又何愈焉。論者率以顔山農、何心隱之徒爲王心學病，抑思卜子之篤實，田莊變而虚無，荀卿之正大，韓、李變而名法乎？况程子曰："知者吾之所固有，不致則不能得之。"又曰："聞見之知，非德性之知，德性之知，不假見聞。"是已開王學之先矣。二陸之學正而不免於隘。彭尺木、程魚門亦嘗非議之。夏峯與湯文正、李二曲、彭南昀諸人皆兼宗陸王而不倍程朱者，所學不尤尚矣乎？且夫理一也，不善學之，雖同源而異流；苟善學之，雖殊途而同歸。若夏峯諸人，其亦善學所學者也。吴鼎嘗著《學案》以攻陳建之《學蔀通辯》，其門户之見，與鏡海畢異而畢同。善夫，孫奇逢之《理學宗傳》，可以爲後世爲學之準，可以爲後世立言之法。

平理如衡，照辭若鏡。

宋明諸儒解格物不同説

王葆心

自漢以來，解格物者凡七十二家，雖互有同異，要必以朱子《或問》、黎氏《發微》之論爲折衷。

《或問》載二程之説一十六條，其言有曰："格，至也，凡有一物必有一理，窮而至之，所謂格物也。"黎氏《立武》云："格物者，格其物有本末之物；致知者，致其知所先後之知。致知、格物，即在誠意、正心、修身、齊家、治國、平天下之中，故不必重言以釋之。"此説足破學者之疑。而朱子《或問》中蓋亦常及之矣。其他有以格爲扞格，扞禦外物而後知至道者，司馬温公及孔周翰也。有以物專指外物，必窮萬物之理者，吕與叔也。有以格物必以恕爲本，而又能先其大，一處通則觸處皆通者，謝顯道也。有以天下之物皆備於我，格物必反身而誠者，楊中立也。又以今日格一物，明日格一物，非程子之言者，尹彦明也。有以物物致察而婉轉歸己，如察天行、察地勢者，胡康侯也。有以格之之道，必立志以定其本，居敬以持其志者，胡仁仲也。有以一事推尋，待其融釋脱落，然後别窮一事者，李延平也。有以知止至近道爲釋格物致知者，董文清也。有以格爲天壽平格之格，以爲通徹無間者，吕東萊也。有以平格較至字尤深長者，吴敬庵也。有以格物統誠意、正心、修身、齊家、治國、平天下者，湛甘泉也。有以格物爲正物、爲去欲者，王陽明也。有以格物爲格至善者，高景逸也。有以千物萬物總是一物，千格萬格總是一格者，蔡忠襄也。聚訟紛紛，幾如議禮。解格字十有八説，其解物字俱與聖經無涉。則朱子作事物之理解，誠善矣。事，即事有終始之事；物，即物有本末之物也。

蓋格字功用至深，漢儒據《釋》言格，來也，謂當以所來之善惡驗所知之深淺，是格字全不致力，已落第二義。朱子以格訓至，蓋本於《釋詁》，謂心之爲物實主於身，次及身之所具，次及身之所接，外而至於人，遠而至於物。是内而身、心、意，外而天下、國家，固皆物也。按以黎氏之言，益信斯義無憾矣。《大學》原無闕文，朱子補之，而補傳兩言"天下之物，物無窮，格亦無窮"。斯語也，後儒多致議焉，固不如不補之爲愈也。

百家騰躍皆入環内，其斷制處尤極碻實。

擬張子東銘

葉啟壽

吾身怙恃之遺也，吾心位育之資也，少徇於欲，或偶戰於俗，自私也，抑自危也。一之不謹，終身之虧也。戒爾視無歧也，戒爾聽無支也，戒爾言宜慎之於思，戒爾動宜守之於爲也。惟敬惟義，女夾持也。悴女志，繕女意，宜及時也。懈意肆志，悠忽因循，是自欺也。見善則遷，有過則改。策風雷而益斯在，其揖其拜，將乞人之摘女疵也。怵兮淵，諟兮天，惟女安而後天下安，毋謂化不可爲也。不上之追而下之隨，雖聖神與期，亦違禽獸，幾希矣。如之何其忽於微也？勖哉懍之。

非竺學惇行，不能如此鞭辟入裏。

前　題

童德潤

纖纖之戲不可就也，勿謂無傷而適離咎也。纖纖之過不可狃也，無曰不顯而秪取辱也。日逐於戲，日溺於過，不抑不遏，隕身斯有餘，欺人其不足也。聲汝聲，其肅也。動汝動，其篤也。具有天焉而胡爲從汝欲也。智慮者機乎，物欲者梏也。物物而不物於物，機且漸而來復也。戲不可就也，過不可狃也。噫！誰歟？於汝督也。誰歟？於汝續也。

理精詞奧。

前　題

夏仁壽

好言則忘信，好動則忘敬。言者，宣也。宣而不信，秪召愆也。動者，事也。事而不敬，反多恥也。無心之言，過言也。無心之動，過動也。不治其内而溺其外，是太廢也。不修其身，責之於人，是失倫也。謂人可愚，人以爲欺也。謂己當然，人以爲疑也。去其非心者，養其存心者，慎勝害，静勝危，惟知道者能之。

名語似伯陽。

前　題

鍾鵬程

何玩匪心，汝胡云戲也，肺肝之燭，亦云悖也。汝乃嘵嘵以作僞也。一時之謬，汝未加之意也。人不汝瑕，乃敢悻悻以自恣也。狎侮非德，執迷非智也，是皆好修之累也，汝胡不直敬而方義也。

悚切。

前　題

霍鳳喈

德盛不狎侮，誠積於己也。聖人無過，明燭於理也。汝蔽於物，乃召旁訾也。汝胡執拗以自喜也。汝動於邪，汝胡忘其所自起也。厭然者恥也，悍然者鄙也。思則得之，是非不可以已也。敬直義方守此也。

旨精文約，可補入諸儒學案。

擬程子視聽言動四箴

童樹棠

視　箴

天君默宰，周孔在前。所視或紛，放乎虚元。視能專壹，不雜不穢。眸子湛然，道理淵粹。毋曰有明，明足爲累。

聽　箴

默坐空山，斂息微吟。聲生於虚，響集於心。吾心不紛，安静而定。端抱一誠，非禮勿聽。

言　箴

悔吝之門，一言所開。斂汝神氣，抱敬爲胎。昔人有言，吉人詞寡。載道以淵，何慙大雅。學問淺深，静躁不同。無惡於口，誰忤予躬。修身要義，體味何窮。

動　箴

行乎規矩，勿乖前賢。道義之樞，守在幾先。扶持剛大，養吾浩然。全璧有玷，誰受其愆。緬懷子輿，履薄臨淵。

精淵似子。

前　題

胡　浩

視　箴

萬象錯綜，惑人目精。心與之俱，乘虚而行。敬持吾明，不敢妄用。紛然外觀,勤勤自訟。目兮司視,敢告珍重。精澈處,似佛頂首楞嚴義。

聽　箴

寂者兩耳,不聞雷霆。放神於虛,遺我故形。吾非無聲,但不妄聽。勿亂汝聰,亂汝虛靈。

言　箴

哲人修身,要在謹言。持汝唇舌,慎發固存。神明弗懾,氣即浮動。易於辭説,尤悔接踵。仰睎古人,日有孜孜。言無暇日,語無寬時。敬肆之閒,尚其三思。

動　箴

一動一静,道義之防。稍有慢心,微點或彰。古之君子,嚴肅齊莊。小節必修,守其故常。懷之兢兢,永矢弗忘。

致虚極、守静篤,能守猶龍之旨。

黄岡夏仁壽校字

羅田葉啟壽覆校

卷三上　經濟

收銅器以救錢法議

王葆心

天下惟錢之利最溥，亦惟錢之弊最深。古之言錢政者但均輕重之法，今則宜開銅源。開礦，所以開銅源也。收銅器，則以節銅流者、開銅源也。然以採銅爲源，或有旺、不旺之分。而使已去之銅皆反而爲錢，則收銅器者，尤今之要務也。

今如福建等省均奏請開爐鼓鑄矣，然而民間制錢俱不多見，即見存者，又多剪去其邊，則人惟銅之爲利而銷毁之弊亦大可見矣。原其故，蓋奸民弋利者多毁以打造。凡製精工之器，皆毁錢以成之弊。洞明積弊，慨乎其言。由於滇銅價高，每毁制錢一千，可得净銅伍觔，抵買銅，可獲數倍之利。加以各州縣漕米折色之錢，釐局抽釐之錢，皆勒民間繳取厚白制錢，其私買甚便，其私銷甚易。故天下錢日少而民日貧。私銷之弊，則洋人偷買白銅錢是其一端，其餘則概由銅匠私燬之所致也。

今論者皆建議曰宜禁之，然禁之之法，未嘗蔑行。陳文恭宏謀有疏也，楊公正靖有疏也。考其時於民間打造銅器，分别紅銅、黄銅，有禁、有不禁，故卒無成效。惟乾隆中，兩江總督高公晉有收小錢以供鼓鑄之議。然收小錢而不及收銅器，爲遺大而取小。今則小錢多攙砂鐵，更不可收。若收銅器以供鼓鑄，可歷年而不盡。故道光年間，梁中丞章鉅曾擬爲章程，惜其事卒寢而不行。

今竊附中丞之意，以時故衡之，而知收銅之法有三要焉。

一，收法宜寬也。高公之收小錢，但以制錢及銀易之耳。今爲法，俾民得以此進爵，得以此除罪，得以此抵賦。不欲則以銀錢易之,重輕有準,不得抑勒刻減。胥吏有舞弊者,嚴治之。守令歲入多銅者,升遷之。則法寬而民莫不擾。

一,收價宜重也。小民所趨,惟在利藪。當先倡於天下曰:朝廷貴銅,獻銅若何,得價若何。計其利可倍於以銅相貿,民始從之。但收銅器,而不收已融化之銅,恐奸民聞而仍銷錢以充也。則價重而銅皆歸。

一,收期宜展也。陳公宏謀、晏公斯盛之禁銅,俱限以三月繳官,過三月則治之,爲時既迫,僻處慮其不周。今則期以一年,踰此始禁之。而仍不治獻銅者,懼壅也,務使民得紓其力而盡獻其所藏。則期寬而來不窘。

然而有一不可焉,曰不可騷擾也。立法既鉅,收繳難齊,乃或閭閻之間,攻訐風起。梟徒猾吏,需索百端。則收銅祗一事而受累有千家。銅未收而民已病,則不可也。是故禁銅器必收銅器,收銅器者,節錢之流,即以開錢之源。一舉而兩善備,不獨可以救錢法,並可以助礦政。彼議者或有疑於秦人銷兵之説,則誤矣。

政術甄明,行文亦復疏俊。

前　題

涂廷桂

錢法之設,以利民也。無以制輕重之宜而齊其利,則法壞。古稱五銖,即榆莢得輕重之中。漢唐迄今,歷有成效。而其法猶幾於壞者,非錢之輕重或有以壞之,實銅器之盛,而銅貴有以致之也。銅賤,則盜鑄之害起。銅貴,則私銷之患深。盜鑄顯而易窺,私銷隱而難見。此古來峻法嚴刑所不得懲者。道在持錢物之平、察受病之由以救之。今議收銅器以救錢法,其利有六,而弊之不得不除者亦有六。

自來鑄錢，皆仰給於礦廠。唐文宗時銅坑五十，歲採銅二十六萬六千斤。國朝鼎盛之初，礦務修明，銅斤充溢，鑄錢有餘。道光間，籌備庫款，經林文忠整飭礦務，雲貴各處，致有起色，鼓鑄亦自敷用。厥後銅器盛行，私銷益夥，兼以近年各廠，銅斤産薄，京運不符定額，鼓鑄良難。若收銅器鑄錢，則銅多而錢不患少，其利一也。

自洋夷入華，服食器用競尚淫巧，不惟鸎粟佔膏腴之壤，即金玉銅錫諸物，或以鑲斗嵌鎗。他若吸食水旱等菸之具，家給人足，雖賢不免。又若銅像鐘鐸玩好之屬，所在多有，率皆以有用之銅鑄無用之器。若收銅器，於此類破除而裁抑之，則浮費可除，民俗漸可復古，錢自有餘，其利二也。

咸、同以來，銅斤約錢五百，而制錢則百六十即可成斤。以千錢計之，爲銅六斤有奇，而鑄一二銅器獲利倍蓰。其不畏法而爲之者，利令志昏耳。及洋夷採買華錢，摻雜鉛錫，化而爲銅，質僞價低，圖餌華利。收銅器則内地銅多，無俟買外洋之銅。且銅器既禁，洋銅亦安用之，其利三也。

前聞皇上親政之歲，垂念民用不足，乃令外省解制錢入京，令大小兼用，並傳諭京畿及各行省鑄錢，續解儲庫。但各省鑄費繁重，每鑄一錢，約費二三錢不等。收銅器，則錢無銷路，即可減將來之鑄費。而滇省銅務免致拮据，可以舒財用而釋宸憂，其利四也。

銅器盛則銅價愈昂，私銷利重而難禁。銅器收則銅無他用，拔私銷之本而塞其源，不禁而自去。不惟錢可垂久，且以省刑，其利五也。

南漕解運米石，因胡文忠公奏請改折，每歲節省浮費上下各逾巨萬。似此上有稅錢之科，而民無覓錢之法。錢盡法窮即改折，法美意良，不能持久。收銅器必加爐鑄，則錢可設法以散於民庶。南漕改折可免更張，其利六也。

至於其弊，一則收舊鑄之銅必嚴新鑄之罪，如使漫無限制，概禁勒收，則刑易濫而民擾。一則收銅必給以直。明萬曆中收買民銅，始猶許借官帑，繼則吏責民輸銅器繳官，不盡給直，責銅急而銅愈昂貴，民不堪命。觀此，則銅器非買莫收，價過重固累國而滋弊，價過輕則病民而收亦不多。一則民用銅器積習已久，豈可驟易。首宜定其價直，設法如淮鹽子店，聽民自售，或以他件司事兼之，不假吏胥之手，庶弊竇清。更復嚴定期限，向售銅器各店、素業銅匠等人，亟應體恤定章，盡收已鑄之成器，照章給直。責令此後不得新鑄銅器。惟鉛錫洋鐵等類，聽其出市，庶彼等不至失業。儻矯激太過，倉猝圖功，如蔡京改鑄夾錫錢，立搜索告捕之法，嚴官司漏逸之罪，天下騷動。若是，則民罷而禁亦易馳。一則私銷盜鑄，厥罪惟均。收銅器固以革私銷，宜即有以防盜鑄。如使私銷害去而愛銅惜工，則盜鑄騰起，亦且漸即私銷。蓋私銷者，或不盜鑄。盜鑄者，無不私銷也。一則中外通商，儻内地嚴禁新鑄，而洋夷銅器仍准銷售，不惟利專外溢，亦且奸猾商民得以藉口而禁不嚴。一則寒素平民用銅最少，計惟收買銅器應先於顯要之家，如果以身倡民，則銅禁易於反手，否則碍而難行。

顧説者謂救錢之策自古不一，或以藥化鐵，或以楮代錢，或縱民自鑄，或令守臣以鑄錢增羡遷官，或禁用銅錢。他若飛錢、交子，大小交鈔之類，以之救錢而卒不可救。總之，欲救錢法，首貴持平，使錢與銅價準，復禁新造銅器，則私銷之弊自無。商民貿易，若遇私鑄等錢，悉準制錢輕重以定價直，則盜鑄無利，不禁而自除。但銅器未收則銅價貴錢數倍，難以持平。苟能除此六弊以收銅器而鑄輕重適中之制錢，或更重整廠政，訪尋子廠，則銅日多而錢不難鑄。所謂六利可坐而致焉。否則，恐如大曆、元和之禁銅器而錢益少也。

綜理微密，漢富民侯所未有。

前　題

周紱藻

錢法之弊由於盜鑄者多，盜鑄非薄劣則無所得羸，往往摩官錢取鎔而雜之以鉛錫，於是輕減其價，以與制錢雁行市井。愚民惶恐，莫知適從。商賈因以爲奸，每於通衢關隘倡言某錢盛行，某錢不行轉行。煽弄既貴，賣其積以圖目前之利，又賤收其所棄以圖他日之利，時而私錢得與官錢並價，此其所積者多而欲出也。時而私錢三四文折官錢一文，此其所收者少而欲入也。若輩操其利權錢法，每受其壅滯，雖朝報夕誅，没家賞告，無有畏心。加以介鱗獷利，叩關求通來，彼詭特誘我泉布，是一耗於奸民，二散於外國，非雨之自天，非湧之自地，其何弗匱。

比年地既愛寶，火常克金，礦日不旺。查産銅省分，例許官取而未嘗買於造作之工匠，苟非銷錢，何由得銅，其爲錢害又其甚焉。於此時不廣爲收禁而欲錢法之救焉，烏可得乎？昔漢先主取帳鉤銅鑄錢以充國用，唐大曆中嚴天下用銅器之禁，貞元九年張滂奏請國家錢少，興販之徒，潛將銅錢一千爲銅六斤，造作物器，則斤直六百有餘。有利既厚，銷毁遂多，江淮之間，錢實滋耗。伏請除鑄鏡外，一切禁斷。如有銷錢爲銅者，以盜鑄錢罪論。宋朝鑄錢，比前代最多。銅禁最嚴，大抵國計仰給於此。自熙寧間王安石一變其法，而國用日耗。聖祖始定天下，令軍民惟鑄鏡及軍器，及禪門鐘磬鐃鈸得用銅，此外並收之官，有私藏者禁。嘉靖六年題准，但有銷鎔舊錢及今制錢造作銅像、銅器等項，比盜鑄律科斷。隆慶元年，部議軍民之家但有廢銅願賣者，聽赴所在有司，易錢易銀，照舊給價。

今欲嚴用銅器之禁，行收廢銅之法，申明前例，各督撫於省城設局，選能吏一員董理其事。又飭各州縣嚴收，陸續送局以便鼓鑄。凡民間私藏銅器及造作銅器、銅像，被告發者，比盜鑄律，罪無赦。市有鬻銅器者，罪亦如之。官收民銅器，給銀若錢，視銅之直，則民以無用之銅器易有用之銀錢，其何苦而不輸之於官。官可藉爲續鑄之資而無費於公帑之金，又何憚而不收之民。況銅藏於民，銅衹銅耳，而私藏有罪。

銅一入官，銅盡錢也。於是鑄百萬即百萬，鑄千萬即千萬，秉造化之爐錘，利一。以錢濟銀之窮而又用錢殺銀之勢，使錢廣布民間，則可陰斂銀以歸之上，尊朝廷之體統，利二。方今軍需爲數甚鉅，錢法救則饋餉自裕，士飽馬勝，利三。興修鐵路，採辦煤鐵有貲，利四。鄭堤口潰，修復不動帑金，利五。官錢精好，定制法碼，以重一錢爲準，則通行無阻，錢質輕工巧，奸民無厚利，盜鑄自少；鵝眼綖環，不禁自廢，商賈不得任意低昂，利六。度支既裕，則蠲逋賦、賑災祲、除積欠、省官民困迫之虞，利七。捐例永閉，清仕途之積滯，以澄敘官方，利八。攤款既除，免州縣之墊賠，可以成就廉吏，利九。遇穀賤傷農之時，出錢收買，則市價常平，而積儲益裕；遇私鹽充斥之所，出錢收積，則化私爲官，而梟徒改行；凡貨物壅積，皆以此酌盈劑虛，寓平準之良法，利十。獨操天下之利權而無事於聚斂，一切取於民者皆可從薄，予於民者皆可從厚，培國家億萬年之丕，丕基其利更在萬世矣。謹議。

文以辨潔爲能事，以明覈爲美。

保甲源流利弊説

李焱龍

保甲之興，昉於《周禮》，鄉大夫之州長、黨正、族師、閭胥、比長，遂大夫之縣正、鄙師、酇長、里宰、鄰長之屬，皆其制也。其後《管子》軌里連鄉，《商君》縣鄙阡陌，皆仿其遺制。漢興，十里一亭，亭有長，十亭一鄉，有三老、嗇夫、遊徼諸名，又有鄉佐、里魁、什伍諸目，皆保甲所由興也。高帝令民五十以上、有修行可率衆者舉之，蓋深信其法而善用者。北魏孝文從李沖之請，五家有鄰長，五鄰有里長，五里有黨長，擇鄉人强謹者爲之，三載陟用。後周蘇綽謂黨族閭里正長之職，當擇善人，皆爲碻論。隋文帝罷鄉官而其事廢。王安石復行之，又爲青苗所誤。明洪武間，命有司擇年老公正可任者，理其鄉之詞訟，户婚田宅鬬毆，會里胥決之，不由處分者爲越訴。里老謁官，必加優禮，尊其職而重其人。人受其崇，必益自愛。鄉曲漸漬而化之，故王道易易也。

厥後馭里老如奴隸，事無所關，旋改滚單。自封投櫃，遂無實而徒有其名。然後充之者，皆市井無賴之徒，影射侵漁，使千古致治良謨，流爲弊政，可不慨歟。間嘗考保甲之利有十而其弊有四。滌其弊盡其利，其道有三，何以言之。

流寇之蹂躪，刦盗之縱横，匪類之偷竊，家聯户比，可爲團練守望之需，其利一。户口之强弱，丁壯之盛衰，村落之疏密，披圖按册，可知勸農抽兵之要，其利二。山川之險要，水陸之流通，驛遞之遐邇，拈牌考籍，可知掩襲攻捕之方，其利三。水土之剛柔，原隰之高下，田産之瘠饒，因地制宜，可知稻麥桑麻之息，其利四。生聚之簡繁，物産之盈絀，工作之有無，易事通功，可知補救裁成之妙，其利五。疆域之息耗,屯堡之孤煢,旱潦之妨害,賑飢衈患,可知放散侵冒之由,其利六。良莠之異質,貞淫之殊風,衆寡之雜處,除暴安良,可知奢儉誠僞之略,其利七。族姓之衆多,閭里之連接,姻婭之舊新,互考參稽,可知箕帚耰鋤之故,其利八。行旅之去留,賭博之聚散,娼賊之窩藏,杜漸防微,可知條教威刑之用,其利九。收穫之遲速,錢穀之變通,賦斂之緩急,簡節疏目,可知利濟奉公之妙,其利十。

至於貪暴之吏,責册責結,申報紙墨各費,需索無常,殷實繩謹之民,去之若浼。而二三狡獪得以盜名保結,冒濫承充,藉頭會而箕斂,非惟不能安民而並以滋擾,則一弊也。藏匿奸匪,責成於鄰,今鄉鎮之間,娼盜不絶,一經發覺,鄰伍株連,民猶隱忍置之者。良以首而勝,不免吏胥之苛求。首而不勝,則深憚匪徒之報復。鄰人不告於甲長,甲長不密稽察,故不如暫圖目前之安而不顧後來之連坐,則二弊也。編審一定,註册呈官,有事之時,貧民恐其抽丁,富户防其派費,又遇舞文之吏抽改毁銷、上下其手,則三弊也。上司行文,州縣月報,胥吏繳收,保甲奔走,月費歲糜,資無所出,勢必斂民。無恥之徒,又復作福作威,恫喝愚魯,挾嫌持隙,日肆欺淩,則四弊也。

今欲矯乎其弊而盡古人編輯之精,又莫若嚴保結以選擇賢能,明賞罰以鼓舞勤惰,給衣食以養贍身家。養贍謂何?人情莫不趨利,即有鄉黨自好,砥礪廉隅,而衣食之心究所不免,未有朝夕盤詰而願枵腹從公者。道宜速行。社倉每歲賤糴貴糶,分其餘羨,酌給保甲,以爲事畜之資。此外不許苛派,則心可安而民不擾。鼓舞謂何?每於年終考察其甲,一歲絶無賊匪訟争之事者記功,並取常平倉之息以獎之。又或三年五年給予劄付功牌,以尊其望而榮其身。再裁本境唱戲賽會無益之費,以供鄉保設局捕緝盤川之需,則上不費而下自勸矣。選擇謂何?鄉長非年高行優素能服人者不任,保長非力强才卓者莫充。道宜於用人之先，密察搢紳有聲望者，令其族鄰具保出結，誤舉者坐之。又復隆其禮貌，重其稟呈，俾不同於胥役，而後俊秀之士不恥充當，則得人之要術也。

夫惟上有精勤之官長，下有廉謹之良民，實力奉行，相助爲理。雖謂保甲一舉，而官禮之政皆舉焉可也。

龍門之桐，百尺無枝。

鐵路議

李林滋

自機器設局以來，製造之法，日出其奇，而器又以火輪車爲最，此鐵路之所由開也。夫輪車鐵路，由德微的創造，斯提反筍父子造成，懋遷輪轉，坐致富彊。日本、波斯咸慕而效之。

今俄人鐵路於彼得羅堡東北，越多木斯科、痾木斯科，至恰克圖，復規畫黑龍江、伊犁等處。英人鐵路，漸至印度、緬甸，達雲南、兩藏之外。法人經營安南、暹羅，亦有開鐵路達粵西之議。近上海吴淞口，亦造鐵路，環中國四面皆將有金輪鐵軌焉。論者多以爲憂。考古有指南車、飛車，其制不傳。火輪車本唐一行水激銅輪自轉之法，加以火蒸汽運，名曰汽車。籌兵、利商、運糧、轉餉，不翅而飛，不脛而走，雖神駿日行三萬里，不是過也。

第欲運輪車，必先開鐵路。今中國設局採辦，往往鄉曲士民見少而怪多，不知當今之世通鐵路者十餘國，接踵者不可勝數。倘有不測，數十國可尅期而至，中國則跬步維艱。一旦軍書告警，將何以禦外侮哉？仗各大臣之力以共勷此舉也。倘聞謗中止，社稷之憂，惟冀任勞任怨，告厥成功，即中國一大轉機也。不十年間推行盡利，通五大洲爲列國，遍二十一省爲通衢，易貧爲富，轉弱爲强，其有裨於民生國計者，亦猶鄭之輿人。三年以前謗子産，三年以後歌子産也。雖然，民可樂成，難與慮始。今建此議，恐衆論猶多異同也。粗述其端，隨難立解，以次比附於後。

難者曰：泰西以商爲國本，一切大政，商賈皆得與，蓋猶有春秋時陳懷公朝國人，謀從吴楚。子産云先君與商人世有盟誓之遺風。其電線舟車，本爲行賈而設，兵船、火器皆以保衛商人。故民樂爲之耕織，煤鐵皆取資於機器，富商大賈競出財營造。資易集而力易舉，爲其有利於己也。人情各謀其利，其謀乃精。《陰符經》曰："天之至私，用之至公。"蓋合百姓之私以成王者之公也。今中國造鐵路，皆官任之，而民無與其事，勞而難成，奈何？解之曰：國家休養生息，二百餘年，家給人足，罔有匱乏。是舉也，方鎮大吏奉天子命，凡殷實之户，願輸金錢若干，咨部獎以職銜。資易集而力易舉，安見其勞而難成哉？

難者曰：輪車之路，鑿山開道，塞水梁河，高者既平，卑者既增矣，而城郭廬舍，田園墳墓，有妨康莊，何以處之？解之曰：鐵道來往二條，約寬不過六七丈耳，凡當途城郭廬舍墳墓，可以避者避之，萬不能避則遷徙之。若田園則必丈量以償其值。不有所棄，安有所濟。必求百利無一害者而後行之，則非所能及矣。

難者曰：水有火輪船，陸有鐵路，以行火輪車，皆勢若奔電。《易》曰"惕號暮夜，有戎勿恤"，言乎外寇之宜防也。昔法人常爲鐵路以逼普普人，即由鐵路以伐之。今夷人通商已久，水路情形俱已熟習，設有不測，計將安出？解之曰：廣州、廈門、寧波、上海、鎮江、燕台、天津、牛莊及内地九江、漢口，夷人皆有埔頭租地，構屋積貨財，婦子聚居已三十餘年，輜重既多，當不敢於發難，且鐵路平蕩，稍偏頗立敗，縱有不測，投以卷石，覆以簣土，即不良於行，數年爲之而不足，一夫毁之而有餘也。何患之有哉？

難者曰：先王之治天下，使民終身勤動，僅供一飽，故曰"民生在勤,勤則不匱”,又曰“民勞則思,思則善心生”。今輿輦運載者流,數千百萬,一旦爲鐵路所奪,失其生理,其有不相聚爲亂者乎?解之曰:四民惟士農工商,而閑民不與。閑民無專業,而自能託業以贍其生者也。今輿輦運載者流,鐵路既開,聽其交錯於側,與輪車並行而不禁。彼傭力之夫,輪舟行,則向各埠取值焉;輪車行,又向各埠取值焉。謀生之業未嘗絶也。亂何由生。且鐵路祇有經路一道,其沿途碼頭必横開緯路數百處,則皆中國之車之所行也。其生理只見其益不見其減也。

難者曰:商局造船,其數不億,而比年未取倍稱之息,因是以推輪車之設,亦猶是也。前事不忘,後事之師。今必欲仿而造之,竊恐獲利無多,徒事糜費而已。解之曰:輪船之所以鮮濟者,由與西人分利也。今興修鐵路,雖不能不用西人,而不許西人入資,不准西人行車,事成,中國專享其利,與輪船事殊,所謂得算最多,當不至糜費無已也。

難者曰:韓遣水工入秦,鑿渠渠成,秦受其利,原韓人之意則欲以大役病秦耳。今西人言鐵路易成,安知非韓人用間之意而遽以爲實然乎?解之曰:當事者將興大役,必統籌其全局而細校其毫釐,如蔿艾獵之城沂、士彌牟之城成周,量功計用,迄事成之日不愆於素,豈信一人之言,孟浪從事,爲之數年,病國厲民,終無所就,爲西人所竊笑乎?

凡此六解,略竭愚思,期以息衆喙之紛紜,然尚以利言也。若正誼明道之君子見此等議論,毋乃曰曲學以阿世乎?恐猶以難之者爲是也,則吾可以默矣。

事理明白,無拘儒坐井之迂言,亦無海客談瀛之幻説,碻是瞭明時故者。

前　題

童樹棠

談鐵路於今日亦不得不行之勢矣，各國通商，徧設口岸，欲閉關自守，此迂談也。

查鐵路之興，西國收其效已數十載，用以通兵糧、運商貨、便行旅，能使險者夷，遠者近，遲者速，富强之策全賴乎此，所謂有利而無害者也。而自中國言之，上海已成之鐵路猶且廢之，通州議興之鐵路，屢爲時論所格。試問其利害所在，則議者紛然不一。有以爲利少而害多者，有以爲無利而有害者。捫虱而談，旁若無人。

利少而害多者，大抵指病民而言也。意謂南北數千里舟車之需，小民仰食者無數，沿途尖站、客店、碼頭，仰食者又無數。一旦鐵路既成，火車朝夕千里，舟車坐廢，站店失業。此一説也。無利而有害者，大抵指防敵而言也。以爲南北數千里，城堡數十，江河險阻，敵不能猝然深入。大道如砥，將敵朝發夕至，我軍扼守無從。又一説也。

夫謂病民者，必剖其所以不足病而其説自沮；謂防敵者，必抉其所以不足防而其惑自消。請得言之。舟車尖站之生理，視行旅多寡盛衰，向所謂關山阻長，身勞費鉅，故商旅多望而裹足，其就道者，皆有所不得已者也。今既朝發夕至，便宜妥適，則行者勢將十倍，集十站生理並爲一站，猶恐不足，安在其失勢也。况内地河港，非民舟莫渡；中途轉折，商貨起卸，非民車莫通。鐵路火車一往直前，斷不能枝節而爲壟斷，是不但無礙於舟車，而且將大有造於舟車也。此病民之不足慮也。至所慮敵人因利乘便、長驅直入，則又不然。火車之製，凹輪嵌鐵，時復修理，平直堅滑，其行乃速，斷其鐵而輪可立沮也。所過之地,尤貴平坦,鋪沙填墊,方無滯礙,溝其道而車可坐縻也。來往必由雙鐵線,無毫髮之差,無趨避之道,轟以礮而車可立碎也。有此三者,何患敵乘而猶沾沾焉,患之過矣。

乃至其利則可備舉矣。漕糧之轉運,歲縻帑金若干,有鐵路而縻金可半節也。營勇之徵調,所過騷動,有鐵路而騷動可免也。山陝之旱荒,直隸、山東、河南之澇災,有鐵路而賑運無憂也。煤鐵礦務之開,水腳轉運爲艱,有鐵路而礦務可興也。至於造鐵路之費,必須商股、官帑、洋債三者並行,始能集事。且西國亦具有成法參而行之,以期有利無弊。誠富强之要術也。中國地大物博富厚,爲五大洲冠。五金之礦,徧野包藏;而水銀、翠玉、丹砂,藏乎雲貴;珍禽、香木、玳瑁、明珠、山羞、海錯,出乎兩粵;湖絲、鮮果,生於浙閩;藥材産於川蜀;佳油、名茶、美錦蕃殖於兩江兩湖;以及皮、參、羊、馬、駱駝之類,皆利盡北庭西域之美;又有千百種貨,大宗如豆穀、棉花等,亦莫非我華自然之地寶也。

統計中國之地,緯線則自赤道北八十度起,至五十三度餘止;經線則自京師偏東十九度起,至偏西四十五度止。南北相距七千餘里,東西相距一萬餘里,截長補短,約得五千萬方里。各省、府、州縣人丁册籍核而算之,約得三百餘兆。土地如此其廣,人民如此其眾,而物産又如此其旺。加以生聚教訓,亦不難家給人足。參以西洋之術,有利者從而行之,有害者從而舍之,國未有不富强者也。夫根本須由自樹行事,不妨變通,是在識練才長者斟酌之而已。

言必貞明,義必宏偉。

黄州險要論

張炳壽

自古論兵法者,曰戰曰守。戰則深入敵國,以我攻彼,争城奪隘,第視臨時之坐作進退,以決勝負。守則憑城恃險,不先求我之勝敵,必先求敵之不能勝我。一旦有事,進可以戰,退可以守。故論守而戰即寓其中,則守之道於兵事爲尤重。蓋不固守無以圖存,不設險無以固守,不洞悉山陵川谷之形勢,孰於我要,孰於敵害,則無以擇地設險。《易》曰:“王公設險以守其國。”險要之策,隆古不廢,可忽乎哉!

黄州爲江防地,乃鄂省下游第一門户。黄州不守,門户洞開,省城不能安堵,誠重鎮也。春秋時,弦子實居其地,恃險不備,遂見滅於楚。楚有其地,而江黄道柏不敢南向。吴魏相攻,互爲重地。陸遜以三萬守邾城,滿寵爲西陽之備,敵人望風卻退。晉陶侃守武昌,舍邾城而不備。蓋時有變遷,勢有緩急,未可同符而共轍也。竊嘗取全郡之大勢而略言之。

黄郡形如圜甌,西南當江,東爲黄梅、廣濟,與江西之德化、瑞昌,安徽之宿松、太湖接壤,東北爲蘄州、蘄水,北爲羅田,西北則麻城、黄安,皆與安徽之英山、霍山,河南之光山、羅山、商城接壤。三面依陸,一面臨水,陸則倚山作固,水則擇江面要害之處而守之,則必勢出萬全,事無一失。然其大要則有二焉:一曰防邊界,二曰固根本。

防邊之法有二,其首曰江防。其上流,則黄岡西百二十里之陽邏,東接蘄黄,西抵漢沔,南渡江至鄂,北距五關,爲郡上游要害。宋開慶元年,元世祖陳兵於此,宋築堡於岸,陳船江中,元將文炳稱爲天險。十一年，宋將夏貴守此，元將伯顔攻三日不下，後力絶軍潰，蘄黄以次乞降。倘陽邏一關防守周密，則郡城無西顧之憂矣。其下流則廣濟西南八十里之田家鎮，江水至此一束，安筏設礮，敵人不能飛渡。對岸有半壁山，峻峭横江，守田家鎮，尤必守半壁山，即守江南必先守江北之意也。又有清江鎮，去黄梅縣南九十里，昔江右賊出鄱陽，于成龍令兵駐此，伺賊艘至段姚市，擊敗之，則清江又黄州下游之門户也。

其次曰山防。黄梅東界宿松之卓壁山，東北界蘄州之龍坪，蘄州東界宿松之小隘嶺今之長和卡、宋家嶺今之長親卡、常棠嶺今之長康卡，東北界太湖之楊德園今之長安卡、牛頭街今之長綏卡、長城砦，西北界英山之楊樹坳今之長定卡，西界英山之打虎廠今之長鎮卡，羅田東南界英山之觀音山，東界英山之鳳凰關、水田山，東北界霍山之甕門關，北界霍山之青苔關、栗子關，界商城之銅鑼關，西北界商城之松子關。明嘉靖時，土匪張友忠時出没六關，誠以有險可恃也。麻城東北界商城之長嶺關，北界商城之虎頭關，界光山之黄土關、穆陵關、白沙關，界羅山之大城關。宋嘉定十四年，黄統制以五千保黄土。金安貞設計急攻乃下，遂拔麻城，抵大江，至黄州克之。李堭乞復五關疏略云："虎頭形勢最險，兩山千仞，一澗衝激，黄土形勢聳峭。白沙與黄土相密邇，穆陵山路峭壁，委折而上。大城山勢，不甚高峻，而横斜盤繞，使諸關據險效死，賊豈能遽入，其阻深可想也。"黄安北界羅山之黄楊砦，地周環如壁，其上平衍。宋元之季，土人避兵於此，全活萬計。社尖砦北通河南，南達孝黄。又新安砦上通光羅，下通江漢，地阨險要。此邊界大略也。

然防邊之法，江面險要不過數處，可於岸上擇地設立礮台。江中則置礮艘設兵鎮守，陸地險要既多，不守則長驅直入。然必各處派兵駐營，又有鞭長不及之患，即當用胡文忠公之法，於要害之處立卡建碉、設礮台礮壘，但令本地團兵防守，無事則散勇歸農，有事則以農爲勇。但憑險固守,自成上策。

又有埋伏之法,亦必擇險要之地,如水面,重兵在上游,則於下流設之;重兵在下游,則於上流設之。陸地重兵駐在前,則於後路及左右設之。倘前軍失利反走,敵人深入,乘其不備可以集事,春秋鄭忽所以敗戎人也。其可埋伏以助江防者,如黄岡之葉家洲、鵝公勁、團風鎮,蘄水之巴河,蘄州之蘄口,廣濟之武穴龍坪,黄梅之蔡山、小池口,上以援應陽邏,下以接濟田家、清江二鎮是也。其可埋伏以助山防者,蘄州東有唐家山,北有策山、相山,與七卡相表裏,羅田東有大羅砦,則觀音山之屏障也。鋪坪河、深水河,則鳳凰關之後路也。太乙山,則水田山之右翼也。大嶺岡,則水田山之左翼也。東北長嶺岡、天堂砦,則甕門、青苔二關之犄角也。北之僧塔寺、九資河,則栗子關之後路也。白沙嶺,則銅鑼關之後路也。脱甲嶺、洗兒嶺,則松子關之後路也。麻城則虎頭關,對河之永清砦,穆陵關後之陰山關,黄土關右邊有修善,左有鳳嶺。白沙關後有羚羊山。黄安之黄楊砦後有姚公山,新安社尖兩砦後有老君山。仰天窩伏兵不動,可以内應,而邊防已密矣。

至於根本者,郡治是也。邊防既密,治城尤宜修理險要以爲根本,然非第築城鑿池已也。必於近城四面擇要害處,各立關卡礮壘互相接應。郡治南逼江,以江爲險,無可言其陸險。東則三台河爲要,東北則聚寶山爲要,西北則赤鼻山爲要。稍遠,東則路口鎮,此蘄水、羅田、麻城三縣入郡要路也。西北則團風鎮,此黄安、麻城入郡要路也。險要既得,一旦有事,則先設防堵,敵不能入境。萬一防堵失利,伏兵爲助郡守。更令官軍往來策應,以壯團兵之膽,而官軍更藉團兵之引導以塞其隘,治城則另督兵守城關,以待不虞。重重守險,敵更無懈可擊。如是以言防邊,邊無不安。以言培本,本無不固。庶黄州一郡,上足保鄂,下足防皖,北足當豫,西足抗漢,屹然爲東南保障,則要害之策,豈僅一郡一邑之利已哉?

若以鄂省之全勢而論，但赴下流，退無所據，必高據建瓴之勢，方可爲萬全計，則險要之地又不在黄而在荆矣。

縱横六百里，如數指上螺紋，伏波聚米無此明碻，顧景范書當自愧其疏矣，有用之文如是。

長安應建陪都議

王葆心

臣伏見聖朝中興以來，德威遐鬯，中外乂安，境清砥平，萬里如庭户矣，而且營汛稠布，聲勢聯絡，水師整飭，樓櫓相望，尤爲有備無患。然處明盛之時，思所以豫策未然，而必馳敵車於鄰國、駛輪艦於重洋，以啟釁封疆。其計既左，又或相游宴於安熙，以談兵爲深諱，亦非奠國之模。博大雄凛，遠則陳同甫，近則魏默深能之。蓋策士之搶攘非所用於承平時也，宴安鴆毒亦非可行於宵旰之朝也。

斯則統觀天下之形勢，不禁躊躇四顧所爲長太息也。夫據上游之勢以臨馭六合者，非今日燕京之形勢也哉。前此立國之君，皇帝燕奭而外，若耶律之改號，女真之定都，蒙古之置郭，明成祖之北狩，而靖難之勳以集。然則女真因遼，蒙古因金，明因元都，四代之遠，固與周、秦、漢、唐之都長安比也。富弼謂河北一帶爲天下根本。朱子謂其天險地利，甲乙於關中。鄭元慶謂其三關環峙，爲帝王都中不拔之基。雖大位之鐘毓關於天眷，要其東濱海，南控三齊，西阻太行，北(届)[界]沙漠，居高負險，有建瓴之勢。而其名山，則有恒山、太行、碣石之險阻。其大川則有桑乾、滹沱、衛河、易水、漳水、灤河之襟帶。其重險，則有井徑、渝關、居庸、紫荆、倒馬、山海諸關之鎖鑰。所謂川歸轂走，開三面以來八表之梯航；奮武揆文，執長策以扼九州之吭背者非與居。

今者權衡輕重，俯仰古今，蓋惟長安可與並雄。故唐都關中，以范陽、廬龍斗絶，東垂爲契丹、奚、室韋、靺鞨所環伺，於是屯戍重兵，增節鎮。禄山乘之，遂成天寶之禍。終唐之世，河北常爲厲階。其後契丹得幽燕，因以縱暴於石晉。女真得幽燕，因以肆毒於靖康。明太宗得幽燕，更以篡奪乎建文。自建立京師而禁旅雲屯，才勇輻輳，以潛消天下之禍本，而又苦寒沙磧之地莫甚於燕，而天子且以身先之，夫誰敢耽安樂而避艱難者。然則燕都之形勝遂可長恃而無虞乎？曰：固未可全恃也。太史公曰：燕北迫蠻貊，内錯齊魯，崎嶇强國之間，最爲弱小，幾滅者數矣。及秦人滅趙，敗燕軍於易水之西而國隨以亡滅。臧荼、盧綰國於燕，不旋踵而隕滅。彭寵以漁陽賈禍，公孫瓚以易京覆宗。王浚有幽州，幸晉室多故，冀以自雄而見戕於石勒。段匹磾有幽州而仍不能自立也。杜洛周、葛榮、韓嬰之輩旋起旋滅，皆不足道。高開道竊有漁陽，身死而地歸於唐。天寶以後，以河北叛亂者凡十七起，其能免於誅戮、保其宗祀者不數見也。迨夫李匡籌見滅於克用，劉守光復繫組於存勖，而幽燕卒並於河東矣。契丹倔强者八世，竟敗於女真。女真恣睢者百年，終剪滅於蒙古。蒙古立國僅八十餘年。明傳祚雖較遠，而流賊起於陜西，愈近愈切，筆勢澔汧無前，有解衣槃礴贏之概。天下糜爛。之數十君者，非不形勢獨操以驅逐中原。而卒不免於危亡者，非以居庸當陵寢之旁。古北在肘腋之下，渝關一線爲遼海之咽喉，紫荆片壘繫燕云之保障。近在百里，遠不過二三百里，藩籬疏薄，腹背單寒，老成謀國者，早已切切憂之，而不僅此也。九原、雲中制我上游之命，李鄴侯靈武之謀，欲並塞北出犄角以守范陽。蓋地勢形便，川原斥鹵，馳驟易達也。倘能於九原、雲中之上游重鎮之，則長安實燕京之袖領也。

然則燕都可遷於長安乎？曰：烏乎，遷也。古今遷都之舉，盤庚遷都於殷而民感，周平遷都於洛而國替，曹操遷都於許遂移漢鼎，煬帝移都遷都而天命以亡。斯又統觀天下之形勢，不禁躊躇四顧爲之長太息也。

然則欲救燕京之弊，而又無遷都之患，則陪都之設烏能已已哉？然設陪都自有其宜，建康不可也，洛陽不可也。惟長安東瀕河，南據漢水，西抵羌戎，北屆朔漠，山川四塞，形勝甲於函夏，爲自古建都重地。終南、秦嶺、二華、隴坻、龍門、橋山、嶓冢、西傾、積石、賀蘭、祁連，其名山也。大河、漢水、渭、涇、汭、洛、臨洮、西海，其大川也。潼關、武關、散關、蕭關，其重險也。而大河據北地之上游，有俯視燕雲之勢，所謂燕京之領袖者此也。而其邊儲屯政之殷，堅甲勁旅之盛，視他土獨稱。《漢志》偁雍州有鄠杜竹林，南山檀柘號稱陸海，爲九州膏腴。胸羅全史，故洋洋灑灑，無不如意，是以欲爲文者必讀書。天水、隴西多林竹，及安定、北地、上郡，皆迫近外城，修習戰備，高尚氣力，以射獵爲先，故先秦詩多車馬田獵之事。自武威以西，本匈奴昆邪王、休屠王地，習俗頗殊，地廣民稀，水草宜畜牧，故涼州之畜，天下餘饒。項羽入關，韓生説羽曰："秦地山河四塞，地肥饒，可都以霸。"漢六年田肯説高祖曰："秦形勝之國也，帶河阻山，隔絶千里，持戟百萬，秦得百二焉。地勢便利，其以下兵於諸侯，譬猶高屋之上建水瓴也。"後漢建武中，杜篤獻《論都賦》曰："西被隴蜀，南通漢中，北據谷口，東阻嶔岩即崤關。關函守嶢，山東道窮。置列汧隴，廱偃西戎。拒守褒斜，嶺南不通。杜口津絶，朔方無從。"此亦足以見雍州之大都矣。又永建初，隴西羌反，校尉馬賢擊降之。四年，虞詡上疏曰："《禹貢》雍州，厥田惟上，沃野千里，又有龜兹鹽池今見故寧夏後衛，以爲民利。水草豐美，土宜産牧，因渠以溉，水舂河漕，用功省而軍糧足。故孝武、光武築朔方，開河西，置上郡，皆爲此也。"迺復三郡，使繕城郭，激河浚渠爲屯田，省内部費歲一萬計。唐築受降諸城，廣事屯田而邊儲以足，徭役減省，豈非雍州饒沃，不必虛中國以事疆埸之明驗與？宋趙鼎曰："經營中原，當自關中始。”汪若海曰:“將圖恢復,必在川陝。”淳祐十二年,時蒙古主蒙哥欲以中州封同姓,命忽必烈於汴京、關中自擇其一。姚樞曰:“南京河徙無常,土薄水淺,瀉鹵生之,不若關中,厥田上上,古名天府陸海。”忽必烈遂請關中。蒙古主並以河南與之,由是地廣兵强。蔣伊以陝西南通楚蜀,東連豫晉,足以奪黄河之險,爲形勢之首。蔡方炳謂:“平涼、固原一路,豐草平野,畜牧蕃滋。”鞏鳳之墟及延慶等路,雖原野蕭條,而士馬精勁終偁雄,劇大江之北,得之關中,不其信乎。所謂可與燕京並雄者此也。往者,商以六百祀之祚而亡於岐周,戰國以八千里之趙、魏、齊、楚、韓、燕而受命於千里之秦,此猶曰非一朝一夕之故也。折筆以收其氣。若夫沛公起自步徒,入關而王漢中,乃遂收巴蜀,定三秦,五年而成帝業。李唐入長安,舉秦、涼,遂執箠而笞鄭、夏矣。

况乎自古以來爲天下禍者,往往起於陝西。東漢當承平之際,而羌胡構亂於西垂,故良將勁卒盡在河隴間。迨其末也,封豕長蛇,馮陵宫闕,遂成板蕩之毓。馬(趙)[超]、韓遂挾羌胡之士而東,以曹操之用兵,幾覆於潼關,終魏之世,關隴有事必舉國以争之。故以武侯、姜維之才智而不獲一逞也。晉武帝既並天下,以關中勢在上游,爲作石函之制,非至親不使鎮焉。及元康之世,亂果始於關中。元魏之亂起於沃野。高平諸鎮而盛於蕭寶寅之徒,則亦關中爲厲階矣。女真入關中而宋室之中原遂不可復。蒙古入關中而金人之汴蔡遂不可保。明初以北方爲慮,沿邊四鎮竭天下之力以供億之,降及晚季,獷夫悍卒奮臂而起,縱横蔓衍,以致中原鼎沸,宗社淪胥,此何爲者也。蓋陝西之在天下,猶人之有頭項也,病在頭項,其勢易至於死。能保頭項者,他病乃可無患。然則建陪都於長安,即所以保頭項矣。昔人謂長、淮,天所以蔽長江,立國於南,則守江以爲家户,備淮以爲藩籬。故輕重之權在淮而不在江。

今之燕京即江也,今之陝西即淮也。孫吴駐足江東,而於淮之利，又有廬江之守，守淮之利而不知用淮之利。劉宋立國建康，而於淮之地，有盱眙之蔽，有淮之利而不知用淮之利。此所以一滅於魏，一終於偏安也。然則有長安之利而不知用長安之利者，不亦大可危哉？況乎長安之於燕京關切較江淮尤急。章俊卿有言："自蜀江東下，黄河南注而天下大勢分爲南北，故河北、江南爲天下制勝之地，而挈南北之輕重者，又在川陝。"夫江南所恃以爲固者，長江也。而四川據長江上游，下臨吴楚，其勢足以奪長江之險。河北所恃以爲固者，黄河也。而陝西據黄河上游，下臨趙代，其勢足以奪黄河之險。是川陝二地常制南北之命也。蔣伊亦謂："不得秦則北不可定。"蓋河北之地以汴洛爲喉襟，以並汾爲肘腋，而長安乃與汾洛交接，百城逶迤，烽相望也。假令敵人兼有秦中，則汾洛之間皆戰守之地，而耕桑之民且於河漳之間，若有偏師不陣，一城告奔，則趙楯吴兵騁於趙代之郊，如蔡方炳所云者。則輔車脣齒之謂何矣？

且建陪都並可壯盛京之勢也。巨刃摩天，再接再厲。盛京孤峙東藩，保釐一面，得長安西峙，遥遥控制，非特西北强悍之徒不敢覬覦，即東南桀黠亦帖耳俛首，無敢竊發矣。斯於燕京豈云小補，所謂救燕京之弊而又無遷都之患者，此也。

顧昔之長安，若劉曜有關中而敗亡於石勒，李茂貞、王行瑜有關中而見役於朱温。若李思齊、張思道有關中而明師一臨，皆爲臣僕。若隗囂用關中，及身而敗。若赫連勃勃用關中，再世而敗。是長安疑亦非萬全者，抑知劉曜固非石勒敵也么麽。如李茂貞輩，又豈知有天下之大略者哉。隗囂不能先收河西，又不能早圖三輔，事機已失，乃欲倔强自雄，宜其不振也。赫連勃勃非無縱横之才，而拓拔方强，涼秦列峙，僅能拾取秦川，無暇越關河而問，苻姚之舊轍矣。連雞之羽勢不能翱翔雲霄之上，奚足數耶？且微如張軌據涼而傳祚六十餘年。暴如趙元昊，據夏而享國二百餘載，以區區之地而能垂久若此，豈非天下之勢恒在西北。邊塞險阻，受敵一面，雖中材亦足以永保哉。

嗚呼！蒲洪、姚萇之時，可以用關中矣，而其人非也。諸葛武侯才足以用關中矣，而其時非也。張浚之時可以用關中，浚之識亦關中爲可用，而其才非也。今有其人其時其才而不用關中，此吾所以統觀天下形勢，不禁躊躇四顧而爲之長太息也。

瓌瑋宏富，上下五千年，縱横一萬里，蘇海韓潮，小生望洋而嘆。

變武科議

王葆周

古無立一科以講武者，成周賓興用射，漢成詔舉猛勇，知兵皆偶一爲之，而非定制。自唐武后長安三年始設武科，其法有長垜、馬射、步射、筒射諸技。開元中，又立太公廟，以張良配享，取古名將爲十哲、七十二弟子，於是武學始大備，與文科埒。宋武科有步射、馬射、策試之法，以《孫子》《吴子》《司馬法》《李衛公問答》《尉繚子》《三略》《六韜》爲七書，令習之。命文武知兵者爲武學教授，始賜武舉榜首及第並出身焉。明成化十四年，定武科鄉會試，如文科之例，迄今因之不改。

然薛光謙謂武科只令彎弓有雄勇，而無指揮計略，必失操縱之機。蘇洵譏其以弓馬得者不過麤材，以策中者亦皆章句無用。考宋制，以文臣親屬願赴武補者聽，於是有不操弓矢之武士。明之列武科者，文人深鄙其出途，終明之世，絶無武科樹勳之人。然則武科之弊也久矣。雖唐有郭子儀成再造之功，宋有狄青、令狐挺料元昊而破儂智高，所得亦僅也。

我國家文武並重，皇上宵旰求賢，每武科殿試閲試再三始定其甲第。乾隆中曾因臺臣之請，設立好字號，分别取中弓馬技勇，宜無遺材矣。卒之姜瓖、鄭成功之變，秖得梁壯敏化鳳。逆藩厄魯特之變，秖得殷熙如化行。臺灣蔡牽之變，秖得李忠毅長庚。黔苗教匪之變，秖得楊忠武遇春。其他變，俱無武科一人邇者。□仲□□□故事。蕩平粤捻，建立大勳，皆非援武科而起者。是養士數百年，反不如倉猝而練之鄉團也。且是科既無不次之典，而主其試者悉屬文臣、不諳武學之人。其學武者，亦皆飽煖酣熙，或遊手無業之輩，秖求入彀博取科名，即默寫武經亦僅如小試之恭鈔聖諭而已。試以兵法，開卷尚屬茫然。迨夫既入仕途，凡訓練兵卒與夫水路攻守之策，陰符壬遁之書，撟舌張惶，冥然罔覺。即使射穿七札，力舉百鈞，亦匹夫之勇耳。一旦使之臨敵，是不教而驅之戰也，有不僨事失機者哉。洞見弊病，言之慨然。

嘗觀泰西之設武學院也，所習俱形勢、格致、製造鎗礮諸法。初經拔取，准充弁員，及其精嫻，纔升千總，果屬才識出眾、智勇超群，則調詣都城大院。此其殺敵致果、堅利鮮明超中國而上也。何諸夏武學反不如夷人耶？

查我朝兵額，滿洲披甲、卄鋒、護軍、驍騎校、巡捕、步軍等營十二萬，緑營、健鋭、火器等營三萬，神機營則選鋒之軍兵數，較兩漢唐宋元明不爲甚少。乃太平久而鋭氣銷，有兵之名，無兵之實。今宜於整頓軍政，而外變武科以濟其不及。蓋戰守所資藉以出奇制勝者，惟水師、火器。今既已舉行，惟機器尚製造未精，輪船尚駕駛未熟，鎗礮尚施放未巧，行陣尚步伐未齊，火車之行軍未備。而武科中人猶然角逐弓馬技勇，則所習非所用也明矣。

然則變之者，變其習以歸於用也。當於武科中别立新章以示學者，曰能熟知韜略、曉暢戎機也，能明地形之險阻戰守也，能製舟艦鎗礮機器、測量星石也，能造碉堡營壘橋梁也，能運用鎗礮高低命中及遠也。此制既頒，即暫停武科三五年，以俟其造就精嫻。開科後，即於武臣中簡其通兵法、明製造之人以爲主試，但不宜用文臣耳。文臣如克矢公矢慎猶無害，第恐如戚南塘所謂梓人漁人之説者，則得人仍難。必也講武者既由學而鄉薦，而捷於兵部，則京畿之武備院宜建制，蓋與庶常館同。舉武進士者處其中，考校之官亦取於此，而院中所講者皆上等兵法，如測量、天算、圖畫、地利，與各國水路戰法，得京察者亦得簡放外官，於是可出所學以教緑營矣。

至各省之武學書院，則聽大吏自籌外，即有專工一藝者，亦量才受事，以隆作育而廣旁求益。蓋既變其習，而又不主以文臣拘以成例立其范，則與文科並重，分其門，俾使一藝無遺於此，則人人奮勉，不出二十年，吾知人才輩出矣，不愈於僅嫻弓馬技勇乎。萬一當有事之秋而武舉武生，亦可號召以應募，尤合養兵於民之意。李穆堂紱有言，武科外場所試僅戰將之長，若大將之略，則有不止此者。此武科必明戰陣、識險要也。而西洋之武學，又皆習海戰，造機器，欲防維泰西，此武科之必宜仿西法也。倘或守成法，如明臣劉大夏所云，則必蹈薛蘇二子之譏，即武科終無振頓之日矣。

熟於掌故，滔滔風流。

變武科議

戴阿魯

善治者因時而立制，故三王不襲禮，五帝不襲樂。國朝制度皆列聖手自裁訂，行之萬世而無弊者。惟武科至於今日則宜稍加變通焉。

武試騎射、步箭、技勇、策論，策論則但録成文數行而已。騎射惟營兵最精。若武生所習能馳馬者，皆可命中，曾何益於疆場之算哉。近來火器盛行，有兩軍相距數十里而勝負已決者，雖有技勇，無所用之。射爲六藝之一，古者天子選士，射中得爲諸侯，不中不得爲諸侯。今之步箭亦必志正體直，心平氣和，尚不失古人制射遺意。武夫悍卒，使之嫻習於規矩之中，亦可化其桀驁，故步箭可留，而騎射、技勇、策論不可不變也。變之之法，宜設三科而濟之以兩要、三不必。

一，設方略科。《易》曰："師出以律，否臧凶。"《兵法》曰："多算勝，少算不勝。"又曰："將不知兵，以其卒予敵也。"雖趙括徒讀父書、馬謖言過其實，言不能行者有矣。斷無言之不了了而行之無差忒者。請設方略科而試以古事、時事、地理、雜事。古事，舉古人用兵陳迹而論其勝敗之由。事同功異者，尤爲切要。《法》曰歸師勿追，曹公所以敗張繡也，皇甫嵩何以反之而破王國。窮寇勿迫，趙充國所以緩先零也，唐太宗何以反之而降薛仁杲。百里而争利者蹶上將，孫臏所以殺龐涓也，趙奢何以反之而破秦，賈詡何以反之而破羌。諸如此類，必確指其所以然之故。時事，最急者莫如洋務。必熟悉諸夷國勢之强弱，人物之能否：某可理屈，某可誠感，某可威劫，某可利動，某可和，某可戰，某雖可戰而不可逞，某雖可和而不可無備。眼有紫石，棱鬚如蝟，毛礫何處，來此異人。中外毗連之區，某處可守，某處可攻，某處宜兼顧，某處宜專辦，某處有錨地可以泊船，某處水勢環曲可以築礮台，置水雷、魚雷等物。又較量彼此之技藝，彼何長技，我何長技。何地何時利彼長技、利我長技。彼利何避，我利何擊。此洋務大略也。此外，哥弟等會如何解散，白蓮等教如何翦除，皆時事之切要者也。《孫子》曰："地形有掛者、有通者、有支者、有險者、有遠者。"又曰："用兵之法，有散地、輕地、交地、衢地、重地、圮地、圍地、死地、争地。"且有同一地在彼爲要害，在此爲閒散者。再如某處爲咽喉，某處爲門户，某處爲某處屏藩，某處可水攻，某處可火攻，某處可出奇，某處可設伏，皆地理之切要者也。雜事，如軍伍之制、簡閱之教、器械之用、牧馬之政、彌盜之方、屯田之法是也。

一，設技藝科，而試以天文、算法、機器。古時士大夫無不通曉天文者，自後世有私習之禁，精斯業者蓋少，然其書汗牛充棟。誠設此試，宜防抄襲剽竊之弊。惟舉日月之剥蝕、五星之變化、眾星之遲流，守伏飛犯，使確指其時日，部分應驗，有象同應，異者如五星聚箕而齊桓稱霸，唐天寶五星聚箕尾而有禄山之亂，此類當使分别。有同一象而各家説不同者，如日半暈，《唐書》曰“相有謀”，《宋志》曰“其軍戰勝”，朱子曰“國民蕃息，月暈鎮而蝕”，朱子曰“主兵興”，《宋志》曰“主土功”，此類當使折衷。此外，如風角云氣，皆天文家所當究心者也，然天文非算學不精。試天文者，當兼試算法。聖祖仁皇帝集數學之大成，《儀象考成》《數理精藴》參考中西之同異，斟酌損益，以歸至當。又得梅定九諸公，羽翼而發明之。自是算學如日中天，著録《疇人傳》者已數百人。近又設同文館以教習之。將來精此者，必美不勝收。試之之法，假如今有某算，據某人當用某法，而惟其法最精最簡，有能於古法之外獨具心得而遠出諸人上者，尤當予以高選，此試算學之法也。

西洋之敢與中國抗者，恃其機器之巧也。習機器當先通化學，次電學，次力學。化學必先辨物之異同、純雜、强弱、交感、變化。如泥柔而石剛，煤黑而灰白，火炎上而水潤下，此辨物之異同也。金銀木炭，各具一質。水含二質，蛋白含六質，此辨物之純雜也。炭不如醋，醋不如鹽，鹽不如礦，此辨物之强弱也。七略、九流，故時之學。何爲被三輕所感，何爲被同類所感，何爲被異類所感，此辨物之交感也。毒與毒合反不毒，不毒與不毒合反毒，此辨物之變化也。

電學最有益於軍，不但傳報之速也，近制水雷、地雷、魚雷等物，多置細鋼絲、或銅絲於中，以電發之，將來漸推漸廣，必有大用。講電學者，當知化電、摩電、動静植物之電，及引電、防電之法，而推廣其用。

力學，當知力之分合變通。西人論力有躍力、抵力、回阻力、自漲力、上擲力、下墜力，離中、毗中之力，中心、重心之力，又有被載借力、用器助力等名目，皆講力學者所當考究也。此外如氣學、聲學、光學亦當討論。試之之法，必洞悉其原起功用，辨别某器自某學出，某器自某學兼某學出，是其於機器一道，已稍窺門徑，可以漸習漸熟，再有自制機器而有資軍實者，准持向本省官考驗，果能高出西人之上，酌其益之大小奏予官階，然後派入各機器局，使之教習，是亦鼓勵之法也。

一，設鎗礮科。前海軍衙門已有武試改鎗礮之奏，格於部議不行。夫堯舜雖聖，不能使空拳與利刃争能。若與夷人敵而不習鎗礮，非計之得也。鎗礮當辨，某礮某制最佳，某鎗某制最佳，某礮某鎗大若干、重若干、食子藥若干、擊若干遠、力若干大、速率若干時，然後試以風裹擊、水裹擊、迎風擊、背風擊、躍起越擊，與擊近船、遠船、快船、擺動船、欹倒船，及擊焚帆檣之法。果能持論不差，而試驗準的者即中選。然鎗礮非算學不準，試鎗礮者亦當兼試算學。惟立法防弊功令，私蓄兵器有禁。如設鎗礮科，不能不教其操鍊，既教操鍊，不能不許其製造。設有草澤奸民藉此廣爲藏蓄，殊失防微杜漸之意。請定制習鎗礮者，許置鎗礮各一，持向地方官註册，鈴火印於上，其未經註册及無火印者，仍以私蓄論。是可與功令並行而不悖矣。

兩要何？一，教法宜備。考《宋史》有武學，命文武知兵者爲教授。以《孫子》《吴子》《司馬法》《李公問答》《尉繚子》《三略》《六韜》教習之。前大學士李鴻章有沿海省分選幼童學習機器之奏。請仿宋制，設方略館於各直省，聘内外官丁艱、致仕而通曉兵法者爲之師，擇士之聰俊充其選，日教而月課之，第其甲乙，厚其廩餼。再設機器局，選少年穎悟者，暫聘西人爲師友，不數年，必有熟諳洋務者出其中矣。一,邊額宜廣。趙充國論兵曰"百聞不如一見",邊省之人,洋務皆所目擊,稍有才智辦理,必自有方。且我失有用之才害猶小,若棄壯士以資敵患,豈可勝窮哉? 巫臣入吴而叛楚,王猛入秦而抗晉。黄師宓主智儂氏之謀,徐伯祥引交人入寇。蓋天下有才而涵養不足之士,一不見用,即不以倒行逆施爲惜。請廣邊省武額,稍有技能出衆者,即不惜一官半職以羈縻之,是亦收拾人才之道也。

三不必何? 一,出身不必論。衛青爲牧豬兒,李世勣爲無賴賊。何博士有言:"天下之事,莫神於兵,莫巧於戰。"故温恭謹信盛德之君子有所不能,而桀驁欺譎不羈之小人常有以獨辦。請寬出身之令,無論賤隸走卒,但取所業之精通,不論出身之貴賤。一,能事不必多。孔子曰:"君子不可小知而可大受也,小人不可大受而可小知也。"李光弼長於憑城而短於野戰。人顧可求全哉? 請定制如前所列三科,但能一門精熟,可以坐言起行,其他皆可從略。蓋天下上智少而中材多,中材專營則篤,騖廣則荒。略短而録長,斯得之矣。一,文武不必分途。諸葛名士,陸遜書生,而用兵雖孫吴不過。曹參起自行伍,郭子儀起自武舉。自文武分途,世人貴文賤武。兵家奇正攻守之法,士大夫既鮮措意,而武科中人大半目不識丁,安望世有全才哉? 請自今文生許與武試,武生許與文試。將來必有將相兼資者出其途矣。此所謂三科兩要三不必者也。

開拓萬古心胸,推倒一時豪桀,如對陳同甫一流人。

擬保高麗以防俄患疏

王懋官

奏爲固本樹屏,思患豫防,仰祈聖鑒事。竊惟肘腋重地,必嚴守望之規;唇齒小邦,宜求駕馭之道。

近日俄羅斯國，古稱薩爾馬西亞，今據亞細亞、美利加兩洲之北境，其與各埠交界之所，北則北冰洋，東則太平洋，南則高麗、滿洲、蒙古、伊犂、新疆，與波斯阿福干，西則土耳機、奥土馬加，北德意志、瑞典，計所轄地方，約有八兆。較之中華，拓兩倍焉。然其心究無厭也。顧西之波羅的，北之北冰洋，東之太平洋，皆寒冷之地，冰結甚堅，春冬不便行舟。所急需者海口耳，如得海口，可由黑海直達地中海。而欲得地中海，必先吞併土耳機。土耳機雖弱，而接壤者多强國，出而保護之，俄豈能得志乎？其他則波斯海灣也。欲得波斯海灣，必先得波斯，而波斯海灣緊通印度洋，爲英之屏藩。俄若有侵蝕之謀，恐難與英爲敵也。計惟有向東而行，至太平洋耳。觀庫頁全島，不既爲其所有乎？然亦寒沍之區，其最欲得而甘心者，舍高麗其誰耶？蓋俄以多闢土地爲榮，守邊大員，借端滋事，每乘勢而蠶食他國之地。既得基法，又得伊犂，復規占黑龍江。觀此情形，欲如英國當年之得印度與緬甸也。而高麗西接奉天之赫爾蘇門，東與大山接，皆界内蒙古、黑龍江，北負外興安嶺，界俄羅斯，則是俄人之窺伺中原，勢不得不先圖高麗。

伏惟東洋海面拱衛中國之地，南則臺灣，而北惟高麗。臺灣如陷，則東南之門户遂傾。高麗不安，則東北之藩籬將潰。第守臺灣也易而保高麗也難。臺灣本吾内地，調度布置，悉以我法行之。高麗向爲外藩，自君其國，自子其民。我入其地，彼此之分既殊，主客之情又判。節制，我難獨主。號令，我不自專。藉餉於彼，名保而實耗之。取餉於我，彼利而我費焉。精到之言，非知兵者不能道。此又勢與臺灣並重而情與臺灣懸隔者也。夫國家不惜協臺灣重餉，以力圖臺灣者，豈止利其歲供哉？誠以臺灣不守，則賊已據吾門户，而東南之邊患方劇也。高麗毗連遼瀋，逼近京畿，一旦有事，則根本易摇，其患較無臺灣爲更切，是在我國家開心布誠，祛其畛域之見，審其强弱之形，不張虚聲，不苛細故，故不憚久勞，不惜小費，示以輔車相依之意，務令合力一心，如胡越人之同舟而遇風，並起而相救。庶彼得保其社稷，我亦益植其藩籬，外有恤鄰之美，内收固圉之功。其與强敵壓境、倉皇内亂者相去不甚遠哉。

雖然，高麗之地，計道八、郡四十一、府三十三、州三十八、縣七十。釜山一鎮，與日本對馬島相望，明時平秀吉以舟師逼釜山，高麗全境幾潰，是高麗之殷憂實在日本。俄若加兵高麗，非倚日本爲東道主，亦不能有害於高麗。然則欲圖高麗，自全之策，宜防日本入寇之路，則釜山當屯重兵矣。然猶慮孤軍際海，後無救援，軍心懼而内無鬬志，非計之得者也。考釜山入王京，必取道於全慶二道，明劉綎以五千兵戍全羅二載，海外截然。蓋能備釜山之後勁，而作王京之前鋒。八方四維，算無遺策。故日本無所肆其毒，仿而行之，以釜山防日本，更以全慶援釜山，此保高麗之正兵也。南漢山城，其國恃以爲險，餉運皆萃於此。更南曰江華島，前王李倧狡兔之窟在焉。萬一有師，我攝政王故智以小舸襲江華島，而拊高麗之背，南漢山城必望風而潰，則設屯於江華島以杜其分師旁襲，又保高麗之奇兵也。又平壤、鴨淥二江，俱南通渤海，賊斷平壤，則王京無西南之援。明提督李如松襲平壤，大捷，倭酋遁還龍山，是恐虜之據腹地而必與之争平壤，又保高麗之援兵也。

伏查康熙十五年，聖祖仁皇帝召見俄人尼來果賚等，以敵國之禮待之，以屏藩之禮待高麗。蓋聖朝修德懷柔，不欲胥七萬里之遥而臣服俄羅斯，亦禦侮可資，必維持而重聯手足於高麗也。倘其忘數世帡幪之澤，逞一朝覬覦之心，衷懷叵測，私款外夷，侵軼我邊陲，破壞我藩籬，是所謂季孫之憂，反在蕭牆，固不第俄患當防也。

臣草茅之士，芻蕘之言，伏惟聖朝採擇。謹奏。

運籌借箸，動合機宜。

羅田王葆心校字

卷三下　經濟

廣建育嬰堂説

鍾鵬程

洋教以養嬰爲名，遂致有焚燬教堂之事。此皆中國不廣建嬰堂之過也。嬰堂之不廣，厥弊有三：一曰費不給，一曰令不行，一曰制不備。

何謂費不給？貧瘠之處，籌畫良艱，間或裒捐而存蓄無多，不數年而遂歸烏有。繁盛之區，集欵稍易，然浪費不節，侵削不杜，卒至費盡而止。其弊一也。

何謂令不行？律例：故殺子女者，杖六十，徒一年。法令不明，彼愚民無知，遂謂我生我殺，莫可誰何。間有倡會起禁，而紳富之族又往往怙勢破禁，致壞全域。其弊二也。

何謂制不備？嬰堂多設府縣城，離城十里以外，報嬰領錢，皆遠莫能及。且費聚一處，一遇經理非人，日侵月蝕，遂至廢，莫能舉。其弊三也。

欲革三弊法，宜就縣城設立公局，建嬰堂一所，以爲各鄉根柢。凡生而母死，或病不能撫，或流亡在外，或暗棄於路者，令送堂僱乳母養之。各鄉則十家一領，十領一總，十總一局。凡極貧者生女，報領，領報總，總報局，局首親往驗明，確係力不能養，具結報公局，公局發票就私局，月給錢八百文，至兩歲始罷。兩歲之内，其嬰或死，須將領票繳局，局仍給費一月以示體恤。倘冒領不繳，罰倍所領之數。領首明知不報，其罰同。至送嬰入堂，亦須由領總報鄉局，給予報單，開明嬰孩年月、鄉籍及父母名氏付公局入册。量地遠近，酌給盤費若干文。送棄嬰者倍給，養至三歲後，其家願領歸者聽，如其家不領，有他人乞領者，除僧尼不准領外，亦須身家清白、不爲奴婢、不付别人、不出縣界，具有連環保結，始准當官給領。此設堂、設局之大要也。詳悉無遺，心血多人數斗。

堂局既設，則經費不得不籌。籌費之法，其要有六：一曰官捐，二曰票捐，三曰商捐，四曰會捐，五曰喜捐，六曰罰捐。官捐若何？官爲民父母，視缺之歲，入錢千緡者捐錢十緡彙爲案，則官先自捐，可爲士民倡其法，一也。票捐若何？官給印票，每票一紙，捐錢四百文。上户則收租穀百石者，捐票十紙；中户則置産一石者，捐票一紙；下户酌捐一二紙，或共捐一紙不等。捐紙外，領事不得多取分毫，捐户亦不得延遲不繳，其法二也。商捐若何？街市各鋪户，量貲本之廣狹，每日酌捐數十文至數文不等，若其地宜用月捐者從其便。外來客貨，責成各牙行，凡出入千錢者，捐錢四枚，錢付領首，領首付總，總付鄉局。牙行每月彙賬報鄉局，總首每月彙帳報公局，鄉局局首每月彙帳報縣，仍各榜示衢路以昭大信，參差互制，自無侵吞之弊，其法三也。會捐若何？各鄉有好善者約十人爲一會，一月每人捐錢八文。起會時，赴鄉局報明登册，錢付總首。總首每歲彙册報公局，鄉局每歲彙册報縣。有捐至十年者，官獎以樂善名目，頒行各鄉，以爲赴義者勸。功大費輕，雖婦人貧士皆可爲善，其法四也。喜捐若何？凡置産者，給價十千文捐錢一百文。納粟、入泮、中式，各量家豐儉，捐錢若干，均付領首，呈報如上法。縣紳得官者，亦視俸之厚薄，例捐若干歸公局。至嬰孩婚嫁後，亦量力自捐庶酬恩，即以廣惠，其法五也。罰捐若何？凡溺女者，責成領首報總，總報局，局首查明，確係抗法溺死，視産業多寡議罰。如係自死，領首不得挾嫌陷害，亦不得袒匿不報。所罰之錢仍歸各局，公局則笞三百。以下之罪，官准以錢贖。笞百者罰錢五千，豪富者倍之、參之。則罰罪之條可廣施恩之用，其法六也。

六法之中，票捐照局攤派，置義産以爲根本。官捐按月給堂，其餘公局則存當鋪。賈生言治天下之事，至纖至悉，盡立法不厭其密也。鄉局則仍付各領總存放生息，歲終仍收歸局首，局首會同領總，將一年養嬰若何、給費若何、存錢若何，一一算明，取具領總清結，呈報公局。一面榜諸通衢要道。各局捐欵如多寡不一，約以多裒少，歸公局抽撥。如無抽撥，各局所餘之錢，局首仍付總領存放。公局册帳，歲終亦須約同各局局首核算清白，取具各局首，清結呈縣，核算相符，一面榜示，一面鈐印備案。

凡公局修造，局首須稟縣驗視，始可舉行，不得任意自爲朦朧帳報。每月朔日，縣官須親至嬰堂點名嬰數，察視肥瘠。如辦理不善，即須另换局首。每月望日，城鄉各局發給養嬰錢文，雇乳所養之嬰，驗嬰給錢。如撫養不周，即須另换乳婦。公局局首擇富紳有名望者八人，兩人經理一年，輪流轉换。經營者，每人歲給薪水二三十緡。鄉局就十總迭换，薪水視公局減半。總領即於各領商捐内得百錢者，給領八文，給總兩文。總領相維，堂局相輔，而統以良有司，則華無棄嬰，何至胎禍於夷教也哉？

意周法密，布施此文，勝於黄金買祇陀園也。溺女乃楚中惡俗，傷生害理，君子痛心，夭札既繁，女稀婦貴，小則釀爲誘拐，積案纍纍。大則華不自養，乞養於夷，夷借養人之名以害人，釀爲交涉巨案。錫恩己丑奉諱家居，以此謁陳督部、張公撫部、譚公，仰蒙遴員勸辦並札發所譔章程歌詞。辛卯九月，恭奉諭旨，飭各直省廣建育嬰堂。天人交孚，上下一德，誠萬億生靈之幸也。然楚境號横天下，勸辦雖力，斷難一時周徧，所望賢宦名儒，誠求保赤，内挽澆俗，外彌釁端。孟子充入井之心，横渠廣同胞之量，非必期種德收福也。光緒辛卯十月觀二生齋居士錫恩並志。

長江水師參用兵輪議

李自英

中國近日以海防爲急務，次之則莫如江防。海防所以備外侮，江防所以靖内奸。故必如常山之蛇，首尾相應，無事則各安部曲，有事則互相聲援，其樞紐全係於水師。雖然巡海之船大，巡江之船小，大則不可入江，小則不能出海。則兵輪之設又今日長江之急務也。江海防須合爲一，數語要領已得。

伏讀光緒十一年九月皇太后懿旨，稱醇親王等遵議海防善後事宜一摺，内奏長江水師岳州、漢陽、湖口、瓜州、狼山五鎮之舢板船，宜令先將營哨弁兵酌裁一半，即以裁出之費，添製淺水輪船，分隸巡防等處。仰見聖慈眷懷南服，慎重江防之至意，而彭剛直公、曾襄勤公、長江提督李公成謀並奏稱長江不宜參設兵輪，條陳縷晰，利害劃然。然考師船之設，在咸豐四年，曾文正請於衡湘建造長龍舢板，多方試驗，始克成就，卒之規復江面，蕩平髮逆，至今利賴。故彭李諸公主之，非膠執成見，各懷左袒也。蓋所奏不宜参設兵輪者，大約有三。

一曰釐務有礙。夫釐局創自胡文忠公，抽濟軍餉，於江蘇有瓜州、江寧之釐，於安徽有大通華陽鎮之釐，於江西有湖口之釐，於鄂省有武穴小林夾之釐，於湘省有岳州之釐。在極盛時，每年約收銀三百餘萬兩。今即不旺，亦不下二百餘萬兩。加以支河小卡，爲數且倍於前。若或裁減水師，添設兵輪，則呼應不靈，而商船必多偷漏，猾賈必多挾持。其何以助軍需裕國用也。此不可設一也。二曰行李不便。蓼溆萑符，盜賊嘯聚，暮夜深更，不免肆行劫掠，甚至殺人越貨，投飽魚鼈。自有師舡，狗鼠斂跡。若參以兵輪，沙汰師舡,則綠林竊據,追捕無從,何以通關津便商民也。此不可設二也。三曰巨款難籌。製造輪舡,據臺灣巡撫劉公銘傳所稱每隻須費銀萬餘兩,而造一舢板,大者不過近二百餘兩,次者僅二百兩。合造三十餘隻師舡之費,始能造一輪舡。即酌裁三百七十號師舡之費,亦僅能添十餘號輪舡,況機器迭有損壞,煤炭日見銷亡,水勇皆需厚貲,洋工必酬重俸,其將仰給帑藏,抑或支取官紳,固常不及之勢也。此不可設三也。

夫此三不可,指陳剴切,謀畫老成,誠獻替之長才也。然而今昔初非一局,新舊要可相參。今日參用兵輪似礙師舡,不知正所以補師舡之不及,辦江防即可以補海防之不及也。試就師船言之。從前水勇,屢立戰功,故曾文正公奏請安置,一以慰前勞,一以防後患。迄今二十餘年,各營舊勇,更换過半。一切規模,不及曩日之嚴整,而哨弁之冒俸者,往往虛造兵名,據册領餉。兵丁之猾黠者,甚至庇盜爲盜,種種弊竇,可以類推。指失明晳,不讓諍臣時事。

至謂減師舡有礙釐務,不便商民,則又有見其不然者。師舡之泊,相距每二三十里,遠者且三四十里,其間獨無盜賊竊發者乎?況師舡秖設於濱江,其餘小汊小港師舡所未到者,又能巡緝無遺乎?如參用兵輪,而以所留師舡之半分駐要害,以輪舡往來上下,仍各分地防守,且准載行李商賈如現在之火輪商船,而更廉其值,如此則輪舡可濟師舡之用,而釐務即以收輪舡之利。至造輪經費,先給以裁師舡之半,暫製數船後,即以載商所獲陸續添修。若慮兵輪與商船制度懸殊,莫能兼善,然無妨稍變舊式,酌二者之宜而取其中,務使兵輪有用於無事之日,商船有用於有事之時,庶有兩得而無一失。此在精於船學者之變通耳。

若夫設輪政,要約有數端:一相形勢,二精製造,三嚴操防,四慎統帶。

長江地段水程近四千里,岳州關鍵兩湖,控制川黔。漢口對峙鄂垣，最爲衝繁之地。下至田家鎮、武穴，爲上游門户。右通江西，左抱安慶。又下則爲九江、大通、蕪湖、鎮江，直達金陵，而江陰、靖江、吴淞口等處，則汪洋浩瀚，潮汐之往來，泥質之輣輭，礁沙之厚薄，與海無異。總之，鎮江以上，江面稍狹，鎮江以下，江面漸廣。沿途碼頭有要衝、次衝之别，有此疆彼界之分。今設兵輪，下路宜密，上路宜疏。其疏者，則多用師船駐防。而密者，則間借力於師船，仍以兵輪爲專任。何處可立船廠，何處可修船塢，何處爲某省襟代，何處爲某省咽喉。熟察情形，精心布置，務使血脈貫注，骨節靈通，則東南七省皆奥區矣。此沿江形勢不可不審也。往年法越交争，中國講求用船之法，僉曰我所少者鐵甲、雷快等船。夫鐵甲惟利海口，而以雷快等船守長江固甚相宜。然皆爲大兵輪，難以入江，即英人赫德訂購之蝨船，機露礮重，底平行遲，亦非長江利用。若粤省之船，河海兩絀；閩廠之船，兵商兩絀，均難收功。惟近來北洋超勇兩艘，南洋開濟五艘，號稱新式。見聞廣博，司馬温公嘗勸人閲邸抄，蓋謂經濟之學貴知時也。誠於諸洋輪之靈便者，斟酌損益，以定成規，務使靈於轉運，省於經費。短者七八丈許，長者亦不過十丈，不畏風濤，不憂滯礙。機器宜堅而不宜脆，礮威宜遠而不宜近，食煤宜少而不宜多，喫水宜淺而不宜深，此船學不可不精也。

查水師營制，惟提鎮副參游有衙門辦公，都司秪有長龍，守備至千把外委，秪有舢板。提鎮每歲閲兵一次，千把哨弁，故事奉行，拘守舊章，不求精巧。今如洋人煉鐵煉鋼，所製鎗礮火器，俱稱絶技，誠得專員經理南北采木之法，别其性質，品其材料，打造如何而後精，施放如何而後準，再合計師船兵若干、輪船兵若干，每歲各操一次，聚操一次，出海與南北洋防海鐵甲各船會操一次，兵輪之劣者降隸師舡，師舡之優者挑選兵輪，人符册數，藝以長取，專責成於營哨，嚴賞罰於兵丁，則人皆自厲，不數年悉爲驍勇。

至於羅經海線，考核必詳。魚尾雁行陣法，當習此操，防不可不嚴也。陸軍宿將統領水師，固覺遷地弗良，況兵輪重任，尤未可輕於相委，故曩日帶内江長龍舢板之楚將，帶紅單艇船之粤將，而不習機器理法，斷難效力。

近來南北洋輪多幕用洋員，臨陣請退，亦難收制敵之用。欲求帶輪將才，必先出洋學徒。及近日武備學堂高材生熟習機巧，及任重，責合長江水師教以操縱，何者爲衝陣，何者爲阻隘，何以爲擊刺，何者爲遊弋。兵貴整練而舵工尤宜切要指揮，蓋輪之左右進退專賴統帶，統帶不得其人，必至以利器資敵，故尤不可不慎也。

四者既備，又須專派重臣經畫辦理，於瀕江跨海諸省分通力合作，酌盈劑虚，以一省之防，籌兵輪一軍之用，漸次收取，漸次創立，不下十年，長江屹然天塹矣。且夫兵輪之設，非以效洋，實以禦洋也；非以華變洋，實以洋攻洋也。現在長江名鎮俱有洋街，俱泊洋輪，驕横猖獗，實爲心病。然其所恃者不過火礮機器耳，若我俱有之，一旦告警，未知鹿死誰手。洋有不失所恃而帖然服乎？況今之海防秖可禦域外之洋，不可禦腹内之洋。設變出長江，將撤海防以禦之乎，抑專恃師船以禦之乎？夫師船可以禦髮逆而不可以禦夷兵，可以緝江盗而不可以敗海寇。故曰：參用兵輪，正所以補師舡之缺也。一旦海疆有事，長江兵輪可以分半出海助戰，留其半以自守。賊敗於海則退；賊勝而入江，則聚於江尾以扼賊去路，賊亦何敢冒萬死不一生之險而輕開釁端乎？故曰：製兵輪者辦江防即所以補海防之不及也。

或謂沿江礮台已爲洋備，兵輪無益。不知礮台可制洋船之行而不能遏洋船之泊。今設兵輪，尤當近泊洋街，無事則載商以分其利權，有事則登岸以搗其巢穴。策無有善於此者。若彭曾諸公之議又何可拘滯而鮮通哉。謹議。

小范老子胸中有十萬甲兵。

前　題

閻宗穀

長江向無所爲水師也，咸豐年間，曾文正公以侍郎家居，督辦團練，其時赭寇擄掠商船，恣意上下，長江幾非我有。文正公創置礮船，有長龍、舢板諸名目，由是勢如破竹，寇船轟燬净盡，江面遂以肅清。同治三年，克復金陵，大江南北，晏然無事。

朝廷廑有備無患之謀，設立長江水師，分爲四鎮，每鎮四營：湖南之岳州一鎮也，湖北之漢陽一鎮也，江西之湖口一鎮也，江南之瓜州一鎮也。鎮有礮船若干號，總兵官領之。營有礮船若干號，游擊官分領之。各鎮水師，皆受長江提督軍門節制。前兵部尚書彭剛直公歷年巡視，校閱水師各隊操演練習，鎗礮皆準。今以李與吾宫保總統其事。計自設有水師以來三十年矣，長江二千餘里舳艫銜接，盜賊屏息，固商旅平安之福，實國家久遠之圖也。

惟是時局變更，前此中外通商，洋輪從未至内地也，今則駛至漢口以上矣。且各埠口時有兵輪更番來往，名游歷而實保護。同治十年，法蘭西構衅，不獨海防震動，江防亦爲戒嚴。故欲籌萬全之策，沿海水師宜大造兵輪，沿江水師亦宜參用兵輪也。兵輪之制原不一，利於攻堅者爲鐵甲船，利於肆擊者爲轉輪船，利於環攻者爲蚊子船。此外有魚雷船、快船，總以鐵甲船爲最精。近日美國更造碰船，其前鋒利如錐刺，遇鐵甲船直前撞之，轟然破裂。長江參用兵輪，亦不必定需鐵甲船也，但就諸船中，擇其價之稍廉者製十二艘，提督麾下四艘，總兵麾下各二艘。蓋兵輪駛行較長龍、舢板等船迅速不止十倍，堅脆又大相懸殊，大抵兵輪一艘可抵長龍、舢板等船十餘艘之用。前出使日本大臣徐孫麒星使條議中亦嘗言之。

至於扼要守險則以江陰爲第一著。何者？長江爲天下之腸，而江陰則爲入江門户，鎮江之焦山，安徽之東西梁山，江西之小姑山，其内户也。自焦山以西皆係腹地。長江果有十二艘兵輪，加以額設礮船，則布置嚴密，呼應靈通，見在李宫保成謀兼辦海防。若扼守江陰，則既可以固我天塹，復可以照應寧波、舟山一帶矣。且非獨如此也，長江通商各處，外國設有領事官、税務司，夷情叵測，難保無窺我虚實、探我動静之意。兼之天主教堂煽惑中國之民入教，欺淩挾制，輒起爲難，幸而調停消弭，可無事矣。萬一齟齬，彼之兵輪馳騁，將百出其端以相要挾，而我之徵調礮船際此已虞其迂緩。若提鎮皆有兵輪，電報消息，飛駛而至，匪但我亦能擅彼之長深入吾地，客主之勢已屬懸絶。事理詳盡，可爲言事之式，不讓左雄奏議。下游截住江口，彼無出路，何患其氣不餒耶。

矧中邦之民，良莠亦不齊矣。近年來，會匪、教匪蔓延東南數省，游勇鹽梟不知法紀，此輩易於嘯聚，倘有衅端，外夷更從而勾結之，肘腋變生，何堪設想。長江有兵輪，則外侮内患兩事均資得力，籌江者蓋於此加之意乎！

剴切平易，得名臣劄奏遺恉。

裁驛費以養電綫議

王懋官

電學之在今日不可不亟講矣，泰西以電綫傳報，瞬息千里，神妙難言，其名爲千里信者，亦若中國驛站之千里馬也，而迅速實百倍之。

查電報之興，肇於道光十七年，今又創立新法，用以濟郵傳、通文誥，士夫之利也，商旅之便也。而向日我王大臣，通行其法於各省，時論猶非之者，大抵謂既有驛站，復置電線，以爲縻費實甚耳，而不知驛遞之役有官坐、緊差、小差、散差、包馬之不一，復有總理兵房、馬牌、牧夫、送差、打探、獸醫之各執事，或州縣兼理，或設丞專司。水之船隻、陸之夫馬廪糧工料存項支銷，隨地丁奉報，歲費帑金若干。至於額外之差，有上司之紙牌，有鄰封之協濟，倒斃必令買補，復有買馬糧。僉是以地當孔道，皇華星使，南北其轅，旁午軍書，輪蹏莫息，朝爲之舂而夕之舍者，無停晷也。雖民不苦槽頭之役，吏不病供億之艱，第情事相因，積久生蠹，三病五弊可析陳焉。

軍興之後，羽檄紛馳，節鎮之徵調，邊屯之差遣，致餐授館，額費難支，勢必請增大部，歲耗有加，則病在國。析劈利害，櫽括無遺權差大帥，喜怒不常，有司送迎，疲於奔命，則病在官。驛中浮費，僉派民間，朘削脂膏，羸憊實甚，則病在民。而且玩卒巧避支吾，有越站之弊。差使營私圖便，有枉道之弊。州縣誤於應付，有濫費之弊。猾吏長塾開除，有朦混之弊。驛員請紳勸輸，有假公之弊。驛政之斁于斯極矣。此因時制宜，籌策難已。

所謂救弊補偏，必汲汲于電線也。且夫電線之法，兩端有表，中置活樞鍼指字母，以次查檢，即得至簡也。報事先策機關，使彼知覺至便也。線用鐵絲，一秒内能行二萬里，銅絲則行二十八萬里，其傳報又至速也。達信遠方，時日應節，絶無蹉跌之慮，又至一而至妥也。今必概撤驛站以廣興電線，人將詆夏變於夷，且經營之初爲款鉅萬，亦幾有耗材病國之嫌。

然則電線其不可代驛遞乎？非也。曰首在審電線之宜，終在廣電線之利。審宜奈何？驛傳有衝有僻，衝則謂之驛站，事煩可不必言。僻則謂之里甲，馬僅以供本邑之馳遞。遞馬不過數匹，一邑不過數程，事簡費省，僻地若設電線，經費不資，後難接濟，終致廢弛,不如仍驛遞之舊之爲安也。衝要之區,則悉裁併驛費以置電線。設立胥準西法,水陸自可並行。無論州縣之文書,官寮之齎奏,悉由電線傳報。即商賈之信息,士庶之文書,廉其價資代爲寄遞,人將樂其直之薄而達之速也。則傳報廣而取資多,積年之殘剥可修,未置之曠地可補,一勞永逸,利賴無窮。

廣利奈何?近日各國通商以造鐵路爲急務,而輪船公信局所在皆有,蓋與電線相輔而行者也。電線既舉,尤必設立三者以爲府利之樞,至於創造之費,必須商股、官帑、洋債始能集事。且西國具有成法,竭力成功,並行不悖。有電線信局以通,物價之低昂,則貨可居奇而商易集。有火車、輪船以便運載之來往,則省功省費而商樂從,源源而來,照例納税。聯絡盡善,即以收電線之功也,而其利於以廣。

雖然,董事之員,尤必戒用西人也。邇來西國專上格致,置博文、文華諸書院,日以西學教導華人,則精通其藝者不少。電線既立,必須厚厥俸金用,使專職其事,庶機密無洩漏之虞。華夷免喧豗之誚,化裁通變,其可滌驛站之弊乎,抑利國之一端也。是在識練才高者舉而行之可矣。

事覈文潔,非素究電學、郵政諸書不能如此洞達。

前　題

魯家璧

國朝驛法,詳兵部郵政,事雖微,繫甚鉅也。自近年電線出,其神速有較驛報萬萬者。雖事勢常變,行否難拘,但見目前計之,二者兼權,有不如裁驛費以養電線者,計利有八,請縷陳焉。

一曰迅傳遞以應機宜。帝王平治天下,撫之在道,應之尤在機,呼吸之間,否泰萬里,不可不慎也。況自古疆域之闊無若本朝,内撫中外,外綏各國。若西北等處至京,一萬四千四百里奇,民情吏治,有健馬不能遽聞者。此當裁驛以養電者一也。

二曰省郵符以免勘驗。本朝驛法,視道塗遠近衝僻,適中設驛,總以司道,掌以州縣官及驛丞等官。凡郵符必先勘合火牌、編號、鈐印、書奉使所由,而後驗符以應其防詐僞、察逗遛,煩苦奚似者。若電線,一刻千里,此發彼收,無沿途關防之擾。此當裁驛以養電者二也。

三曰通水陸以節舟車。定制,除驛夫外,陸有驛馬、驛車,水有驛船,用於江蘇、安徽、浙江、湖北、湖南、四川、廣東、廣西等處,計其山川之險,風雨之勞,有悉數難終者,而電線均無慮此。此當裁驛以養電者三也。

四曰減丁役以汰閒冗。定制,陸驛,供芻牧奔走之役;水驛,供舟楫牽挽之役。視事繁簡,上下其食法至密也。若以電線計之,雖不無官弁省視之勞,然沿途上下百里數人,較之置驛丞、設驛夫,有不以彼易此者。此當裁驛以養電者四也。

五曰省芻牧以革捏報。定制,陸驛驛夫,時其牧芻飼秣失宜,論如法。若電線,一夫事耳。既無飼秣之勞,又無捏報之妄,二者合較,繁簡天淵。此當裁驛以養電者五也。

六曰便稽查以杜冒濫。今日驛法,按地衝僻、區馬多寡,驛船、驛車亦如之。然積久弊生,不無冒濫,即大憲飛符嚴核,承委各員,非無奉行故事卧符不前者,上以實求,下以名應,言之慨然。若電線共見共聞,無事稽查,冒濫者自革。此當裁驛以養電者六也。綜覈名實,治今日之天下,無先於此。

七曰節浮費以裕國帑。歲入銀米供給軍國,豈校區區。然今日疆域周回萬里,沿途驛費分少合多。兵興以來,繁費無等。雍正六年,一奉裁減驛馬之令。咸豐七年,再奉津貼驛站之令,州縣報銷驛費,究有不盡、不實者,與其飽無窮之壑,曷若補有用之需。此當裁驛以養電者七也。

八曰省科派以安閭閻。今日驛法,陸驛、水驛供用不敷,乃募於民,計里授直,法良意善,超越漢唐,但應用各項芻茭,取之環城民户,捕甲不肖,間肆浮收,驛費酌裁,不獨各驛無濫支、濫給之虞。即編氓無予取、予求之擾。此當裁驛以養電者八也。

雖然,驛費誠當裁,亦有不可裁之地;電線誠當行,亦有不能行之時。當事者誠於因地制宜之時,寓長治久安之道,則收電之利,即革驛之弊,謂非當今要務哉。

洞括利病,有功電政之文。

前　題

王茂桓

嘗聞行天莫如龍,行地莫如馬。驛郵飛遞,自古爲然。故朝廷不惜重費,限以定制,每大驛多至五六十馬,雖小驛,亦不下五六馬。每馬計銀八兩,每年存七補三,而外尤有夫費麸草費。以甘肅一省考之,每歲約需銀二十四萬七千餘兩,雖亂定後,經左相裁抑,然亦需費十餘萬,而他省概可想焉。合天下而計之,其費可謂鉅矣。然自電線一設,而鉅費者又屬虛費也。陸線之設,肇自辛巳,逮今十年,人咸稱便。飛傳靈捷,從古未有。海防邊警,實賴速機;商賈轉輸,亦資急報。

裨益固廣而弊病亦多,何者?官督商辦,勢難持久。權操在商,居奇取昂,行停無制,一也。字母暗度,更换由彼,國無定式,不能示信,二也。官民一體,機密易露,即無旁泄,國體不尊,三也。長篇累牘,印信文書,不便傳走,四也。或逢事故,兵戈阻梗,或遇奸人,昏夜撓斷,倉猝之間,此修彼壞,恐多狼顧,五也。有此五患,而用之實難,則莫若裁驛費以養之之爲得也。

一曰裁一年之費專建水線而便軍機,朝廷與各省海防江防便水之處暗設水線,用精于電學之官以司之,專遞軍機密事,而字母亦復易焉,毋許商人同也。歲修之欵,取助陸線之電資,則國密有裨益矣。二曰裁次年之費,添各省郡縣鎮陸線而收利權。陸線設諸商,則利歸於商。不若另自一邑一城一鄉一會,節節密置,減價以取利。即於每歲坐支地丁項下隨處添設,則國富可以日增矣。三曰裁三年之費以添護兵,而增走足陸線之處,百竿置護兵二,人人重以俸。一人坐守其線,一人傳送不能電遞之公文。則明雖裁驛,而驛實在其中。裁驛不啻添驛矣。存此三年之費以立萬年之基,就地變置,責成郡守驛丞即以監驛者監線,而線自持久,費亦永裁。

水陸兼濟,公私交便,詎非有益無害之政哉?非然者宜養而不養,可裁而不裁,拘守官督商辦之法,而欲久久行之,吾未見其有獲也。

王戎爛爛若巖下電,眼光政自不凡。

湖北水利策

鍾鵬程

籌水利者,當先去水害。湖北之水害大較在襄安荆岳間,而浸淫及於武黄之境。武黄之受害,實由上流之阻遏太甚、發之過陡、消之不及所由氾濫也。然祇害及濱江之處。若江陵、監利、潛江、沔陽、荆門各州縣,築堤捍水,勢如建瓴,咫尺不堅,千里爲壑,其受害視武黄爲九酷。

欲除其害，其策之上者莫若順水之勢，疏通支河。江則導之使南，漢則導之使北。決去各路堤防，準其水之所至。凡潛、沔等處之形勢低下者，皆別遷其民，棄地予水，庶可免潰傷之患。本之賈讓，然千古不易之論，惜唐宋以來無能毅然行之者。然施之今日，決不可行。復思其次，其要有三：一曰疏穴口，一曰通湖瀦，一曰修枝堤。江陵舊有九穴十三口，今惟虎渡尚存，故江水暴漲，無路分瀉。若就南岸下流先疏五通口、調絃口，再疏宋穴、楊林市，與調絃合流。再上疏虎渡口、彌陀寺，復疏采穴口，與虎渡口合流，殺江之勢，導入洞庭。更疏北岸之便河、郝穴，令水從長湖了角廟合注。江流分則水當寬緩而無患。

至若漢水北岸，當疏鐵牛關、獅子口等處，使通鐵線溝、永隆河，以達天門縣城河，再由漢川縣溳口復與漢水合。又疏操家口，導其水出五通，則分水北注，其勢亦當稍緩。所謂疏穴口者，此也。江水以洞庭爲匯，更疏通各穴口，自不患無分洩之處。惟漢水之分洩，祇漢口一道，且寬不及半里，若遇暴漲，水勢甚陡，凡内江所築之堤，外江所泊之船，均不免受其害，當就其所經之處，如江邑之長湖、桑湖、紅馬、白鷺，天門之三台、大松，及潛、監、沔陽各湖，決去堤垸，導水入湖，使其瀦而復流，庶可稍紓其勢。所謂通湖瀦者，此也。水口既開，而内低於外，勢不免東西氾濫，當就疏河之土，兩岸築堤，而凡其地之濱湖瀦者，亦令各自爲垸，則分水以固外堤，不至引水以灌内地。所謂修支堤者，此也。

凡此所籌，蓄洩有方而障於上流者，既不至有潰塌之憂，即注於下流者，亦不至有泛溢之患。策水之利，其孰利於此哉？儻或棄此不務，而徒恃堤以與水爭，竊恐楚省之受害無窮矣。

檃括利害，精晰條流。吾楚荆州、安陸、漢陽、武昌、黄州諸郡縣，十年九澇，每歲例有緩徵數至十餘萬，逢災則奏蠲奏賑,耗帑不貲,則病在國。修築堤垸,家家有費,歲歲有捐,鼂成夕敗,勞役靡窮,北福南災,犴獄紛起,則病在民。故言湖北利害未有鉅於此者。昔漢賈讓治河三策,其上曰棄地予水。精理名言,千古莫易,惜今不能行。今語其可籌,一曰疏浚,二者堤防。嘗謂南條水患,當專責之江。今日淤田廣而江口日狹,煤泥多而江身日高。以東南全局言,宜合三江兩湖之力疏江。以湖北全省言,宜合荆、襄、安、漢、武、黄之力,先疏江,次疏漢,次疏支河,而開穴口通湖瀦亦其次也。至堤防之説,培薄增卑,無他繆巧,其要則在人不濫任、費不虚糜而已。然湖北治水官紳率支節補苴,未聞有切籌本計,如汪稼門諸人者。近見陳右銘《方伯牘稿·擬援江西成案簿》,收米穀釐金,創設水利局,參用官紳,專擇通究水利廉能耐勞者任之。蓋仿劉晏用士人法、胡文忠《籌辦湖南釐務例》也。鴻裁偉畫,不愧通儒,惜阻於事機,議未及行。今督部張南皮師所至,經綸軍國,百廢一新。當此而不克行,豈非江漢間億萬生靈之命乎?夫湖北天下腹也,安荆、武漢又湖北腹也。腹患飧泄而欲人之體力彊固康身富家不可得已。事關東南利害,坿陳數語以諗當世之談水利者。光緒壬辰春二月,周錫恩志於黄州經古書院。

團練宜修寨堡説

畢惠康

竊惟粤匪滋事以來,内外臣工,交相勉勵,以故臺匪漸清,西夷罷戰,家有安聚之休,户樂詩書之教。

邇來承平二十餘年矣,而武備之不得不講,團練寨堡之不得不修者,則以腹心之患尚未除也。西人窺伺非一朝夕,其志必將有爲。然彼所長者水戰，所恃者機巧。苟得將相協謀，一心破虜，勢易爲謀。惟哥老會匪黨羽徧天下，深爲可虞。其人半髮稔遺類，半係江湖詭異之人，而湘淮二軍遣散之舊部正復不少。戰鬬之事，彼所素習。山川險阻，彼所熟知。設一旦乘機突發，海内應者必多。疆臣惟恃緑營官兵、水陸防兵、駐防旗兵以爲剿賊之用，不知緑營官兵素不習戰，且多老弱，見敵必走。此一不可恃。陸有防兵，水有礮船，雖經久練，而太平日久，老勇無幾，新勇又係未臨陣之卒，所練之地僅平陽，所練之器僅刀矛，鎗礮且多虚額。此二不可恃。駐防旗兵雖向稱善戰，然近今營務廢弛，更不能藉以爲力。此三不可恃。即欲另募新勇，而應募者則其未發之黨也，是適足以資敵。此四不可恃。此他人所未見及，然弊極難防。

爲今之計，莫如趁其未發之時修團練、立寨堡。先須各直省督撫守令嚴行保甲之法，凡有城郭之處，必設一保甲局，或以耆紳董其事局。募健捕十餘人分路緝訪城門、宿店，盤詰綦嚴，賊黨蹤跡難秘，必有敗露。有挐獲者，但詰得其首領所在即立梟斬，陰遣幹捕往捕其首領而誅之，不必窮究根柢，株連多人，致激他變。每省必招募本省有室家之勇丁三五千人，擇熟知軍務者統其衆，仿照戚繼光編營伍法而變通之，教以各藝，務極其精，不必專習西洋器械，更不可專學西洋號令，庶賊不能窺我虚實。並嚴禁其與匪類往來，又申明利害，剴切曉諭鄉民無入匪黨。民遇水旱饑饉，官必善爲安置，無令出境，致劫搶他邑之富民釀成亂端。鄉民有因故聚衆鬬殺官，須平息其事，不得擅請發兵剿除，致其類得以入夥作亂。如此，則會匪無由而起。

至修寨堡，又必責成地方官親行鄉野，照會紳耆，團練壯丁，清查保甲，建立寨堡，使百姓自相保聚，併小村入大村，避平處就險處，深溝高壘，積穀繕兵。賊未發，則力田貿易，相安如常。而盤詰嚴密，一切詭秘之人不難挐獲。賊發，則運所積聚以入寨堡，據險死守，相與力持。民有所恃而無恐，自不至于逃亡。别調省中精兵，分派要地，牽制賊勢，不與争鋒，但尾其後，賊攻則救，賊退則追，使之進不得戰，退不得歸，糧盡勢窮，旬日之間，非潰則填溝壑矣。

然修寨堡之事，亦不大易也。其事必各直省設一局，於候補人員内，擇精明廉幹熟知軍務者數人居其中，講明利弊，議定章程，頒行各郡縣，飭其實心奉行。其寨長、堡長則聽鄉民自擇，官不必代爲派定。其監理各寨堡則仍請官酌派本地紳耆數人。每寨長、每堡長，官須給鈐記一顆，令其總一寨一堡之事，其一切軍器衣幟俱令自置。寨堡必互相救應，不得彼此觀望不前。有捕賊及斬得賊級者，送官驗明，官給重賞。有陣亡者，照身故例予恤。寨長、堡長有能出寨堡而大勝賊者，准照軍營立功例，賞給功牌。或有不願立寨堡而逃亡者，立懲其首一二人，必無不奉諭者。如此，則有城郭之地，既恃防兵之守援，又有寨堡之接應，任數十萬賊日往來于四境内，亦不過餓且死耳。

故行之利有八焉。鄉民相安日久，一聞警報即四散奔逃，民心疑懼，則千里無堅城矣。今堡寨林立，聲勢聯絡，民居既安，民志自定，父母妻子一家團聚，無流離死亡之患，並不慮賊逼脅陷于邪党，可以保全良民，潛消賊勢。其利一也。糧存堡寨之内，所餘村落店館皆空屋耳，賊即千里焚掠，無所得食。若攻圍堡寨，則壯丁自護身家，其守必力。又有鄰堡之救援、官兵之策應，其力必不能攻陷，狂奔十日，非潰而四散，即顛仆于溝壑之内。區區首惡，何難就擒。可以制奔竄之賊。其利二也。據城之賊不能不出城掠食，附近已無所掠，遠出則近城之堡寨皆得邀而擊之。其勢斷不敢出，坐困月餘，積糧既竭，終亦歸于死亡逃散而已，可以制負固之賊。其利三也。州縣之有鄉村，如樹之有枝葉。枝葉傷則本根無所庇，鄉村皆爲賊所蹂躪。其城郭之不亡者僅矣。今四面皆有堡寨障蔽擁護，賊必不敢徑犯城郭。有急則環而救之，如手足之捍頭目，賊將腹背受敵，況官兵之乘其後乎，可以保障州縣。其利四也。堡寨相距遠者數十里，近者十餘里。官兵經過，就近供支糧臺，可以不設官，無轉運之費，民無輸挽之勞。至文報往來，尤關緊要。堡寨之在大路者，即安設夫馬遞送，無須兵勇護之，可以省臺站之費，其利五也。此二事頗慮累民，宜慎行之。每省挑選精兵數千，賊合亦合，賊分亦分，牽制其後，使之不得攻陷城堡足矣。其餘各令歸伍，所省鹽糧猶小焉者也。兵少則差徭亦省，民受無窮之利，而營伍不至空虚，亦無慮再生他變。其利六也。守寨人夫不過有事獎賞費糧餉耳，無按月之鹽糧，無安家之銀兩，其費較招募鄉勇，何啻天淵，而愛護鄉里，朝夕相見，猶有古者守望相助之意。可以情法維繫，又不若鄉勇從征日久，習于凶暴，怯公戰而喜殺掠，釀爲將來無窮之隱憂。其利七也。保伍時相糾察，而堡寨之長又從而稽查之，則奸宄無所容。其桀驁不馴者亦慴而不敢肆，可以化莠民爲良民。其利八也。

然而愚民可與樂成，難與圖始，因循日下，畏難苟安。此説一出，必有謂迂腐難行者。夫治軍不患無法，特患無其人耳。然一鄉之中，智慮異人者固不多見，精明强幹者亦有一二。合一邑之才智會議而有古法具在，變通在人，未可謂武備爲難事也。夫修寨堡即所以安民，安民即所以除賊。民自保身家則不分官之力矣。官自保城池，則不必分力于民矣。此團練所必以修寨堡爲上策也。

恢恢能遠，洋洋不溢，令覽者有封狼居胥意。

前　題

王楚喬

江以南曰圩，江以北曰圍，皆寨也。無事爲屏藩，有事爲保障。自粤逆擾亂，無不修而行之，誠良法也。夫濠壘與團練相爲表裏，有團練而無濠壘，則烏合之良民何能抵鴟張之强寇。況老弱資糧無可寄頓，一聞賊信，避匿不暇，即勉强出隊，紀律未嫻，心膽俱怯。一旦潰散，資財火器俱爲所有，丁壯任其裹擄，房屋任其焚燒，其勢愈盛。賊見有團之處，恨入骨髓，姦淫屠戮，慘何可言，一蹶不振，相戒無敢言團練者，因而被脅入賊。冤哉！小民進亦死，退亦死，而團練之舉，竟以藉寇兵而齎盜糧，則不修寨之故矣。

修寨之法，即堅壁清野以平川楚教匪者也。修寨之利有十：門户易守，宵小不敢生心，一也。保甲易查，奸細無由溷迹，二也。警信雖聞，耕耘可不廢業，三也。人煙愈密，窮黎可以謀生，四也。賊來而芻糧無可就資，財無可掠，不戰自困，五也。賊來少則不難兜截，賊來多則不能停留，六也。聞賊信而出隊防堵，可擊則擊之，不可擊則退守寨中，互相救應，七也。老弱資糧在内可以饋餉接濟，出戰不需官糧，八也。寨既密，則牆内對擊，不待出隊，賊自不能犯境，九也。雖有失律之兵勇，不得妄行騷擾，十也。如此談兵，方非故紙所有。

而寨中必有空心礮台、礮洞，上下三層可以横擊，可以直擊，可以遠擊，可以十人輪替守一台而不勞，可以不避風雨寒凍而無苦，可以安鍋竈備茶水飲食而不困。計五十丈一礮台，不過十餘礮台共用，可靠者百餘人，已足守數里之寨。此本西人之法，向來所未有也。又於圍濠之外必有八字線溝者，所以攔賊之馬，使不得圈行，不得調隊，且愈行愈窄，一礮可斃數十賊，亦創自近年，爲向來所未有也。山寨不能開溝，當於寬平處作子牆，張兩翼，向外愈近愈窄，引賊入窄道礮可及處擊之。賊謂有線溝者爲有腿，有礮台者爲有翅，有礮洞者爲有眼，皆禁不敢前。

然則修寨堡遂有利無害乎？曰：有負嵎抗糧爲叛民，挾仇尋鬭爲亂民，其流弊至於以强淩弱，遂至不可控制。然此乃辦理之不善，非寨之過也。良民多而奸民少，愚民多而黠民少。其初受賊荼毒，皆思自衛。若地方官慎選紳耆，因勢利導，不爲礙沮，則權操自我，否則聽其自爲，成於憤激之情，遂成抗拒之勢。至於强寇成群，依山結寨，則又不在此數，何得例視。故地方若得良有司有寨之地，錢糧易爲催納，調度不用官餉。寨内偶有不逞之人，自有寨長密察嚴辦，只須官爲作主，彼各顧身家，誰肯徇縱。藉曰不然，彼聚眾鬧漕鬧糧者之所激，豈皆有寨而後至此乎？試思身家不保，糧從何出。數次遭賊之後，亦且窮極，而爲賊，豈惟抗糧尋鬭而已？故互相保衛即互相稽查之法，互相聯絡即互相控制之權。賈太傅所謂眾建而少其力，春秋所謂參國之一，中五之一，小九之一。古者所以有十室之邑也。

夫有寨之地未聞被害，偶一有之，皆築而未成，或勢太孤、力太弱，并無救援者耳。故必十餘里一寨，而後便於耕種，利於接應，即官兵所至皆可以應付口糧助聲威。賊之所至，各寨足以了之。

夫兩利相形則取其重，兩害相形則取其輕。明效彰彰在是矣。他如棄家而就山，則終爲盜所襲；竭資以賄賊，則終爲賊所脅。總不若築寨爲上策也。胡文忠公建碉卡，良法美意，今猶屹然。戰者，争天時；守者，争地利，而總在於人和。居今日而籌平賊之法，必自修寨堡始。

倉扁治疾，洞見癥結。

泰西以商耗中國，中國宜講商務説

鍾鵬程

泰西與中國通商，無一事不爲中國害。中國之棉布，利女紅者也，自洋布入而女紅病。中國之桐梓，利山農者也，自洋油出而山農病。中國之行旅，利傭船者也，自輪船行而傭船病。中國之器具，利百工者也，自洋器廣而百工病。蓋彼運思奇巧，趨利如鶩，凡有利於中國者，無不奪其權。中國雖稍獲税銀，而陰受其害者匪淺矣。今通商已久，遽欲閉關封海，其勢有所不能，而欲陰收其權，其要有六。

一，互市宜準也。查順治初年，與泰西貿易者，惟廈門一處，祇以貨易貨。今通商之局甚廣，皆得以銀錢交易，故洋貨之入口百倍於土貨之出口，而土貨之行於口内者，彼亦得轉販以取利。誠就天津、廣東、漢口、上海等處飭令各洋關，凡中外通商，仍祇以貨易貨，則所易平均，而銀錢不至有流出外洋之患。

一，任載宜别也。凡洋貨之入，祇准以輪船載之；土貨之出，祇准以民船載之。惟以貨易貨，已憑洋關給有印照者不在此例，則泰西之洋貨民船不至有私販之虞，中國之土貨輪船不至奪僦直之利。

一，洋物税宜重也。洋物多用機器，故費工較少，取價亦較廉，欲使洋物之價與土物平，舍加税别無良策。然通行已久，遽增其税，或不免别啟釁端，惟不加之於泰西任載之船，而加之於中國分銷之市。凡中國售洋貨者不准售土貨，計洋貨所售之多寡，酌收廛税以抑之，則洋貨之價自增而服用者自少矣。

一，土物税宜輕也。中國自軍興以來，設關太密，關吏掊克，百弊叢生，故商貨或遠至千里而納税之數幾浮於販貨之數，此土貨所以壅塞也。法宜視行銷之多寡以權關税之輕重，銷多者重之，銷少者輕之。至出於女紅而可以行於海外者，皆極輕其税。或販運出洋自售者，徑准豁免，則税不惟輕而且免矣。商自日集而行銷者盛，則興作者繁焉。惟茶、酒及煙土之税，則皆有重而無輕。蓋一以防奢，一以杜患。

一，土貨宜廣也。中國行於外洋者，惟絲、茶爲最先，宜飭下各州縣，凡可以種桑種茶之處，須躬自課督，家植桑若干樹，茶若干叢，著爲令。不如令者，罰其他如大黄、磁器等物。凡可以入洋者，皆課民廣爲儲蓄，則貨多而價廉，不畏洋人之自種桑、自植茶以撓我利權矣。出洋者多自可以入外洋之利。

一，錢法宜講也。凡收銅器、開銅礦，皆所以救錢法者，務當實力舉行。積銅既多，鑄錢自廣。商賈交易皆以官錢爲準，而輔之以銅。若洋錢皆嚴禁其用，不能禁則自鑄銀錢以奪其利，商務不患其不盛矣。然其要害則在朝廷設商務衙門，簡廉潔才幹之大臣專司中外通商之事，庶責任專而籌畫工，毋使官商分爲兩橛，至民窮財盡而國家瞢然不知其由，庶有豸耳。

至若清官税之弊，戢劫盜之風，此皆商政之所宜急講者，又不繫乎泰西之通商與否也。

披肝膽以獻主，飛文敏以濟辭。

黄岡夏仁壽校字

黄岡鍾鵬程覆校

卷四　詞章　賦

漢章帝詔選高材生受學賦

以扶進微學、尊廣道藝爲韻

夏仁壽

漢建初之間，右文稽古，尚禮崇儒。學士絃家而誦户，編氓擊壤而歌衢。然而諸經雖矗定夫編次，士林莫深究夫根株。況隱顯之術異，復繁略之形殊。或因陋而就寡，羌入主而出奴。秘乎萬物之槖，廓乎眾説之郛。離而去之者有矣，振而得之者誰乎？緊聖言之將泯，庸顛也而不扶。思得夫宏達英多之士，綰道籥而握言樞。

章帝迺下詔曰："朕惟膺騰擻波而濟水，不如乘舟之順也。衝崇涉田而致遠，未若遵途之迅也。粤自歷歲浸遥，元風不振，門户分而疑義興，奇衺起而大道擯，上奚以繼絶學於先師，下曷以開宏旨於後進。揭發本原，乃國手鎮神頭法。其命儒臣剔抉乎俗流，網羅乎英儁。士有飛聰馳明，握瑜懷瑾，傾學海之瀝液，漱秘苑之芳潤。尚推類而援朋，俾窮深而剖峻。"

群儒拜手稽首而進曰："臣聞書契之作，蹏迒所依，經聖靈之作述，闡文字之紛霏。祖龍一炬，流傳遂希。赫皇漢之興起，回文運之樞機。博士之所校理，寫官之所發揮，音盈耳而泠泠，文溢目而徽徽。士生其時，莫不緝言瓊秘，樹義芬菲。且臣聞羹黎晗糗者，難與知太牢之滋味。荷旃被毳者，未足論純綿之精微。今陛下欲嘉惠末學，蹈武前輝，其敢辭乎。昧道懵識，勿劈是而析非。

厥有高材生者，甄剛坯柔，流清漂濁。開文囿以翶翔，闢藝林而騰踔。或尊方格而推焆，或萃群言而斟汋，或横豎雜博而獨見其深，或揔攬羅絡而實求其確。磬先聖之奥苞，括雅故之辜較。

既繩循而準放，亦性擾而德擢。蔚矣豹變之文，習矣鳥飛之數。比絲之染，如梓之斲。渾渾乎，若金之受礪；琅琅乎，如玉之抱璞。偉英跱以俊邁，高卓躒乎握齱。洵足以補苴罅漏，張皇幽邈，與斯選也，孰不幸。讀秘閣之藏書，紹名山之孤學哉，於是始受學焉。麟鳳出類以騰躍，鴻鸞漸階而飛騫。馳風集雨，溢闕填門，居以金馬玉堂之晻曖，授以石渠天禄之講論。殺青簡以排纂，擁廣座而鈎援。詩藻詞而譎喻，書樹骨而選言。穀梁赤之所編修，騰褒裁貶；左丘明之所敍述，沿波討源。云云籍籍，本本原原。意由隱以之顯，殫批踵而抉跟。注攬諸家之俶詭，疏剔百氏之籬藩。伊緯候之必斥，見經術之宜尊。蓋莫不專祖構而罔越，揭大道以常存。其嚴家法也，慎側附之芟夷；其析疑義也，鳌豪芒以熿朗。其章分句斷也，則脈動筋摇而無所乖；其辭達理舉也，則文肆質孏而無所枉。理靡滯而不宣，意無幽而不昶。或參互以斠詮，載孯覃而想像，標省文與闕文，從下仿與後仿，讀如讀若以音正，當作當爲而字晃，引遠征旁，按深恢廣。羌茹海而納山，復匀銖而稱兩。紛哉萬象，勞矣千想。

背違者剪棄，疎繆者剔攘，踳駁者停聲，磝碻者廢響。炳炳焉，皇皇焉，是能廢曠古之顓蒙，變風氣而日上。不然，藏㔩遺書，挍無剩藁，落簡莫用。其勾稽觚篇，莫殫其摎討。拙目者未辨乎豐確，盲心者未規乎渾浩。信末誦之支離，忘聖學之溔灝。欲編積而章聯，終耳逆而心倒。故撇莩以單疏，致齵差以罷老。而帝乃辨章乎學術，宣明乎大道。收下方之異倫，闡先士之盛藻。人賢良而有征，經異同而必考。剬文飾袚，揮翰奮寶。雕羲鏤軒，輘媧轢皞。此所以掞方書之縝紛，承光誦之膠葛者也。"

頌曰：猗與，懿與，炎漢之世，侈侈斯文，葳蕤揚厲，武宣代興。繩繩繼繼，綿歷孝章，載續其緐，烝我髦士。質雅如晉宋間人。於焉觀藝，翹懃仰止，躊躇稽詣，醰粹洪㥯。深根固柢，作匿起幽，與聖合契。合契維何，克勉克勵，如瀾之匯，如石之礪。作之屏之，其僻其翳。剔之摘之，其訛其戾。無言不章，無義不劑。或發其凡，或起其例。漢學之功，沈博絶麗。遺光儵爚，著於後裔。四彼三王，六其五帝，於萬斯年，無有虧替。

張華博贍，蔡邕精雅，當與《文賦》後先。

青雲塔賦 以勢如湧出、孤高聳天爲韻

梅作芙

巋然起於江濱者，西陵之塔也。淩缽盂而建標，捃寶誌而爲礪。碝磩緻以奠基，琳瑨瑩以釦砌。綿蠻黮霸，瓌瑋壯麗。若陰若陽，若翔若滯。每偃蹇而上躋，猶驚眙而斜睇，洵足砥漢川之中流，據坤靈之寶勢。

在昔明季，經營厥初，天人占乎戊吉，形家相乎坤輿。迄我朝而大起，役鬼神而驅除，仿波羅之三獸，游摩竭之巨魚。鄰赤嶂以聳翠，互青云以盤虛。其高峻奥秘也，合古塔之八萬四千而莫如爾。乃迢嶢倜儻，嵬巍膠葟。修梁螭奔，飛柳鳥踴。罔識所屆，屹然上竦。汨磑磑而彩制，赫峨峨而青擁。星摘危樓，煙低卧壟。動滴瀝而雷殷，疑銀潢之泉湧。此段高峻乃塔之外形。若夫翳蔽退概，幽邃軋沕。寒如欲風，仰不見日。媿叫寱於洞房，跨娷娟於旋室。羌瓌譎而鴻紛，邈晻曖而麗密。目矆矆而精喪，心猥猥而慮失。此段奥秘乃塔之内制。竟磴道之九折，儼璧英之百出。攀絶頂以直上，極四顧以自娱。柳港聯芳以界道，柯山葱蒨以何衢。亭臨皋以沃蕩，樓涵暉以縈紆。千狀萬態，八維九隅。鈎錯矩成，青瑣銀鋪。此段登臨乃塔之光景。複疊交錯，磊砢相扶。華皜皜而競麗，紛鬱鬱其不孤。且夫浮圖章灼，梵刹嶰嶆。旃旜供養，舍利光韜。髭二莖而雲護，髮一

螺而風搔。此段陪襯乃塔之根因。雖見珍而取寵,究虚糜而枉勞。兹則主文星之吉曜,形卓筆之錙毫,植藝林之佛果,舉香國於儒曹。惟畢同而畢異,乃彌堅而彌高。獨其成壞昭昭,靈異種種,白氣非煙而異雲紅色,自頂而至踵。其飛人泖湖也,黎庶罹乎災祲。其作鎮黄郡也,此段靈應乃塔之關係。楩楠荷乎恩寵。含元氣之煙熅,陋菩提之擁腫。孰有云而不珍,是之取而特重。極天表而目遊,摛銘辭而肩聳。

銘曰:嵯峨捷業,危層巔兮。歊欻幽靄,捲宿煙兮。坻鄂鏘鏘,厥下褰兮。環玭琳琅,密石駢兮。軒翥高驤,星纚連兮。無量無縫,伏地徧兮。神之營之,萬億年兮。崛岉青雲,焕承天兮。

堅栗精奥,左太沖賦中張衡也。

前　題

帥培寅

三千界微,九點煙細。雉堞之旁,螺峰之際。月斧環脩,雲根低繫。走筆欲飛,卓錫小憩。淩空而山不敢高,倒影而水焉能逝。何拳石之纍纍,遽倚天而作勢。

有塔焉,仰依乾象,俯鎮坤輿,臨皋夢鶴,赤壁網魚。承天伊邇,安國相於,弓形闢地,劍氣淩虚。鵲起三霄之□,鱗排萬户之間。臺比金而奚似,柱植玉以何如。枕郭煙濃帶山嵐,重石暗苔痕基蹟。香龕古佛頭,圓山靈拳勇。玉女峰嬌,將軍樹腫。擬龕赭之波掀,似金焦之月湧。厥名青雲,高捧紅日。銀漢光連,赤城霞匹。雲母樹屏,雲君駐蹕。華蓋金枝,晶瑩玉質。徐步梯遥,飛昇路疾。漢皇隱處可求,武侯高卧不出。青煙乍直,青靄平鋪。林抽玉筍,架立珊瑚。蜃樓來往,鵠殿傳呼。顛風鈴語,冰雪神癯。誰謂美人腰細，祗怕筆公影孤。招雲霞而稱體，命翰墨以前驅。

登斯塔也，見夫水平波立，谷凹峰高。亭邊鶴舞，潭底龍豪。牙笏千山，帆檣萬艘。雅宜揮麈，爲想釣鼇。李杜光芒萬丈，孫曹事業一毛。蕉雪之王維拂素，梨雪則蘇軾抽毫。彼夫七寶莊嚴，四童供奉。摩竭紋深，菩提樹拱。舍利深函，浮圖孤聳。雖復瑪瑙赤嵌，玻璃雪擁。縱看花雨齊飛，終遜葵陽高捧。文章之草有根，旌節之花多種。臨江釃酒，倚柱分箋。尖韻重鬭，圓文一篇。已而波心鑄劍，杖杪飛煙。層樓十二，弱水幾千。雲裏闕城在望，雲中雞犬皆仙。此處三山福地，何人一柱擎天。

奇采孤情，戛戛獨造，可以高揖秋舫，頫睞覺生。

前　題并序

許　堃

青雲塔何爲而建也，曰興文也。其義本形家言，故亦名文峰塔云。間考志乘，塔初建在明萬曆二年，累七級，絶高，闢八門，署八卦，其上迭爲啟閉，順時也。洎萬曆三十六年圮，飛其五級入卯湖中。不數年，武黄諸州，以次罹於亂。然則是塔也，非徒曰壯觀游侈巨麗，抑亦有關於廢興也。即以形勢論，矗立雲表，蔚爲楚雄，可不謂偉觀也哉。黄故多儒雅，從未聞誌其蹟而藻繪之者，何也？謹本斯義以作賦曰：

覽形勝於鄂中，以黄州爲屏蔽。杳大江之東馳，浩煙波其無際。有塔飛來，崚嶒峻厲，挾全楚以爲雄，障洪濤而不逝。窿窿巨觀，屹屹其勢。登斯塔也，吞云蒙八九於其胸中，茫茫乎不可以道里計。有明萬曆之二載，用締造夫厥初，度基建象，背山蹦渠。鍊石泱漭之野，伐材忽荒之墟。公輸墨翟，運奇構虚。層扉岌其洞闢，疊𡴭粢以鱗舒。根倚坤軸，形規帝車。斗垂天而削似，虹貫水以圜如。閉户則陰翕，啟牖則陽嘘。蓋用以上規潢漢，下奠扶輿也。其規制則八門云開，七級星拱，亦砌亦垣，不楹不栱。署乾坤震巽坎離艮兑於其楣，納竹樹煙雲沙鳥風帆於其壟。岩嶺巃嵸，連軒岸竦。天網如縈，地絡交捧。是以截夏口之濤飛，撼武昌而波湧。其體狀，則踞岱摧衡，薄月倚日。遥而望之，若天柱矗於崑崙。徐以睇之，若危峰插於太室。其突兀則立空之神虯，其峻拔則劃天之羲筆。屹嵂乎奇哉。險語破鬼膽。睇萬古而直視，藐三楚而孤出。近則掩西山之宏麗，降竹樓之嶔嶇。赤壁顧而卻侍，雪堂俛以旁趨。城闉隍堞，氣折形孤。遠則西塞陪隸，大别奚奴。鶴樓朝揖以西拱，晴川彌伏於南隅。幽燕老將，氣韻沈雄。北跨秦蜀，東傾吴越。迴海鵬，退雲鵠。礙稀有，側陽烏。崿崿兮，嵌嵌兮，帶永安而襟鉢盂。

已爾其風物變幻，煙華冶陶。旋瞬晴曀，振衣翔翱。可以闢云路，可以驅海濤。摶扶摇兮九萬里，攜謝句而問天高。摘星捫斗，聽月吟毫。謫居吊古，遷宦寫騷。仙之人力兮駕鶴，客有過者乘鼇。斯則登臨之勝，概流覽之最豪者矣。毋曰觀游嶽，扶川擁原，其成毁廢興，迺武黄州郡所倚爲輕重者也。繄萬曆三十有六年，欻傾欹而成隴，化神蛟於卯湖，失太華之修聳。塌影飛聲，鳥驚獸踴。龍螭聞而躍鳴，羲娥見而駴悚。無何妖星耀芒，欃槍霧壅。江黄震驚，湘鄂怖恐，城郭坵墟，應不旋踵。乃知其耿耿元精，感顥蒼而貫墟壟。舊觀既復，穹乎岉然。含青葱之佳氣，吐鬱嵂之祥煙。月波樓翼其右腋，定惠院踞其東偏。疑巨鼇之冠地，疑長劍之倚天，疑積石亙乎西北，矗不知氣象之幾千。勢拔五岳，瀾迴百川。與雷峰頡其險，與洪山埒其堅。鎮上游而永固兮，又何論乎歲年。

英詞高誼，獨步南州，阮孚誦郭景純詩，不覺形超神越。

前　題

劉　鵬

郡城之南，江遠無際。臨波矗影，干霄作勢。鎮地氣以鐘靈，蔚人文而名世。歷浩劫兮不傾，收寰中之佳麗。

有塔淩虚，鈴聲鏘如。青雲肇錫，鴻才願儲。映霞岫以的爍，射雪堂之清疏。三楚直視，萬年如初。或言火徵，懼召大恐。而豈其然，金堆水湧。威壓百邪，形受眾拱。黄江得斯，文瀾四踴。又疑形勝遠出湖湘，受吉何地無才。得時一律，翼軫星分。江黄玉茁萬里，遠心一握奇筆。圓亙地軸，直衝天衢。日觀遥射斗車，近扶一州斗大。七級浮屠，刺古月以無礙，立剛風而不孤。萍劍誰假，桐琴自操。世饒阮眼，儂愧潘毛。櫪下年暮，階前地高，顧青雲兮直上，聊白首兮空搔。

亂曰：望蜀非得隴，吟肩何由聳。咫尺入泬寥，前程羨餘勇。又曰：散紙上之風煙，作霓裳之眾仙。棧入雲兮梯倚天，有鳥飛向絶頂還翩翩。

縮龍成寸，納海于盂。騰褒裁貶，萬古動魂，逸才也。

恭祝二旬聖壽賦 以得眾動天、美意延年爲韻

曹集蓉

粤稽邃古以來，神聖篤生，岐嶷淵默，華祝嵩呼，扇巍顯翼。三五六經載籍之傳，維風可識也。然各耄耋而隆，咸躋累世而息，未有英年盛烈如我皇上之德者。

蓋皇上兢兢業業十六載於兹矣，恩澤沕潏，旁魄四塞。古直從熟精選理得來是以開壽域於臨御之後，而甄陶各得。歲在攝提，嘉祥效貢。昭光振燿，休德總控。天子乃開明堂，敞虹棟，緊華芝，撫翠鳳。穆穆乎，皇皇乎。時維千秋之聖節焉。靈契合其葳蕤，神符紛其鴻洞。德胡遐而不揚，度無纖而不中。凡横目冒耏、延頸企踵者，於焉稽首而甚眾，由是群臣隆上壽之儀。

天閶巍峨，梧階萋菶。八部龠夷，萬方絣幪。青雲上紛，翠氣下滃。閌閬閬其寥廓，似紫宫之穹嵸。倐交錯而曼衍，若雲仙之紛總。進火棗與交梨，卻珠囊與丹湏。休嘉所凝，神武所董。上暢靈祇，下及蠕動。洪惟世祖肇造，鈞甄亦越。聖祖沖齡握乾，創二旬之盛典，騰茂實以開先。點竄二典，炳炳麟麟。迨穆宗而修舉，及我皇而紹傳，重熙累洽，慎由於前。雖唐侯弱冠以肇統，沖人繈褓以繼賢。揆厥所元，終都攸卒。然後知我朝蕃鳌曼羨，朱果聯綿。偉哉，聖明之式也！永足越古而承天。

且夫歌頌歡忭，上理也；湛恩厖鴻，盛軌也；尊崇隆重，孝思也；休祥週疊，繁祉也。往奮若之紀年，實聖母之福履。祝懿壽以凝禧，上徽稱而燕喜。是以汩作重書靈晟，並紀慈帷仙秩，則琅華之輦臨焉。

聖躬誕辰則壽，木之華美焉用。使五精會元，百靈遄至，集豐融晻靄之符，駢砰隱淵祥之異。導露犬紈牛於囿，藏甘泉玉醴於器。鏘龍絲鳳管於廷，策麒麟天馬於騎。翠葆金支，奇珍靈瑞。群賀聖壽，俶儻夥累。欽哉，祥符臻兹，可以識天子靈承之至意。然而天子猶穆然思、悠然慮焉，曰：惟天惟祖，所以付畀予者，凜乎其懼弗克肩益用。澄心清神，恩周德宣。疇宏鉅而不洽，罔纖微而或愆。頌不忘規，故曰賦爲古詩之流，宣下情而通諷諭也。其有上金鏡録書無逸篇者，靡不進瓊枝以香馥，搴薜荔以佩懸。披軒藹於靈囿，酌舜酒於經筵。仰道德之精粹兮，侔神明之綿延。

謹作頌曰：於昭聖皇，肅穆廣淵，終始永懷，勳華早全。於爍典禮，輝煌麗騈，觚稜靄瑞，奎緯聚躔。丹陵之宅，華渚之泉，吐景歊雲，貢嶽效川。祥風氤氲，甘雨涓涓。滋液滲漉，暢洽垓埏。天保既歌，宸修益虔。凝庥受祉，於萬斯年。

優文典策，氣含風雨之潤；勑戒恆誥，筆吐星漢之華，真燕許才也。

恭祝二旬聖壽賦 以得衆動天、美意延年爲韻

張壽之

皇帝御極之十有六年六月廿八日丙寅，虹撼瑞期，電流佳刻，慶雲千祥，華日五色。古直如史。紅海之南，黑沙之北，方趾圓顱，含靈抱識。咸拜手稽首而颺曰：

芒芒天地，嬰嬰兆億，於鑠我皇，恢聖清極。自毅皇中興以迄今二十年，四海永康，而皇帝能守祖宗之法。則二十年萬國和雍，而皇帝能令蠻夷之匍匐；二十年文運昌明，而皇帝有修會典之文德；二十年武功丕顯，而皇帝有勤鬼方之武力；二十年闢土開疆，而皇帝獲數千里之新域；二十年河變天災，而皇帝罄百萬金之賑。植種種殊功，淵淵聖臆，固宜封禪群峰，呼嵩萬國。滃泋浡譎，轉天綱而□地軸。

皇上乃命儒僚，抽銀毫，染丹墨，勖宣德與抒情，戒陳諛而貢飾，如岡如陵，如山如阜，以莫不增其禄其位其壽其名，總期必得。群臣跪而稱曰：

臣聞孝可格天，誠能入夢。撤簾而聖母康，含飴而文孫弄。寢門鳴雞，安宫起鳳。闢寶海與瑶山，雕金鼇與玉蝀。愛日春長，慈雲

風送。花隱閣而香濃，雪迎波而霧凍。鳳管晨調，鸞笙夜呀。三品金呈，九州錫貢。祖訓繩循，宗規射中。二十年於兹，惟聖人之孝足以錫齡而孚眾。

爾乃海舶東來，輪舟西滃。短髮趨蹌，洞胸倥偬。獸舞鳳儀，金刀玉琫。綠海歸朝，紅洋鑿空。五洲齊驅，百貨是總。翊猻趁趯，雍容帡幪。二十年於兹，惟聖人之仁足以控八維而宰群動。雍容揄揚，潤色鴻業。圜橋講義，璧水招賢，經談虎觀，筆舞龍筵。光騰萬丈，學滙百川。四庫之側，六館之前，潢牒梨棗，統志丹鉛。鼓文散見，鼎篆重鐫。會典觥觥，九垓八埏。二十年於兹，惟聖人之文德其悠久高明也，可以儷厚地而配皇天。

當其路易噓沙，巴黎嘯水，鐵甲飄飛，金戈帳起。覬覦南越，窺竊海洱。蚩旌矗空，鯨波聳峙。轟轟猋猋，霜青電紫，風馳浪驟，不知幾千萬里。皇上動天威、宣玉旨，蜺旆雲旗，桃弧棘矢。七萃六校之剽悍，彪炳乎椰峨之間。千乘萬騎之猤綏，森布乎溟滓之涘。彪炳睦離，似韓碑柳雅。八溟震慴，四裔畏死。二十年於兹，惟聖人之武功足以錫三靈而收五美。伊犁開疆，臺灣拓地，社番靡孑遺，回紇無種類。天山書功，澎湖記異。銅柱嶙峋，石碑贔屭。南馳北突，東螭西刺。萬有餘里，安尉置吏。郡立縣成，文韜武備。此千古未有之奇功而獨爲熙朝所樂利。二十年於兹，惟聖人之開疆可以迓遐齡而答天意。胡爲乎馮夷作厲，天吴禍連。溟漭渺湎，汗汗沺沺。懷襄杳霧，鬱律如煙。皇上駕檦趨楯，下付沉楗。塞層潭府，鎖靈湖淵。倉開紅粟，地擲金錢。賑週徧野，粱解倒縣。二十年於兹，惟聖人之治河足以統福祐而慶綿延。且夫三皇之年萬有八千，炎帝黄帝百餘歲焉。雅質似漢晉文。胡爲我后弱冠，聲傳不知。孝純仁備，德大功全。

小臣不敏，珥筆抽妍。請爲頌詩，恭呈簡篇。其辭曰：

於爍聖壽，仁孝斯緣。文倬雲漢，武讋垓埏。坤媪納疆，河伯解權。皇皇穆穆，無黨無偏。普天率土，軒饔蹁躚。景風祥雨，東陌西阡。如日如月，乾轉坤旋。不貳不遷，不崩不騫。萬物嬰攘，春臺聯翩。虎拜稽首，天子萬年。

封勒帝勳，對揚天休，雲譎波詭之才，地負海涵之度。

團扇賦

山長擬作　周錫恩

紫葛巘邊，黄蘆篁右。謝傅談初，王珉歌後。翦重綺兮初成，捧九華兮上壽。壓錢氏之金花，卻石家之雲母。風泠泠其滿懷，月團團而在手。爾其良工精慧，巧製玲瓏；膚削湘筠，骨裁海椶。琢象牙以作柄，揉雞木以爲弓。龜文之錦三尺，鵝溪之絹一筒。圜容學璧，鏡影方銅。周規四接，直柱中通。雪紋鋪素，花格鐫紅。白紵團圝之曲，黄羅美滿之風。舊買蘇台，新懸燕肆。彩楮糊匡，明珠繫墜。一水一石之畫，半草半真之字。新舊詩詞，淺深印記。鸞寫秦娥，雀頒吴吏。插董偃之圍屏，入南平之篋笥。

當夫霉雨歇火，雲燒瓜盤，撤茗椀，調輕紈，徐動薄翣，孤摇悠揚，醞藉翕習。飄蕭剛停，又拂乍響。還寥狎狎獵獵，調調刁刁。帶窗竹之夜響，助庭槐之午飆。漢宫早秋，佳人白頭。背鐙揚腕，倚案障愁。舞帕同握，香囊共收。迴憶捉蝶，瓊苑撲螢。玉樓五明，月照六角。風兜衫摇響，亂釧動聲悠。手垂垂而入晝，影脈脈其無儔。消夏新灣，招涼舊館。公子冰甌，人才雪盌。白練裙單，紫蕉衫短。題八字於湘東，仿七輪於丁緩。揮細雨以登高，障斜陽而訪伴。皎皎潔潔，不夜何月。習習蓬蓬，不秋何風。暗噓人籟，巧奪天工。笑桃枝之纖麗，薄葵葉之粗雄。較風回兮淡雅，比摺疊兮圓通。

歌曰：娟娟天上月，摇摇手中扇。扇月各團圓，君妾長相見。

又歌曰：天上月不可缺，手中扇不可裂。月光扇影兩曈曨，長伴君王住漢宫，漢宫萬古不秋風。

壯夫無雕蟲之悔，當爲子雲所訶矣。庚寅秋七月，錫恩記于黄州汪氏逸園。

當與曹子建、傅休弈兩賦並傳。鄧琛拜讀。

前　題

童樹棠

若華欲暝，桂苑行開。著羅衫而釧響，臨水殿而風來。裊裊輕糚，團團小扇。粉絮當胸，梅香吹面。安鳳凰之雙飛，貼芙蓉之一片。量霜度雪，削縞裁紈。回身玉鏡，垂手珠闌。八字寫生，王維畫稿所不到。倚匼匝之蘭房，款僒停之蓮步。姑射之冰肌無汗，姮娥之菱花暗度。璧月常自滿，三五光恒盈。未央宫中旡暫缺，長樂殿里相隨生。晚糚新，微風發。持此合君歡，恩情莫休歇。

簡貴。

前　題

劉　鵬

有象如月，非秋自風。熱客汗下，涼友冰融。八字鑄鐵，不減李程德動天鑒二語。得氣嚴冷，爲體圓通。若寒來而暑往，羌規外而矩中。夫以赫赫炎曦，團扇自持，掃愁無帚。伸足則箕，鈎曲簾捲。枰方局移，惡圓存性。因熱感時，晉塵揮罷，齊紈用宜。其或心憂棄捐，面帶顴頷。蒲乃爲鞭,竹空有笥。將毋風弱難禁,日高自對,疇忘冷煖之時,或昧方圓之器。

他若障顔恐污,揮手忘言。木葉書壁,冰絲入門。清壯之音,鏘金戛石。徐幹作賦而規體,江淹唫詩而取魂。或緣矜氣,或抱夙根。時用未當,故事徒存。至於象牙過侈,鷺羽非常。青瑣雲母,白塗雪香。豈如蕉葉捲雨,葵心傾陽。形原異摺,麴不名方。隨手作畫,比珠招涼。水館花摇,風亭錦簇。清光對娥,圓頂呼禿。彼六角之嶄然,非衆手之所掬。惟協時宜,適召和氣。盤奚以新,珪奚以貴。體圓者法天,面平者儷地。果能運掌以成功,又何炙手之可畏也哉?

深心託毫素,其孤情戛戛如子墍聞箏,輒唤奈何。

前　題

梅作芙

九華文結,有篔簹之竹竿焉。十毛彩制,有翬翟之羽翰焉。若乃疊疊花紋,純純素紈,手引秋早,情隨興闌。玉屏拒熱,羅衣怯單。雖衆珍之在御,惟兹扇之合乎歡。

爾乃雲影金泥,香迎玉柄。蘋末輪輕,荷華儗浄。燦雪光以表潔,懍冰心以明性。范蔚宗體大思精。規九重之圜則,橅三五之寶鏡。疑變幻於上清,儼服圓而心正。則有西子姁媮,班姬容與。珠莫招涼,犀難避暑。汗漬粉兮紅潮生,腕摇風兮翠袖舉。忽掩面以横波,佯蔽塵而偷語。怪仙筆之畫工,繪秦宫之婉女。嬌乘鸞兮入霧,壻乘龍兮何許。想蹇修之拗當,甘寂寥以終處。

乃歌曰:女爲悦己容,物爲異人奉。欣逢炎熱初,感泣恩情重。

又歌曰:效用苟得所,翩然飛轉蓬。去酷吏之溽暑,揚仁人之惠風。歌喉歇響，暮色低曛。松籟徐起，花顏若欣。合庾銘與徐賦，終莫册乎奇勳。更錫名曰涼友，留終古之芳芬。

圖物寫貌，瓌穎獨標。

前　題

曹集蓉

陳王游清暑之館，仲宣侍焉。於是緑陰帀地，紅日爍天，衆鳥停籟，群芳化煙。王乃御九華之寶扇，淩清飈而回旋。涼逾蘋末，清類碧漣。抽毫進牘，以命仲宣。

仲宣對曰："臣聞班姬之製齊紈，趙家之傳翠羽。畫秦女而容嬌，障長生而仙聚。造或圖禽，揮將偕麈。長信風回，章臺鶴舞。此皆往製，不足數也。臣請爲大王賦之。"

"爾其雲輕裂素，霧重裁�，生綃一幅，寶鏡重輪。蟬翼紋薄，鳳翎色匀。綴香玉兮碎戛，描鬱金兮綺新。繡芙蓉兮豔芳渚，薰蘭蕙兮颯珠塵。誇圓規與麗質，羌難得而備陳。則有嬌歌鄭女，妙舞陳娥。紅潮粉漬，碧玉煙和。卻扇一顧，豔睇回波。反手兜釧，低身掃螺。九光遮而翠袖舉，百綺拂而朱顏酡。灑涼襟兮舒皓腕，散紫煙兮縈新娥。當夫金烏斜光，新蟾窺影，皎如雲母，素質清耿。風亭逐蝶，鍼樓撲螢。簇如金翠，彩光瓏玲。蓮浦拂花，錦舟映水。蕩如海珠，寒襲羅綺。佯掩妾面，五光褏裛，六色陸離。輕颺郎衣。嬌如合歡，情鍾蘭帷。

既乃酷暑徂夏，商飈送秋。羅紈欲謝，篋笥輕投。香雪光散，金花影收。流蘇零兮金閣，翠管急兮綺樓。素顏凋兮會悲，玉柄懸兮赴愁。故愛極則遷，恩深難測。歡不可過，樂不可極。"

乃歌曰：團扇明月光，恩情此中結。願與月光滿，勿隨月盈缺。

又歌曰:感美人兮惜芳時,撫華箑兮銘素辭。佳期倘可還,清風慰我思。

陳王曰:"善。"引置上坐,羞璧命酌,敬佩玉音,永珍金薄。

景純豔逸,足冠中興。

前　題

范曾綬

明月一團,光摇晝寒。霜飛魯縞,星耀齊紈。霞斂紫金之釧,風生白玉之盤。正宜涼而迎面,爲卻暑而披肝。花落相逢,瓜期尚早。入懷而圓轉如意,倚袖而團團在抱。絶圭角之不形,似玉顔之未老。

那計愁來,涼露蕭哀。班姬之情惆悵,秦女之影徘徊。珠脱手而有恨,珪盈魄而相猜。則見避暑宫中,延秋館裏。天緑展蕉,池碧沉李。爽挹冰甌,圓臨棐几。簟溜亮而親人,竹圓通而呼士。夢中之霜落不驚,座上之風流可喜。亦復清迎故人,淡對知己。霽月承顔,仁風繞指。卻招涼之寶珠,陋觸熱之驕子。皓腕玲瓏,舞袖回風。停璇閨之刀尺,罷繡閣之香絨。倚袖而問卿何似,披襟而憐子相同。綰郎情兮若素,障妾面兮羞紅。莫唱刀環而望月,且摩鏡聽而持銅。織女機絲之意,美人篋笥之衷。風流藴藉。無何半臂寒添,纖眉瘦削。嬾撲流螢,愁披妒鵲。梭擲日而停空,杼驚秋而滿壑。蒲葵之價不增,紈素之情漸薄。歡成畫餅之空,兆鮮夢鞋之託。惟餘冰雪鮮明,不任秋風剥落。

乃歌曰:一尺機中絲,合歡花下作。宛轉迎春風,涼飆何太惡。

又歌曰:秋云隴首飛欲狂,秋葉聲催秋扇藏。莫訝歡情太涼薄，但看妾有羅衣裳。

玉聲蘭色，秀出班行。

擬謝希逸《月賦》以白露暖空、素月流天爲韻

童樹棠

陳王不懌，西園宴客。感應劉之俱邁，動契闊於良夕。明月滿天，群宿俱白。乃召仲宣而進曰："清輝燭人，衣滿涼露，授簡吾子，爲我賦之。"仲宣跪而偁曰："佯色揣稱，是臣雅慕，恭奉明詔，敢弗宣布。"

"臣聞月與日環，陰爲陽對。羲和扶輦於瀛東，望舒稅鑾於宇內。體含坎水之清，功補若華之晦。朒朓警闕於虧虛，朏魄示沖於晻暖。伊敷陳之匪精，不過得其大概。

若乃風吹碧海，雲净璇穹。山悄悄而暮昏，水冥冥而夕同。於時月初出爛兮，若明珠剖蚌照天東。輝乍開而上地，華已嘘而在空。晃冰輪以徘徊，耀清質之圓融。及乎漏滴宵寒，天心朗步。吹九州而采騰，涵四溟而豔吐。於時月方中，晰兮若皎姬鏡臺開緑霧。宛山河之早霜，復庭階之積素。天垂水而無聲，地化銀而成路。至於桂樹將低，澄輝漸没。素娥情倦而含糊，玉兔睡酣而在窟。於時月將墮，寂兮若水仙，窈窕歸貝闕。耀餘景於西崗，抱珠光其未歇。自精靈之圓滿，看半天之斜月。若夫徙倚高樓，哀鴻響流；片月初對，一心已秋。君王乃婉孌昔人，徊徨故儔。瑶琴動軫，緑醑盈舟。引觸紛懷，舒發清謳。"

歌曰：明月兮悠悠，關山兮阻修。美人一去兮接無由，三五圓缺兮予心憂。

又歌曰：素月横兮光滿天，引哀樂兮相纏綿。芳酒行兮綺筵，

舒予懷兮娟娟。

王乃大悟，敬佩兹篇。勖哉，欽哉，享壽萬年。

淡不可收。

前　題

李鴻渚

何物天公一丸忽擲，大江流兮有聲，空山照兮無迹。珠凝何日之胎，玉瀉今宵之液。雄秀絶倫。輪滿因秋，光清墜陌。遠耶近耶，關河明白。

當夫雨霽遥天，煙停夕渡。羅薄薄兮云張，珠濺濺兮星布。雁哀江漢之瀨，木落洞庭之樹。秋老思多，天低日暮。瑶琴罷彈，旨酒停注。悲復悲兮黄昏，愁復愁兮遠路。捲珠簾以悵花，下玉階而怨露。時則院敞全昏，樓高半晦。燭卻金荷之足，人立銀燈之背。桂當檻而香來，菊傍籬而影退。天净仍沉，雲收尚礙。顧四座兮無歡，望高堂之曖曖。爛漫銀宫，突現山東。始徘徊於珠斗，繼彳亍於璇穹。盤爛疑雪，輪飛帶風。落日能替，群星不雄。照下土兮今夕，修上界兮誰功。寄情壯采，石破天驚。忘斯人之今古，長懸照於太空。况復涼露未停，荒煙四沍，蟋冷工吟，螢寒怕度。指斜漢以孤征，銜西風其未住。光以冷而彌瑩，花因涼而倍吐。隔千里兮望同，思經年兮今遇。仰玉宇與瓊樓，託深心於毫素。天何年而不秋，秋何年而無月。清透峨眉之頂，明到西江之窟。勢高寒而欲墮，光晶瑩其未歇。萬籟寂嘿，一輪秀越。潛虬夜驚，孤鵲宵發。觸秋思其紛來，訝清光之入骨。無限閒愁，當霄更稠。盼美人兮天末，託寶瑟兮道脩。山寂寂兮怨鶴，江沉沉兮睡鷗。填臆千種，横空一鈎。團圓妒汝，清高學秋。願年年之相見，祝浮雲其勿流。

歌曰：秋風起兮秋扇捐，秋雨急兮秋葉憐。更千齡兮萬歲，長寶鏡兮當天。

孔融卓卓，信含異氣。

前　題

曹集蓉

梁王游於忘憂之館，枚叔、鄒陽交侍前席，成《柳》《鶴》《文鹿》諸賦，而公孫乘獨夕焉。王乃淩綺云以巍睞，敞赬霞而翕闢。金塘湛其洒演，碧石森其磋積。俄而商飆清冷，宿霧離擨，霄漢澄澈，光吐蟾魄。於是授簡公孫，引爲上客。俾侔色而揣稱，務雕畫其明白。

公孫乘對曰："臣聞月爲陰宗，盈闕應度。前驅望舒，後逸顧兔。初濯魄於方壺，繼流精於瓊樹，更重輪以瑞呈，亦珥戴而影駐。驗階蓂而莢生，捧陰燧以津注。競晨凫以示捷，舞鵾雞而争騖。共萬里之清光，耿九秋之霜露。"

"爾其澄江浪平，碧漢星碎。暗蛩吟秋，征雁横塞。魚躍水而影驚，鳥棲枝而樹礙。簾晶瑩以垂珠，屏軨匝以歛黛。冒青楸之離披，增紅蘭之藻繢。桂延蘂而賞奇，菊散芳而寒耐。儲藴遠睇，盪矚近睞。岫容斐斐，村煙曖曖。則有客子薊北，思婦樓東。畫角殘曲，清砧晚風。莫不屑涕素幙，淒神碧桐。更有佳賞綺席、小山桂叢、羽觴飛白、朱華冒紅。亦復幽情紆軫，暮思轉蓬。露華結兮珠箔，涼颸迴兮玉櫳。蚖膏爐兮寥寥，蓮帳掩兮忽忽。極秋興兮萬緒，盼秋光兮遠空。

况乃菟園閒敞，碧山倚附，緑竹繚繞，清池盤互，璧月忽來，遷延顧慕。當夫朱霞夾輪，華星散布，燦兮若寶燭，絢耀交蘭炷。至於丹林迴映，翠鳥翔赴，爛兮若明珠，銜光照琨圃。蓋其景足以抗魄盪靈，怡神延祚，耀艷深華。方駕連軫，發揮道素也。君王乃謝晨游修清，謁步瑶階仰桂闕，麗人進曼歌，發芳温，往來便娟。欻忽涼生殿閣，清徹毛髮。玉盞瑩潔，冰絃疏越。助君子之光儀，紉蕙茝之苾勃。羌守禮以定志，稟貞亮而情竭。洵凱康兮樂環，庶永鑒乎明月。”

王曰：“善哉，子大夫之諷諭最優也。”爰命鄒、枚賡續唱酬以接末曲，無忘勝游。

鄒陽乃歌曰：眄天際兮懷好仇，託釵珮兮爲蹇脩。形婧服兮揚幽若，進陽阿兮發越謳。既延睇兮盼素魄，入蘭房兮薌澤柔。

歌畢，萬籟沉寂，風篁韻留，綺閣逾皎，銀雲不流。枚叔於是起而爲亂曰：月出皎兮當心而懸，緬靈修兮翩其來。前君有禮樂兮維雅以絃，我有衣裳兮既明且鮮。露未晞兮懽未渫，感佳期兮惜芳年。雅雅魚魚，如聽鈞天一闋。掩九華之明燈兮，添四照之紅蓮。陟流蘇之玉樓兮，設珍錯之瓊筵。駐流光於永夜兮，眷恩暉於遥天。

茂密若張景陽，蕭穆若顔光禄。

前　題

夏仁壽

漢成帝既幸甘泉，臨華閣以相羊，望遥漢而愉懌。於時露下天高，煙張日夕。野漠漠而霜鋪，庭閒閒而水積。俄傾月出焉，赫清景之紛敷，羌遺陰以旁射。

帝迺廠瑶軒，進詞客，爰授簡於黄門楊雄曰：“抽子瓊秘，傾子芳液，請侔色而揣稱，務圖畫其明白。”楊雄對曰：“臣聞代謝者陰陽，遞嬗者晝暮。緊陰精之晶澄，炯幽景以澈注。同盛衰於珠龜，赫超躍於顧兔。或三月而時成,或八日而光露,或流戊就巳而確具其徵,或蘇朔灰晦而不愆其數。纖阿於焉後隨,望舒爲之前驅。啖精而女狄感,竊藥而羿妻赴。天戴弭而騰嘉,人飛蓋而得句。然此第贊月之靈神,未足爲王述也。臣請更爲之賦。"

"其始也,影朣朧而漸華,景半散而遠逮。清風起途而泂幽,采霞扶輪而㜮䨴。乍燎爛於天門,旋皜耀於大塊。列宿避采以呵嗽,斗車韜輝而晻曖。爽律興云天並高,繁音共霞月同亮。炫晃列瑩,的皪延碎。其爲象也,如盤之捧,如鏡之對。埃壒歇而逾華,軒楹蔽而匪晦。隙納員而不虧,户入方而少礙。湛湛乎,渟渟乎,鑑毛髮而濯腑肺。爾乃澄池映水,高樓引風。聊浪乎桂殿,容與乎蘭宫。卷珠箔以通高,息銀燭以讓紅。陬玳筵而雜坐,開瑶禮以怡衷。映衣裳之楚楚,掩團扇以蒙蒙。美人妙舞而綽約,詞臣曼詠而玲瓏。曹部五絃迭弄,君王一曲方終。此王者之月也,庶人靡得而同焉。

若夫庶人之月,則赫戲乎窮巷之間,洸融乎孤村之路。塞上驚鴻,洲邊立鷺。羈雌啁哳於洞闥,幽蛬悲鳴於深圃。深雅之辭。螢的的而霄淪,烏飛飛而朝誤。葉醉林而列原,舟貼水而繫渡。影暗移花,䃂明約樹。潛蘆荻以䁃鮮,入冰雪而奪素。短笛吹以音長,疏砧咽而韻住。睇圓魄之遥陟,洵前身之可悟。莫不即景褰裹,神想目注。奈何偃玉繩而淒迷,催銀箭以倏忽。天雞躍其將呼,寒蟾頹其漸没。亭閣翳翳而既暝,江湖滔滔而就汩。炯殘星之熒熒,駭曉籟之發發,余景散曙光艴。望復望兮河之干,怨復怨兮山之崒。咨素曜之下馳,觸華思以難歇。況其三五已滿,二八又闕,盈極必虧,盛甚皆竭。行三百與六旬,閲今古惟一月。"

帝於是征伀,若失旁遑。中憂索諷説之妍愪,揚雅衷之盛謳,乃作而稱明月之歌。歌曰:攜歡侣兮招逸儔,援綺琴兮託淒幽。願掛長繩於青天兮,繫此朗月於西流。

餘音初歇,浩懷未休,命爲頌章,以紀斯游。雄再拜復作頌曰:

烱彼明月，翑澄天兮；霄光泱漭，澔洐肅穆，頗似淵雲。雪燭焆兮。魂生震始，魄巽鮮兮。穆穆剡剡，順長躔兮。旼旼富媪，消氛煙兮。周除連幄，紛豁然兮。睎若素圭，湛以員兮。聖皇作覩，炅八埏兮。側匿惕凶，朓引愆兮。祭之坎壇，肅祇虔兮。重輪遺曜，機象懸兮。今夕何夕，躬盛筵兮。小臣不佞，進末編兮。如月之恒，引遥年兮。

脱胎《風賦》，辭氣瓌逸，儀静體閑。

紅葉賦 以霜葉紅於二月花爲韻

童樹棠

空山秋曉，高樹晨涼。滿林宿暈，一尺朝陽。葉翻翻而未脱，紅摵摵以多光。最好前霄，數點梢頭之露；蚤知昨夜，十分地上之霜。昔之雨緑諸林，煙青萬葉，草輭山新，村横路接，垂垂之美蔭俱圓，朵朵之濃云半帖。如斯茂鬱，自呈深秀於迴環；那有蕭疏，思深調逸。只是葱蘢而複疊。時但有名花，並吐秀采相烘。繁華如海，光燄燒風。綺苑嬌酣之景，芳園爛漫之叢。正當豔豔之枝，開來絶麗；安有青青之樹，换出新紅。

倏秋心之醖釀，加暮氣之吹嘘。損山容而小瘦，醒石意而俱疏；退濃陰而欲半，藏慘緑以無餘。如何片葉林，藏霜都染到；絶似千花樹，好春則生於。展錦繡而俱明，著臙脂而薄媚。烘開樹底之苔，熱到林邊之寺。鋪來小澗，恰疑寒水都酣；吹落一山，都是西風帶醉。光添火齊之千，豔分花天之二。遥指峰深，中含秀窟。路轉鮮新，霞飛出没。雲疑暖而依梢，山欲然而照骨。仙乎仙乎，李供奉心肝五臟皆錦繡也。若使雨餘一望，垂曲徑之低虹；倘教夜裏相看，映空林之冷月。秋何心而點綴，樹何事而繁華。地飾邱園之槁，天開泉石之葩。

偶因樵者坐來，痕沾石磴不礙。奚童掃去，光徧山家。此所以驚心者方説婆娑之樹，而飽眼者當看富貴之花也。

高秀自成一家。

紅葉賦 以霜葉紅於二月花爲韻

夏仁壽

晨登崇岡，以望四方。十里五里，山鄉水鄉。蓊蓊藹靄，扈扈煌煌。神思蒼茫，似鮑明遠《蕪城》發端。仿佛兮絳雪之叢綴，流爛兮火樹之搌茫。朝垂慘緑，夕變乾黄。擢研姿以爛朗，知飽醉乎濃霜。於時稜森森以戟攢，錦碎碎而云疊。亂趨樹之黑雅，少飲香之黄蜨。林無杏而點唇，花異梨而暈頰。綴白英之芬芬，曳蒼莖之欇欇。

此中有人惜寫殘葉爾。其清颸吹野，涼雲在空。爛山果兮剥落，翻階藥兮玲瓏。風景。紺蓼之隊遥入，烏柏之叢暗通。嶺成堆而渲紫，門亂打而墜紅。兒科頭而掃砌，妻椎髻而聚蓬。攙濕薪之束束，燒午炊之濛濛。

至於冷雨初住，繁黔未舒。迢迢流水隨去，望望浮嵐盡疏。帽礙梢而墮霧，屐沾子而帶淤。塗將丹粉應是，畫就臙肢不如。瞰青松之百尺，掩醉客以相於。

若夫晴旭朝騫，采霞晨織。步射堂兮三五，倚畫欄兮十二。駭野燒兮耀芒，露酒旗兮識字。許渾裁客裹之詩，嚴武發江頭之思。摵摵烘門，熊熊繞寺。挈緋衣之一襲，詭明珠之萬類。又如殘陽下馳，浮埃漸歇。沿枝臏煙，匿樹留月。鳥叫野而流音，雁來徑而振翍。林間之漁火分明，木杪之疏星歘忽。夢共鐘沉，影懸石兀。題怨怨多，遣愁愁發。白草兮黄沙，焯爍兮稠花。橋彎月兮一座，屋零星兮數家。園則的的垂橘，水則蒼蒼灌葭。蘭受露以發采，桂吹風而吐華。蒼音激節，逼真古人。伊蕭蕭之感人，紛艴熾乎椏杈。地號珊瑚之海，客停玳瑁之車，能無對朱蕤之耀景，寫神思於高霞？

此陸士龍所謂清新相接者也。

白燕賦 以玉翦一雙高下飛爲韻

童樹棠

花重吹紅，簾輕卷緑。有白燕之飛飛，過珠闌之曲曲。拂短翅於朝霞，弄薄晴於初旭。漢宫人隨風化去，分明頭上之釵；燕國公入夢初生，一片懷中之玉。秀絶人寰。

爾其素影輕捎，芳心半展，栖玳瑁而衣新，坐海棠而身淺。頷不紫而春酣，裳疊霓而風輭。晴橋十里，和絮雪以齊飛；湘水一分，蹴銀鈎而半翦。曉鏡初開，玉樓人出。粉痕拭而添新，蒜影摇而照日。恰逢對舞，魂如秋水之清；不帶濃糚，語是東風之吉。花天之明白偏多，芳信之呢喃不一。時當薄暮，小雨臨窗。霧全低而影度，煙半直而身降。掠地而近遮雲母，尋巢而初上銀釭。淒迷杏葉之村，春纔過半；來往梨花之院，夢不離雙。正黄鶯之百囀，剛彩蝶之相遭。合睇冰綃之帳，宜飛白玉之搔。誰知金粉場中，照水而全空色相；莫是雪衣娘子讀經，而解脱蕭騷。背銜泥而地暖，襟帶縞而風高。來從海國之遥，宿有江雲之借。閒過芍藥之廳，點到荼蘼之架。下韻應押上聲，賦佳，未忍抑之。抱冰雪而心孤，醒繁華而夢化。

偶因惹染，得沾紅雨之光；自在風流，不愛烏衣之價。身輕則上掌初盈，裙好則留仙欲下。待得新秋問訊，故國將歸。帶霜華而暫去，和露氣而相違。看徧千紅之海，經過萬紫之圍。本來玉骨生成新羽，而因風雙展；記得瑶臺高處前身，而抱月孤飛。

冰肌雪膚，藐姑射之仙人。

白燕賦 以玉翦一雙高下飛爲韻

梅作芙丹雲

天河浩瀉差差緑，天女嬌貪春夜浴。誤墮人間燕子窠，羽衣一領明於玉。

爾乃金屋晝長，華胥夢淺，鍾藻質以浮曠，抱明心而俯俛。婉若彼姝，翩然其孌。粉薄妝輕，脂凝態輭。玉顔蓄媚以欲眠，銀海横波以流眄。倏出匣而飛釵，杳臨風而試翦。每當曙色初闌，陰氛漸密；霧結煙凝，村迷路失。迎柳絮以俱輕，蹴梨花而轉疾。遠而望之，若無毛質；徐而察之，若有群匹。極紛縟之莫辨，羌縞素以如一。朝迴鶩於邃域，夕浴影於清江。飛沙場而已倦，依故壘而未降。甲如荼以同澤，錦拂素以綢杠。色疑生於虛室，光欲耀於明窗。音上下以讙咋，翼左右而疊雙。襯意亦他手所同，而語特古澤。彼紅襟與紫頷兮，匝雲路以翔翱。復黄腰與黝翼兮，窮天步以嬉遨。一舉而莫知所止兮，群居而胥以自豪。兹則悟前身於明月，謝密綵於錦袍。海上之鷗結伴，雲中之鶴聯曹。雖遷延於遲暮，終顧視之清高。

洎乎泠逼高巢，涼侵大廈，洞庭始波，竹露如瀉。體金德而翩翾，疊霜毛而間雅。耿潔清以自持，陋珍縟之相假。故常作客於堂前，不復寄人之籬下。飄零軒兮去復歸，翔畫棟兮是耶非。主人清白尚如此，幾處疏簾莫誤飛。

聲英克彪，情韻不匱。

羅田王葆心校字

卷五上　詞章　賦

漢　賦 以四瀆之尊、漢居其一爲韻，謹序

童樹棠

南條大水，江執其瑁，裨以巨漢，遂争盤敦。考厥上源，《禹貢》晰矣。自班《志》所紀弗區其詞，紀《禹貢》：嶓冢山在西縣西，漢水所出。於氐道言，《禹貢》養水所出，東至武都爲漢。後儒疑誤，乖異正經。源養、源番，兩山鑿説。華陽巴漢，紕繆斯夥。兹篇所偁，確循舩載。正朝宗之定位，表荆國志宏瀾。蚤讀蕭《選》，廣川一海，河東一江。陳詞美富，鬱爲巨製。洪乎兹川，南坤效靈。弗有高藻，恧爲缺典。敢學前哲，著爲賦頌。雖大體相襲，而詞無多借云爾。

在昔大禹導瀁，番冢定位。東流武都、沮縣，瀾汗漢水斯記。上通關隴則長源鼎沸，下灌南紀則獰雷聒地。東有褒沔潋灩，震盪回旋；噴沫交會，絛流三四。氐道轟轟，杌隍駭悸。西有西漢奔赴，砰巖磕谷。頫注葭萌，歧派挺出。汎瀾溝瀆，束爲一川，響動萬族。

爾其長濤卷舒，後先參差，水童弥節，駕波倭遲。蹷猴徑踰狼潭，瀉鯨灘逕鱉池。安紆南東，魚鱗萃追。兩岸不溢，彭亨渺瀰。若乃大氣旁舉，洪猋坐吹。高厲孤湧，葩華紛披。樹爲斗峭，横爲廞巇。軍裝隱轔，建以素旗。萬蹏齊軼，千轂並馳。硠硠磕磕，礨石相擊，震虖四垂。氣厚骨雄，直與班揚角逐。覽者未可薄今古也。駭其天迴，藏魅吐魑。莽莽雲昏，翳虖巛祇。爾乃暴雨零晝，萬匡淵池，交練飛灑，配藜四施，斜谷群流，洶溢旁枝。洵河出鄠，太乙西移。眾壑陽陰，滂沱增奇。斯水大振，脇洞横潰，末流蕩隨。穿郧國，出蕭江，過均房而下襄城兮，閃重瀾其盱睢也。貫樊南，洞内方，轉大別

而會武昌兮，動蜀江其躞跜也。爾乃下瀉彭蠡，並江東之浮天湯湯，大海呈規，萬古朝宗，肅然尊卑。

爾乃探源索流，遐迴趨奔，道里三千，長驅朝昏。塗遠力大，灌輸無痕。曲折盤注，不可殫論。爾其水怪則有潛蛟鼓波，怒螭雄翻；猛鯨掉尾而刺天，勍鱷曝顋而迎暾。濁浪騰威於大兕，翠壁綴飲於元猿。潛潭竦躍而舞獺，洄淵高磨而橫黿。晴生陰動，雨吼風吞。湊集眾夥，游戲乎乾坤。其珍寶則有明珠抱孕，碧玉流温。神璽深夜而燭霄，銅鐘圻岸而雷掀。瑞蛤懷書而字奇，金剛吐篆而文尊。灘環白石以玓瓅，峭壘黃金以陽暄。儲精蓄英，光族餤屯。赫戲南天，鏡波不渾。

爾乃水患則秋夏暴灌，刷堤褒岸。襄荆呌嘯，天潛通貫。鱓龍夜唬，人獸昕竄。疇宮秔稻捏其内，鄂皇紀畺亜其半。孤子煢煢而酸鼻，寡婦流離而悽歎。悼竹箭之填閼，唏沙洋之中斷。篾戈斧之疏鑿，樹洪災虖巨漢。若乃下游萃精，扃鐍所居。夷貨萬方，雄富實儲。虎旅星營，河艫周阹。金湯宏謀，邦侯坐攄。爾乃以晴旭燭旦，乃以襄河之軍，耀觀武儀。大纛高厲，照爛江湄。礮尊雷闐，煙焱結離。駢船沸朝，揚棱指麾。

爾乃機器肇創，建局厜㕒。括羅法英，彈壓虯螭。製造中夏，冠精群夷。鐵道雙緪，炎軥電司。旱陸訇隱，鮫賑鱷窺。漢江一區，奇氣旁麗。走萬祀之譎異，兹一漏虖盛期。爾乃臨皋眇望，泳舟凫鷖，追翔鸕鷀。歌聲杳冥，發揚幽思。悼魏將之七軍，慨姬王之六師。美廬鈞之保障，盛張柬之堤基。歎蔡昭之繫荆，歸祝玉以涕洟；陋元凱之好譽，瞰千尺而沉碑。儀山公之酌尊，慕任子之綸絲，固大川之眾殊，每懷古而偁其。且其爲川，在昔强芊之時，迅雷鈴鈴，晝嘯霄吪。鄢郢奔注，蕩天浴日。瞭弗見霄，插空坌溢。據爲洪池，晝疆衛都，保守懔慄。召陵陳師，齊威以律。苞茅縮酒，大義昭詰。戈鋋屬雲，霸氣横軼。進觀洪濤，沆瀁汐潏。韜志而退，魄動弗謐。洪惟兹川，混江爲一。表楚望兮祀典秩，跨睢漳兮享芬苾，壯南國兮肆奔泆。撰爲兹篇，罔弗單述。

瓌文奥義，當與郭《江》、木《海》鼎足而三。

前　題

葉啟壽

客有泛槎自星河返者，渡漢津而異焉，探源宿海。問於漢濱主人曰："吾方溯乾綱，尋坎位，素渚停舠，絳河攬轡，見荆國之一源，配析津而爲二。疑銀灣之墮天，駭金水之凝地，願主人縷述其條流，而勿惜㝡陳之再四。"

主人曰："俞，請臚其目。粤稽嶓冢嶺、魯山麓、汎馬池、濫雞谷、激天輪、捩地軸，神后於是手隨刊，躬櫛沐，洋漾通喉，滄浪濯腹。洗丙穴於其濱，滌夏汭於其澳。吸灩呼褒，歆沮歕淯。潛遠相要，溜清可掬。首鮒嵎而水平，尾翼際而峰矗。率陽侯與馮夷，受齊盟而不瀆。"

"爾其順梁而下，由荆以騁。秦據以名其郡，楚因以濬其池。汩兮則有如向若，沕兮則不可泳思。草則擢南州而馥郁，樹則横北斗而參差；魚則有鰎、鰫、鱭、鯿、鰦、鮇、絮、魮之出没，鳥則有鴇、鶂、鶬、鴰、鳬、鷖、鴻、雁之喔咿。翔蜿蟠而戲蜃蛤，窟蛟鼉而宅龜蠵。殷殷隱隱，怪怪奇奇。萃萬壑之靈異，障百川而東之。曩者歲獻斯達，方物實繁。歷迢遥之萬頃，泝東西之二源。裝砥礪而浮彩，泛箘簬而劚根。燦兮載貢金之三品，爛兮陳織組之千純。杭其羽毛齒革，若禽翱而獸蹲也。舟其菁茅栝柏，若卉廡而木蕃也。

今則夏口之尾與江並尊，萬商霧集，百貨雲屯。高鼻深匡之國，紫髯碧眼之倫。沉詞怫鬱，感不絶心。鬻淫市怪，育子胎孫。稱其餘以究詰,羌不忍乎殫論。載訪遺蹤,遹巡斷岸。其上則峴山嵯峨,其下則晴川澔瀚,其中則廉讓風流,其間則炳靈英粲,其陽則諸姬受賜履之盟,其陰則鍾子(起)[期]聽琴之歎。如逢解珮之人,就染題襟之翰。抱甕兮勝跡猶留,濯纓兮歌聲未散。入江直貫於地中,與河上應乎天漢。"

客聞而歔,意似闕如,謂:"雖澤匯彭蠡,産配公魚,掎拔衡嶽,涵蓋滄渠。襄樊潤其波及,漳沔滋其瀝餘。然而炊飯人遠,持箱遇疏,雖織錦之可覯,孰支機其贈余。典重,題以清新出之,時見妍妙。若乃歷箕斗之次,觀女牛之墟,紅牆匼帀,碧户開舒。分明達曙,笑傲淩虚。渡雲間之鸞鶴,汎月裏之蟾蜍。既仰瞻乎天闕,更俯視乎尾閭。渺兹水之一勺,稱巨浸於坤輿。固塵俗所游泳,匪潛靈之隱居。"

主人曰:"噫,聆客之談,真所謂河漢而無涯也。夫津傳飲犢,稗史傳疑。橋喧駕鵲,詩人寓詞。惟在霄之堪指,又入夜而始窺。孰若鍊氣還質,辭尊處卑;懷珠吐媚,獻玉呈奇。流萬古而不盡,縈一帶而長垂。游女端而向化,老父隱之樂飢。内方樹惟砥柱,三澨過而委蛇。路匪窮乎舟楫,潮匪愆乎歲時。詎無聲而倬彼,徒有象以懸其。況今聖澤汪洋,太和充溢,程九萬以郵傳,泉十三而醴出。忱水伯兮同輸,職波臣兮争述。既信美哉之功,益徵廣矣之實。孰不采蘭意芳,尋梅興逸。升曉氣之亭臺,邕仁風於音律。"

客乃再拜而頌曰:"漢之水浡以潏兮,漢之人靈以質兮。南國永清寧以謐兮,天地昭回數各一兮。"

典切中獨具鮮玼之氣,前作雄厚,此作明俊,異曲同工。

擬《大言賦》《小言賦》

葉啟壽

漢武帝游於柏梁之臺，枚乘、司馬相如、東方朔侍。帝曰："昔者楚襄王之登陽雲也，宋玉獨以賦《大言》，超唐勒、景差而上坐。卿等有能爲宋玉者，亦如之。"

枚乘曰："束天爲冠，靸地爲履，適彼外方，宴於元始。滄溟其酒，會不一斗。瀛壺其匕，曾不盈指。"帝曰："巨矣，未也。"

司馬相如曰："飛天之龍及肩，載地之鼇繞膝。萬八千里寸膚，十二億年一日。"帝曰："偉矣，抑猶未也。"龍文之鼎，健筆獨扛。

東方朔曰："囊括六合，席卷八荒。左五帝，右三王，操是太極，開闔陰陽。窮元極會，樂且未央。"帝曰："善，進乎，二子之怪誕矣。"坐朔於上。東方朔既獲上坐，帝顧枚乘、司馬相如若不安者，曰："卿等再能爲《小言》，不必雲夢之田也，朕將賜以肉。"

是時，帝方好讒，朔跪而稱曰："臣且俟二子之割。"帝曰："若宋玉所述，可謂微之極矣。然遁於無跡，使言於朕前，曾不得肉，遑言雲夢之錫。"

枚乘曰："泛滴水爲江海，艤萬舟兮款乃。析飛塵爲崑崙，藏百靈兮億神。"帝曰："有是哉？"

司馬相如曰："珠一絲而化兆綸，分毫末兮繫千鈞。蝨半腦而登九鼎，烹餘瀝兮飽萬人。"帝曰："有是哉？"

朔曰："以臣所聞，又異於二子之云。臣嘗見絶蹤之蠅，其響朝騰，聲奪雷霆，滅影之螢，其光夜發，明揜日月矣。"帝悚然知其爲諫也，無與肉意。

朔又曰："天地之大，位於窈窈之忱；萬物之賾，育於纖纖之心。

陛下何不鑒未兆、察未形。”帝愁然，曰：“善。”朔乃拜賜以歸。藏須彌於芥子，乃佛家精旨微言，不意才人悟得，豈非快事。

看似尋常最奇崛，成如容易卻艱辛。

前　題 并序

王葆心

昔蘇易簡之擬《大言》也，以紀其草書之賜。近洪亮吉之擬《小言》也，以紀其西堂之游客。各有所適，以發其江湖廊廟之奇談。無蘇之異數與洪之妍詞，擬議之懷可以輟矣。顧《大言》之原，發於屈子《天問》。故其詞譎以奇、誕以博。後之《京》《都》《江》《海》，皆得其宏怪而爲之者也。《小言》之原，發於孫卿六篇，故其詞纖以諷、趣以詭。後之《短人》《鷦鷯》，亦竊其精巧而爲之者。是故原其所自始，沿其所自流，則馬卿《大人》之篇、傅咸《小語》之例，不難蹤及焉。狂簡不敏，以俟取裁，沂風慨然，亦行古之道云爾。

魏文帝游於南皮，爲銷夏之會。王、徐、應、劉諸子侍焉。於時馳騁六藉，揮霍百氏，彈棊娱心，哀筝順耳。帝猶未暢其奇也。王粲獨越次而進曰：“昔者，楚襄登陽雲之臺，俾宋玉爲《大言》，今適嘉會，彼可取而則也。”文帝曰：“諾，今有能爲《大言》者，將適南場北館，爲浮瓜沉李之戲。”諸子欣然，略一構思，即歷階而進。

劉楨曰：“張箕眼與炬目，閲萬古之雲煙。納百川與東海，怪此腹之便便。淩滄州而一眺，嘅宇宙兮虚船。”語奇思奥，勝樊宗師、徐文長輩專以僻澀取勝。應瑒曰：“鐵六州兮四十縣，鑄書生之老硯。入人世兮阻深，更鑄之以爲心。欲豎子之腸熱，請纍纍以推金。”徐幹曰：“視日月兮爝火，令百神兮見我。井爲鉞兮參作旗，鑿地射天無不可。”王粲曰：“有龍伯國之大人兮，震撼九州。戲弄造化兮，沉岱輿、員嶠於渾流。侣陰陽而友太極兮，萬八千年兮一秋。鶱昆王畏之而欲死，寧太虚浩浩所能收。"賦方半，帝稱善。孔融、陳琳、阮瑀方欲進詞。帝曰："復位，將有繼。"遂相與馳舟於清泉寒水，永日遨遊，浮瓜沉李。

魏文帝既畢南皮之游，乃申進諸子而語曰："白日西匿，繼以明月。天上有迭代，繄未歇矣。清風夜起，悲笳微吟，聲籟有續，音胡其喑矣。曩者，文舉、孔璋、元瑜欲賦《大言》，滯於游興，未暢其論，今更有能爲朕賦《小言》者，將並載以游後園。"

阮瑀曰："入蚊睫兮，與蚤鱗迴高空而無塵。馳驅希夷之内，遨遊毫末之鄰。拭離朱之百眼，罕察察而得真。"陳琳曰："來蟻穴以争戰，行萬國而未徧。得蠅髓以立邦，建無限之郡縣。猶恨宇合實靡窮，返蠓鬚而安其侯甸。"孔融曰："匰蟣腹而浮舟，浩乎若大海之探幽。聆蟭鼻之微嚏，震乎若巨響之撼山。邱身茫然而不知處所，乃驚耳眩目以夷猶。"諸子賦畢，文帝亦曰："以九層之危樓建於百分芒影之中，以八紘與九野繪於揚塵，莫見之飛蓬。象罔不能識，以咨杳冥，杳冥瞢然。時遁其形，化遊絲與鍼末，究無以翳其目精。"諸子皆曰："善。"

群振策以遨游後園，開芳樽而霄醮。

稽思清峻，阮旨遥深。

前　題

童樹棠

楚襄王登陽雲之台，宋玉、唐勒、景差侍。王曰："智綜萬物，精騖八表，辭辯所茂，萬古齊壽。諸大夫窮極儀響，才無所放，誰爲寡人大言者，賜白璧。"

唐勒進而稱曰："校士百萬，獵於中州，西秦扶輦，東齊導旍。舉員天以爲羅，莽雲風其迴周。開九乾之一角，灑怪物之血毛。獸窮鳥殫，回車而還。乃以大饗息乎昆侖之山。巛祇奉牲，泰壹旁觀。雷動海沸，停精失魂。"景差曰："將有大人，淩云縱虚。元氣爲輿，周轊九區。出乎元黄以外，拊造物之萌芽。揭日月以爲鐙，照兩儀之根株。歸乎廣莫，襄羊無形。唾爲雨，咳爲霆。蔑眎宇宙，一息千齡。"

宋玉不對，王曰："子若何矣？"玉曰："二子之言恢矣詭矣，何弗有矣。忽矣荒矣，尊無兩矣。然皆大其所大，非臣所謂大也。今有聖皇宰世，志舉四表，氣吞八荒，霜露所隊，罔敢弗來王。提挈河山，捆爲一家，使兩曜之下無二君，海外數千萬邦悉偁藩侯。德邁堯舜，業崇湯武。麒麟游于苑囿，鳳皇乳乎郊藪。寥寥短章，能包埽馬氏《封禪書》、杜氏《三大禮賦》。祥瑞麟萃，協氣上下，萬歲無兵革之患，黎民平澇旱之苦。告天成功，鴻名軼古。而猶兢兢馭朽，不息自强。保守休命，慄弗敢康。竭至精，求賢良；擁幼艾，懷萬方。固將享洪褫於垂拱，齊年壽於三皇。"

大言賦畢，宋玉得璧，王曰："寡人聞之，大包宇宙，纖析秋毫，天地變化，安所弗昭。鳳皇、鷦爵，並生之義也。制辭舒歛，哲人之宜也。大言賦既極偉奇矣，誰爲寡人小言者，永爲上客。"

唐勒曰："詞在假借，智者弗爲。臣所謂小，諸人未能過也。昔者，蠳蜺子與蠛蠓氏戰於芒忽之壁，士卒百萬，營陳彌天，擊杳冥之鼓，樹惝怳之旂。伏尸填山，流血成淵。察其追逐之區，紀其鬬争之年，后土不知其何方。大撓造甲子，不明其何辰。"荒辭恠旨，怵腎劌心。景差曰："製一塵之輕車，坐萬人而齊輪，點太虚之浮光，運眸子以無痕。"又曰："寸心之中，入乎虚元。所造天地，萬物生焉。有日與日，高山與川，何大不細，何細不全。"

詞未畢，宋玉曰："二子所稱，何關錙銖，且但知以小爲小，焉知以大爲小乎？提挈西秦如嬰孩，九州之地，浮蟻聚壘，一寸之筵，可驅風雷。”王大喜。玉曰：“未也。臣聞之：古昔聖王，勤求細微，富有四海，懼生禍胎。成湯大智，銘盤寡尤；姬武衣帶，訓辭昭垂。”摹《陰符》《六韜》，一字一縑。又曰：“一絲之滲，行成江河；一才之焰，可焚邱阿。蚯蚓弗摧，變爲龍蛇。二子芒昧，烏足以知此，宜受上賞者臣獨多。”多韻古。王揖玉進，以爲上客。

括七體作賦，才大如海，仍復心細如髮，直欲呼屈宋爲衙官。

前　題

王茂桓

吴王游於姑蘇之臺，有鏡公、機叔、化化先生從，王曰：“能爲寡人大言者賜綾。”鏡公曰：“展淩云足，昂觸天首。放眼界於空濛，吞云夢之八九。”機叔曰：“拔舞莫邪，厲聲赫赫。横制八戎，縱服九國。”化化先生振衣而起，莞爾笑曰：“左腋挾泰山，右手挈東海，踴躍二氣中，瞬息萬里外。”王曰：“未可也。”化化先生又曰：“天地作爐，萬物爲銅。扇灰使飛廉，奮椎倩豐隆。形形與色色，四維皆塞充。聖人今在朝，造化如是同。若此之大也如何？”吴王曰：“善。”遂賜綾百匹。

鏡公、機叔、化化先生各進大言賦畢，化化先生受賜，三人將告退。王曰：“此賦之語大，誠莫能載矣。然未已也。”乃列嘉肴，置清酒，曰：“有再爲寡人小言者，上坐，命小臣捧盞。”

鏡公曰：“登螽睫以憑眺，攀葺末而盤桓。偶遭公蔑之子，相依依而嚌談。”王曰：“否。”機叔曰：“命蟭螟兮駕塵輿，出埃塵兮使蝸國。欣奉螘王之旨，蚤蝨咸爲歃血。”王色變不應。機叔又曰：“析蠅鬚以爲梁，剃蟣鱗而爲瓦，巢在一絲，恍然大廈，往來蠓賓，出入塵馬。集子弟之八千，同大嚼於其下。”王微笑猶不應。化化先生曰：“天地一粟中，漠漠皆有物，滅景與遺形，莫辨其名實。微如未兆之時，纖如方生之粟。視焉糢糊，掬焉若失。雖明足以察秋毫，不可以窺其細密。二子之言各有所拘。若是之小，不已極乎？”王曰：“善。”乃命小臣進饌捧盞，化化先生上坐而啜飲。

大含元氣，細入牙間。

前　題

夏仁壽

客有爲楚襄王大言者，詞曰：“世有巨人，不知其年，炯目如月，呼聲若霆。”襄王卑之，猶以爲非極思也。迺坐蘭臺之宫，召諸大夫唐勒、景差、宋玉等，命恢其詞。

唐勒曰：“帶垂垂兮河一曲，霓爲裳兮霧爲縠，攀天路兮杖若木。”景差曰：“噫氣嘘八極，揮汗雨九州。啜溟渤而少醉，枕崑崙其偶休。”宋玉曰：“朝餐元氣，夕灑太和。日月爲扃牖，天地爲室家。一俯一仰，局不得多。”收語古峭，似周秦人句。王曰：“善。”

宋玉、唐勒、景差賦大言於楚王之前，賦已，辭出，同遊之乎雲夢。玉曰：“今日之賦則宏侈極矣，然玉聞：有伸有屈，造物所以神也。由博返約，君子之用其能也。請更爲小言以究其恉何如？”

唐勒曰：“列蟻陣兮數合圍，手蠅扇兮指以揮。”景差曰：“刳芥子以爲舲，剉花鬚以爲槁，導蚊腹以千日，見蠻觸之故巢。”宋玉曰：“剖灰塵兮萬尊，鋪蝨腦兮百盆。”又曰：“寶刹三千，其坻一毛。山河大地，蔚成繪彫。”言未既，有聲起於澤畔，聽之，其詞曰：“有物混成兮，若見若泯。細於幺麽之未生兮，名之曰道精。”宋玉呼與語，則舟中漁父出焉，語不數，竟去。

明日，玉以白王。王曰："善乎，此人小言之賦與大言均不没也。"命玉往邀漁父。至則煙波數點，而漁父不可復見。

涯度幽遠，搜選詭麗。

黄天蕩覽古賦 以題爲韻

夏仁壽

悲乎哉，古岸垂楊，驚沙撲黄。沉沉隱隱，混混茫茫。江上金牛之地，雲間白雁之鄉。風騷騷兮勁響，煙漠漠兮愁光。山寂寂兮人去，水悠悠兮恨長。磯頭燕子無主，樓下夫容舊荒。哀感頑豔。

那堪到此，無限淒涼。

路人告予曰："此所謂黄天蕩也。"向者金人渡淮之日，韓王留浙之年，江灣之隊雲會，海口之烽景連。雄鎮一座，古廟兩椽。枹紛紛而點雨，戈森森而刺天。長鈎短鈎之綆，千隻百隻之船。妖有星而欲落，窖多雪而將填。陣忽潛蛇，林將走象。壁懸二聖之環，圍合七軍之仗。佳人膽粗，將軍臂攘。坐危桅之一斗，聽硬弩之千響。波心紅兮火揚，山頭黑兮雲蕩。武臣無惜死之心，小醜有跳梁之想。伏尸斷流，積甲亘壤。猊梟掩於高羅，鯨鯢制於修網。胡爲乎鼠技既窮，虎視旋耽。額之割兮猑猑，心之刳兮慘慘。方士白馬之際，健兒老鸛之撼。海舟泊兮飆停，火船飛兮霧黤。鐵甲晨卧，銅鍪夕揜。笳聲動兮忽驕，幕影孤兮空覽。

至今劍埋古原，戟沉荒浦。河邊之骨千堆，郭外之邨萬户。煙樹樹兮丹楓，雨聲聲兮杜宇。洲頭之鬼火如星，灘下之潮音似鼓。怨復怨兮芳草，悲莫悲兮黄土。哀王孫兮不來，與明月兮終古。寥寥北會之編，渺渺西湖之路。半臂之書久亡，一角之圖誰注。江山留畫扇之詩，燈火誦樊樓之賦。過留下兮年年，放總宜兮處處。鍋銷金而竟空，園集芳而已故。惟有騷徒問天樵子吟，戍感未絶，心愴焉四顧。

如聞荒戍寒角，哀厲彌長。

前　題

鍾鵬程

浩浩乎，金山之下，鐵甕之旁。平沙莽莽，大江茫茫。衰蒲戰雨，亂荻攢霜。殘磯燕子，古廟龍王。鬱浪霄黑，愁雲晝黄。脱胎李華，音節壯激。鵰鶚不下，蛟螭遠藏。襟帶吴越，門户荆襄。登高一望，悲哉戰場。

噫嘻！是即古黄天蕩也。在昔有宋，建炎四年，臨安失守，金師凱還，旌旗蔽野，戈鋋彗天。立馬峰頂，横槊江干。高桅冒星，短櫓摇煙。截流下碇，斷水投鞭。誰其扼此，聚而殲旃。觥觥韓王，萬夫之長。誓師涕泣，拔刃慨慷。被練八千，布帆五兩。沿彼赭黿，與之上下。金箭飈馳，鐵鈎電往。敵舟紛沉，軍鼓競響。巾幗英雄，相公倜儻。孽壻俘囚，擄帥搶攘。鳥驚觸樊，魚駭就網。

當斯時也，天心眷顧，賊氛掃蕩。誓滅此虜，蓋易如反掌矣。奈何伏兵洩謀，賊民工諂，鸛河通波，鼉亹失險。紅袍卒馳，鐵軍終撼。海舟崩離，壯士愁慘。烟障天冥，火飛云黯。筆可屈鐵。相持四十八日而敗，烏珠之頭竟莫能斬。

撫今吊昔，那堪憑覽！然而江天一塹，實固吾圉。海上潮回，江灣路阻。據此險要，鞠我師旅，孛堇魂驚，完顔氣沮。勢雖脱兔，形終竄鼠。豈不復振，未敢大舉。慎固江防，阻遏戎虜。良將一戰，軍聲千古。吁嗟乎！劫火成灰，荒江隱霧。雲冪花臺，雨連瓜步。金陵脂粉，石城草樹。蕭颯尖風，蒼茫古戍。烟舶朝飛，火船夜渡。烏角闇驚，緑林潛據。别有懷抱。錦袍云徂，鐵綆何處。翹首西園，抵掌北固。悵望伊人，慨然作賦。

狹巷短兵相接處，殺人如草不聞聲。

前　題

王樹勳

不見夫空江寂寞，斷岸荒涼；波沉折戟，浪咽殘槍。雲漫漫而寡色，日黯黯而靡光。草萋萋而貢緑，沙漠漠而飛黄。磯上青燐夜亂，江干白馬晝驤。話劫灰於炎宋，訪遺事於蘄王。父老告予曰："此所謂黄天蕩，昔南北校兵之場也。"

嗟哉，還憶烏珠北擾，高帝南遷。王綱弩馳，賊氛火然。剽刦五郡，蹂躪九邊。虎噬明越，狼顧温虔。牙檣霧集，鐵軸雲連。蜂屯蟻聚，轟轟闐闐。降敵而杜充去，入衛而張浚還。伊醜虜之猖獗，疇折鋭而摧堅。韓王憤怒，英姿颯爽。誓校隊，勒部長；駢舳艫，列器仗。銀戟八千，鐵絙十丈。揚旆宣旗，縱櫓横槳。勁旅趨鎮江而角其前，輕騎伏金山而扼其吭。霆擊雷征，飈馳電往。九設九攻，十決十盪。驅鱷入罾，覆蟲於盎。太子讋慄而乞盟，大王匍匐而稽顙。網介羅鱗，束魑縛魍。四裔因而悚服，八溟爲之震蕩。

向令檀陣靡摧，岳軍莫撼。龍廟魁擒，鸛河路闇。扇我虎威，息兹狼噉。偃尸逐而洞胸，執蚩尤而碎膽。遂乃搗穴犁庭，披鱗探頷。朽折枯摧，雲除霧掩。函其鞬韇之丸，寢汝氍毹之毯。蜃氣消沉，鯨波静澹。三鎮復而士女綏，兩宫還而臣民感。天柱折而再擎，地維絶而重攬。勒金石以紀功，憑河山而一覽。

胡爲乎策驅祝融，謀成强虜。火燄燄而烘天，矢錚錚而發弩。宏舸連舳而揚灰，巨檻接艫而折櫓。常山之陣蛇亂次，昆陽之戰象失伍。縱孟獲於南夷，走温禺於磧鹵。鯨漏網而難收，虎出柙而誰侮。賊焰復張，王事無補。臣畏死而買和，君偷安而偃武。致使腹心自禍，髀肉空拊。忠義掛冠，英雄解組。南渡徒傷，西湖自主。

迄今數百年，游斯地者漠然。徒見斷岸千尋，扁舟四五。飛鷺晨鳴，潛蛟夜舞。靡不泛流水而傷情，發高歌而吊古。歌曰：鬼火亂荒營，殘魂游古戍。遺恨失吞金，中原空返顧。歌響未終，臨流得趣。惆悵徘徊，好韻重賦。又歌曰：揚子江頭春正暮，漁舟三兩争飛渡。扼金人去不復還，兩岸潮聲空夜怒。

手如白雨點，頭似青山峰，有漁陽三撾之概。

秋鷹賦 以秋鷹整翮當雲霄爲韻，并序

梅作芙

《格物論》云："鷹，鷙鳥也。"代都太倉異其名，白鷹青骹區其類。羽儀湛淡，意態雄傑，固宜邃古以爽鳩命名，後人以凍蠅擬態也。彼乳燕慈烏，怪鵙寇雉，猶是類也。將焉用之？夫摩天不群者必稟跌宕之質，下鞲即中者必負奇侅之才。敻乎秋鷹，弗可尚已，爰推斯意而賦之。

偉鴻鈞之鼓橐，闢桑林以鑄鳩。攝生氣以始鷙，吐孤聲以吟秋。爾乃老拳剛爪，偉臆明眸，鼓翅霞舉，攫身電流。雖羽毛以同族，邈心志其寡儔。鵲橋兮露蒸，鳥府兮霜凝。平沙浩蕩而雁下，古木蕭疎而雉登。蒼山共鶴形競瘦，文波與鷗夢俱澄。

爾乃姿矯矯、狀棱棱，奮雷擊、迅風騰。一蜚沖天以莅颯，群小伏地以惕競。不掩伏以行義，常順旨以奏能。氣體雄邁，能罩百家。窮乎幽朔，帀乎博陵。極目四顧，欻然一鷹。始離褷于高巢，漸學習于幽嶺。細筋肖乎墨妙，戴角留其畫景。性不羈而才雄，形若睡而

意警。俯下界以揭驕，望上林而延頸。偶振羽以蕽蒙，儼䢺駕之馳騁。將往忽還，神容自整。全剛未生，孤志奚逞。曾日月之幾何，出風塵而蒙幸。則見華絆流彩，金環暈碧，顧盼餘雄，翔遊奮翮。感呼我于金台，誓迢群于竹帛。順嚴霜以行誅，資猛氣以鬬策。逐不仁于虎牢，驅無禮于皃繹。毛摯爲治，森森赫赫。醜虜銷聲，奸邪屏迹。蠹有令以如流，鴻不嗷以安宅。何中山之妖鳥，并西域之封狼。此陰違而陽奉。

彼膽視而目張，升羽林而拜將，登呼臺而輒裝，忍飢腸以爲用，狡陰血而孤行。中權奮搗以稱妮，兩翼遮迣以聿皇。風沙立九衢，直行天門開。革山抵陒以飈至，間道争惠以煙颺。掆降止以縱擊，紛辟易而莫當。外懲吽讙于沙漠，内彌反側于蕭牆。洎偃伯以行賞，邈獨立其若忘。異温侯之乞養，師尚父之維揚。既而隴坻零霰，桑榆落曛，倦遊休老，拗怒呼群。不絶海以沸卉，弗儷景以翻翁。每翔擇于翳薈，終棲息于絶垠。歛藻翰之陪鰓，澤斐尾以成文。猶復精騖八極，志淩孤雲。餘勇可賈，明威遠聞。緑林讋乎小醜，紫色靖乎殘氛。緬秦鷹之爾爾，續蘇讚以云云。

讚曰：維鷹之性，勁乎商飆。維鷹之才，勝乎金霄。瞭鷂骨鶻，就鷙周雕。拔彼群雄，爲天下梟。兼弱攻昧，除僉破霄。飛將善吏，如此超超。雄界之音，如黄鐘之宫。

爲漢家飛將軍寫照，英姿颯爽，毛髮皆動，覺衛霍以下皆兒戲耳，郅都僭號，在所不論。

前　題

夏仁壽

陰山風緊，遠塞煙遒。雙拳攫夜，六翮盤秋。翬翬飈舉，毨毨電流。千辟萬灌，捫之有棱。纔入霧兮一點，又摩天兮萬周。氣軒軒而邈世,姿英英其寡儔。

爾其攝金精以育體,擅火德以蓄能。引短項以桀出,掉疏尾而豪矜。睛含丹而星曜,頂覆黑而烟凝。觜垂垂兮作鈎,角森森兮露棱。抱雄心之孤奡,弄豪唱之員瀓。蒼茫四望,颯乎一鷹。旦嬉獵兮長林,昏投憩兮修嶺。翅側風而半落,力掠地而高逞。倏疾倏徐,半斜半整。搏風有聲,攫日失影。魏文見而吟高,唐苑去而夢冷。時則浮埃撲黄,枯草迷白。上林之花一分,荆國之台十尺。路悠悠兮萬條,邨團團兮幾宅。頓金環之鎖雙,卸華絆之結百。偶飈逝而披膺,瞥水擊而振翮。遥望兮若愁胡,迫察兮若置石。天地蕭涼,孤巡四方。累累古塚,兀兀平岡。幽燕老將,氣韻沉雄。

雞攢腦而落魄,雁打羽而斷行。截文狐而伸爪,捎頑兔而飽腸。足不及騰,羽不暇翔。啄血飛雨,吹毛落霜。伊狰獰之可畏,固横猾其莫當。碧海遊倦,青韝下頻。捎澗底兮虹斷,立營門兮日曛。吻尖礪石,腦側睨雲。肌減毛加之族,雪飛玉立之群。其慘鷙也,似漢廷之酷吏。其俊爽也,比安西之將軍。遠勢千里,寒威九垠。壯志馳乎天半,逸概出乎風塵。

歌曰:天上鳥飛絶,山中木葉凋。日日茂陵去,不覺已蕭蕭。鳫穴歌聲,鸞林舞曲,李都尉見之,當和以管絃。重曰:秋風起兮飋飋,刷奇毛兮拂半霄。盼漢宫兮人去,宿陽臺兮夜遥,驅出六合兮還翲翲。

寫物圖皃,蔚似雕畫,支道林愛其神駿,正謂此耳。

前　題

鍾鵬程

斗精墜夜,風翮搏秋。横殺氣而獨往,軼凡禽而寡儔。奮威用壯,逐惡如仇。振擊稱快,貪污飽愁。蠢兹毛族,煩此爪鈎。意氣憑陵，是名蒼鷹。

鐵喙金距，高髻偉膺。絡以花點，文其綵翎。筋脈束骨，腦珠貫睛。自料本無敵，相争還恥。能呼臺未築，高飛杳冥。秉性則剛，致遠惟静。霜信戒嚴，妖氛傳警。狐獲跳梁，蛇豕頑獷。迴惑我往來，擾亂我閭井。齒牙血腥，荆棘途梗，四郊多患，六翮爰整。吏也擇良，士兮思猛。賁以禮羅，惠然來肯。爽鳩命氏，閩隸司役。稜生司寇之官，緊受將軍之職。鶴軒恥乘，隼旟怒植。顧盼餘雄，指揮殲敵。策命中而下韝，厲高飛而振翮。我武維揚，彼惡敢當。捽三窟之狡兔，拉九頭之奇鶬。天鵬活擘，仇鷂生戕。披靡鴉隊，搏執雁王。鳥攫潛遁，梟怪遠藏。卷不情之指掌，抉自有之肺腸。豈伍功狗，爰掃天狼。績效何述，飢飽兩忘。有益於物，乃生此身，豢養恩已報，歸休吾亦云。有益二句，真學人語。華絆不足縶，金環安敢珍。惜毛緑野，倦眼青雲。揖元冥而改歲，扶太昊而行春。託王雎於君子，比尸鳩於淑人。匪雌而伏，乃化而神。殆若公介，仍還幅巾。此志未遂，積想云勞。羅氏空致，虞人莫招。偶棲籠圈，遂隔煙霄。蹭蹬羈羽，睽離故巢。呼衆雛以習習，嗟予尾之翛翛。夜雨慘滴，秋風怒號。百慮颯爽，千音嘵哮。羌不挫乎鐵骨，問誰解乎金絛。阮嗣宗詩好寓刺譏，蓋自傷也。

電眸虎齒，瞻視非常。後幅豪宕淒激，如聞高漸離擊筑。

寒溪寺老桂賦 以大香云外飄爲韻

夏仁壽

山峩峩兮忽偏，月淡淡兮彌鮮。花則垂垂爛地，子則縱縱墮天。孤根盤拗，蹇幹連蜷；仙心不墜，晝影常圓。

爾其名題翠節，派别黄香。根從月窟移得，種是龍門産將。

苔厚逾寸，草圍四方。冷雨易溜，孤煙乍涼。罥蛛網之百面，篆蝸涎之萬行。黄如欲雪，青還礙雲。冰作骨而未换，玉有犀而畢分。平泉莊裏殊景，太液池邊舊聞。秀峭處能擅吴穀人、洪稚存二家之勝。幾回冷露，又是斜曛。爲想風騷人物，雅宜楚漢歌文。遮齋室之四圍，亞僧寮之一帶。花史抽簪，佛王翼蓋。吴剛之斧已缺，王母之膏能丐。鵬千年兮栖栖，鳳九色兮翽翽。孝子墓前，遠公橋外。攜筇坡老之遊，試劍吴王之會。乂路條條，王孫去遥。山中一夜，秋裏連朝。江有舟而堪艤，士何隱而可招。惟見斜斜整整，飄飄飄飄。覆頭陰美，張喉味饒。爲爬抉乎老蠹，擢萬古而不凋。

情味清深，無男子種蘭不芳之病。

前　題 并序

李自英

武昌西山寒溪堂，晉陶桓公讀書處也。後改葺爲寺，庭有老桂一株，枝葉繁茂，秋深花發，香聞數里。遷客騷人，持醪賭韻其下。咸同之亂，殿宇劫焚，兹桂童童獨存，殆公之爽靈，廕兹樹以不朽云。遂染翰賦之。

西山之麓，古寺巋然。有老桂之合抱，竦孤幹兮千年。風霜劫飽，雨露恩全。曲蟠精舍，高蔭諸天。壽相菩提之樹，寶光羅漢之仙。榜曰“寒溪”，供佛禪堂。有豔皆古，非秋亦香。階填玉砌，粟影金芒。分一枝於合浦，羅萬斛之瓊漿。奇采四照，截玉雕瓊。月鍊魄以孕歲，星秉精而胎陽。連蜷凍緑，馥郁乾黄。

爾其根栽異種，葩吐奇芬。混茫旦暮，醖釀氤氲。鳳鳴九色，犀畫斜紋。丹心捧日，禿頂扶雲。上王母之雅壽，净維摩之俗氛。繄菁華兮獨秀，羌突兀而寡群。昔之烽燹狼騰，斧斤蠹害。柱損靈波，叢鋤芳薈。何梫木之挺森，接小山以承蓋。英自銜珠，葉曾繙貝。欝欝葱葱，蓬蓬靄靄。婆娑太液池邊，馝馞平原莊外。蘭若兮迢遥，木樨兮相招。下九曲之犖确，度獨木之圮橋。風來笛遠，霞舉衣摇。音含太古，味徹涼霄。

爰酹盃酒，勒銘僧寮。銘曰：八州之督，扶植晉朝。手活此桂，萬古不凋。静夜聞之，天香四飄。老蠹勿侵，縱汝干霄。

丹青寰宇，宫徵山川。

前　題

魯家璧

非佛非仙，長棲寺前。皮滑溜雨，色蒼蓋天。山以静而得壽，樹因高而歎煙。吴剛不至，誰剖疑年。援筆神妙。

秋到武昌，空山忽香。歲歲寒谿之寺，年年陶侃之堂。涷雨鬖緑，晴雪篩黄。神物坐老，關河欲荒。花放斜曛，煙水糾紛。亭冷懷蘇之月，谿沉尋佛之雲。鈴停閣而自語，雁訪舊而招群。獨當年之靈植，常吞吐夫奇芬。兒孫喬木，睥睨冠蓋。遠揖西門之柳，近傲吴宫之檜。笙磬鐘鼓之喧闐，士女歌舞之繁會。固已晉唐騰詠，蘇黄留帶。泉石爲鄰，風霜自愛。安知夫金粟之後身，不化如來於世外？偉志獨超，天香四飄。願謝蕭寺，月中逍遥。

秋到武昌八字涵蓋他人千言萬句，正如祖詠成林表明霽色，便可投卷而出也。

前　題

鍾鵬程

荷湖之側，槲峴之前，有桂一株，雙幹連蜷。石蟠根老，冰鑄心堅。招隱得地，稟靈自天。盤古已死，孰知歲年。有美含章，花花點黄。自我無隱，伊誰信芳。偃蹇匪傲，鬖髿豈狂。冷露微下，高風暗颺。寂若僧定，翛然坐忘。又如古佛，實生衆香。香界淩雲，不冬何春。紅羊被劫，青牛愴神。野梅草莽，官柳荆榛。衆芳消歇，童然獨存。擁腫相嘲，婆娑似蓋。閲世閲人，勿剪勿害。避暑宫邊，讀書堂外。明月前身，香花大會。千葉不枯，孤根無奈。

頌曰：桂樹生兮山之坳，秋風起兮秋香飄。莫是廣寒分別種，劫火成灰終不凋。

張華短章，奕奕清暢。

梅影賦 以疏影横斜水清淺爲韻

童樹棠

流水一片，空山四虚。比煙猶澹，補月還疏。渺渺羅浮，茫茫瘐嶺。國手鎮神法頭。詩外魂來，酒餘夢永。潔到能仙，薄思貼冷。松邊竹邊，煙境霞境。雲想前身，玉憐小影。則見天光，初曙參耀。高横幾枝，淺澹數點。分明霜痕，莫掩霧氣。微平墮香，未損鍊魄。初成亭亭，日午半面。

低斜鋪來石，檻移到碧紗。東閣迴護，北院交加。行疑印跡，空已無花。亂堆杜屋，懶埽何家。漠漠黄昏，窗寒透紙。層壓竹籬，深侵草履。斜幹夕陽，古柯野水。寫照帳前，黏痕簾底。晚卧孤山，呼之未起。月明茅舍，風定初更。上欄多致，下砌無聲。殘冰舊淚，素玉他生。描神神澹，繪骨骨清。吹消寒笛，譜化凍笙。佳人遥夜，自顧含情。别有雪後模糊，風前舒展。林角月深，橋頭春淺。半幅隱摇，一林遲轉。老鶴猜疑，野驢踏踐。人送影過，地餘碧篆。

如王謝家子弟，奕奕有一種風氣。

前　題

涂廷桂

虚士窗虚，仙香孕餘。月白疑畫，霜清礙鋤。一叢竹短，幾眼籬疏。似無倏有，欲歛仍舒。繄彼寒梅，於焉弄影。處士前身，瞿曇幻境。

傍水多斜，臨風忽整。開兮未開，冷乎不冷。霰雪微集，冬山遠平。瘦鶴與伴，寒蛩乏聲。約略半樹，依稀二更。冰姿漸吐，玉骨遥横。是耶非耶，整整斜斜。步移樓角，笑出檐牙。半年闊别，一夕還家。懷人對此，腸斷天涯。若有人兮，冰壺空裏。藜杖扶煙，芒鞋蹴水。南國廣平，東閣蘇子。詩才賦才，一時戾止。小閣全露，疏簾忽明。�屏玉立，紙帳冰清。萼緑仙降，羅敷夢生。淩波無語，解佩微行。美人自來，高士殊遣。寫生有餘，託興不淺。一座如來，數莖欲撚。是色是空，茫乎莫辨。

孟襄陽疎雨梧桐，舉座歎其清絶。

前　題

夏仁壽

淡不可畫，稀難着梳。複複疊疊，密密疏疏。孤山之麓，破屋之墟。清惟夢領，瘦共詩摹。繪影繪聲，荆關無此畫筆。思問訊而屢誤，擬索笑而還虚。悄乎一望，滿地紛如。

爾其捎竹叢而少碍，掍松陰而多冷。半開半落之觀，非霧非煙之景。駭如來之擁蓋，訝湘妃之振領。疑有還無，剛斜又整。紛癯仙之化身，婉美人之倩影。若夫瘦日初上，凍煙自横。雪繽紛而有迹，風摇曳以無聲。度粉牆而態活，壓蘚徑而光輕。仙官小住，佛國前身。幻詩僧之禪夢，眘水曹之目精。又若癡雲襯薄，昏月飛斜。羅羅帳紙，點點窗紗。印屐無迹，繞籬自花。返魂蘇髯之屋，傳神徐渭之家。門常叩而乏響，簾畢卷而未遮。鶴尋巢兮隱約，僮掃經兮交加。水影。

至于野橋十尺，寒塘一里。照眼倏青，掬手非紫。唤渡清溪彷彿，寫照西湖恰似。若對鏡兮回身，儗御膏兮沐體。魚戀花而蹴瀾，蜨聞香而撲水。波披藻而不去，浪擊根而仍起。質雅深細，逼真六朝。况復玉堂寂寞，羅幌分明。鐙寒似豆，燭爛如星。有痕疑化，無香自清。燈影。魄經鍊而初就，骨全换而未成。鼎躍猊而乍混，瓶偎翠而將傾。護琴書而多映，繞林榻以交縈。遮屋南之半堵，燭閣東之一楹。悵春路兮迷離，惜芳情兮宛轉。思瓊豔之可餐，惘珠光之莫辨。媒倩霜而既來，約因雨而難踐。小詞疊均，清酒一琖。情往多幻，興來未淺。莫不倖色與揣稱，續神采之蕭散。

銀鉤秀句益疎通。

卷五下　詞章　雜文

擬揚子雲百官箴

童樹棠

總督箴

峩峩總督，鈐轄雄方。奉天節旄，曰蕃于京。二十一行省，犬牙縱横，各樹其桼，爾界爾疆，爾保爾障。晞高慕古，横絶四海。昔在三代，慎固封守。並建侯牧，肅此群醜。李唐節度，悍奡不馴，匪憂是營，而中以壞垣。良如裴度，卧鎮北門。終武且純，懼顛厥勳。厚寵不可喜，重寄亦易毀。蟊賊訌腹，外醜亂紀。乾乾控馭，末敢或荒。一隅震驚，鈇鉞不汝常。督臣司柄，敢告弗忘。

巡撫箴

焱焱巡撫，威柄是保，考察百官，亂兹黔首。邦有大事，用詰戎兵。士馬填雲，弗絶芻糧。昔堯大聖，用鯀堙水。蠢兹臣庶，黜陟焉恃。耳目不聰明，喜怒生雨暘。愚哲乖置，民以燔喪。昔在蕭何，轉漕關中，蹶項興劉，樹績攸崇。李陵食絶，士僨其列，武勇不用，卒以淪滅。官亦不易審，餉亦不易儲。封圻安危，惟爾職是圖。撫古司紐，敢告不虞。

布政司箴

布政之官，實爲藩屏。大猷是宣，國用是經。昔在管子，强富齊吕，農桑厚利，以霸中夏。商鞅執政，挾筴羸羸。錢粟充牣，敵士以平。權謀昧道，根本尚保。矧乃宏規，運籌無早。芒芒禹甸，晝爲田疇。黄黑其壤,達于帝輶。愚氓孳乳,繁實天下。復考虧成,稽其多寡。吹疇氓之數,爾職于諮于爾。理財用專,厥維財源不可弗搜,不可弗節其流,藩臣司計,敢告聿周。

按察司箴

聖人治天下,大紀必肅。置兹按察,以閼荼毒。昔在皋陶,掌厥典刑。雄傲。哀矜無辜,弗濫國經。姬武咨封,慎獄于廷。罰厥罪戾,豈失廉貞。商鞅慘酷,躬用不育。于公餘德,後嗣以淑。刑不可不審,罪不可不詳。匹夫涕泣,天隕厥霜。回氓枉吏,何世蔑有。猛寬緣督,道乃可久。守志惟祥,察牟惟明。臬臣司憲,敢告有章。

督糧道箴

要區轉運,爰置督糧。備輸上都,以實太倉。亦關大邑,豐飽有常。昔在韋堅,開利灞滻。裴耀集津,蒼儲盛滿。不見强嬴,掍同六邦。敖倉之粟,如京如墉。國無九年之畜,凶荒旱澇,恐其厚毒。富可保國,亦可用兵。圖匱于豐,上下以穰。仲尼有言,足食爲先。瓶罄罍恥,見誨詩人。糧官司食,敢告無文。

鹽法道箴

大矣坤靈,鹽利爲厚。鹽法之官,爰執其矩。横被六合,飲食攸同。分淮及川,規制不融。昔在齊吕,跨有渤澥。國用是經,以煮東海。降及炎漢,權酤有司。自時厥後,利柄握持。肥澤無放,群類是往。蠹生于芳,奸用滋長。澄之不可不清,釐之不可不平。善總其富,饒國之經。鹽官有職,敢告令名。

兵備道箴

道有兵武，署之要區，竺修邊防，以待不虞。肅清疆宇，越數千里。凡兹駕馭，有綱有紀。猷其山川，牟其險夷。獷悍所鄰，鎮以官司。上而督臣，提厥樞紐。建牙一方，用職奸宄。下而汝道，綴聯相從。肅理一隅，綏此大邦。權不可謂重，亦不可謂輕。群慝蘖牙，境土弗平。潛氣内轉，能得古人塊乳。鍼芒或滲，河江以傾。兵備司衛，敢告有程。

知府箴

皇皇銅符，出鎮名都。虔率其屬，保艾國家。黔黎何恃，惟守戚喜。古茂横肆，似韓碑柳雅。誨汝馴厚，康汝田里。二千石惟良，弗良胡常。雞犬不擾，寇盜縱横。昔在龔遂，振治渤海，農桑大興，歡載童婦。黄霸穎川，敷政肅雍，神爵爰止，祥應聿豐。九域平陂，係乎州郡。植文培根，解嬈除怨。國史循良，褒贊爾庸。郡守有則，敢告厥中。

知縣箴

嗟爾州縣，實惟親民。茅檐疾苦，是用察聞。民受厥恩，戴汝啄轂。或負厥讐，焉往弗報。大利所在，督其農桑。振興俊髦，廉貞用彰。訟弗易理，若眡衡水；人弗易平，道握勤敏。昔在宓子，撫絃懋猷。魯恭中牟，馴雉以游。無曰愚可欺，災害易罹。無曰戚可矜，黄兒保持。縣令有鑒，敢告密惟。

神嚴骨重，陸敬輿善爲制誥之文。

前　題

夏仁壽

總督箴

攸攸皇輿，晝爲中邊。張設總制，大務以繁。巍巍節樓，奔走文武。無曰區霜，而猜禍是取。威禮攸宜，不可以嫚。昧經懵時，伊國之患。氣體博大。昔在士行，超居外相。宏總以勤，遐區焜望。維彼豪敢，迺集大謀。如何呰窳，而悠悠勿思。人心之摇，軍聲之墮，禍機朋伏，汝則綏之。通力同作，曷云傑僞。西務勿拘，中法勿替。彌彌其失，將成猥大。威何遠而不息，惡何微而不汰。督臣司疆，敢告執旆。

巡撫箴

赫赫撫部，大邦所望。便宜百算，亂兹紀綱。皋牢全境，爲政以良。無小無大，辨告必明。人有妍惡，官有等差。課以殿最，升陟曰宜。升陟匪宜，疚於汝爲。科目刊章，中西申例。邦集秀靈，野蘇良細，崩文碎武，伊胡耐濟。昔聞李靖，安撫變風，震威示誼。無亢不衷。女豈不察，而陸陸莫共。撫臣司巡，敢告在公。

布政司箴

方伯攸設，財成千里。版籍縝紛，疇昔萌柢。天生物材，田澤利洪。是榷是征，以定大邦。勿剗戾緜制，而是欺是蔽。勿苛嬈黎元，而以剥以朘。酌豐劑確，不可撟虔。慎守府庫，出入按章。轉餉分禄，善後以康。貪婪汝削，廉茂汝陟。任情疚于爾職。光祖治陝，塞徼咸服；俊民治滇，群吏爲則。夫豈煩憯，調懾孔亟。是故政不可不明,人不可不寧。藩臣司政,敢告執經。

按察司箴

人心巧法,訟獄滋興。岳岳廉鎮,深淺必平。臯陶作士,九刑惟明。石平淵清,以翊有唐。鄧寇善聽,罪無申證。不疑好殺,卒以伏刃。上失其道,下忱其命。嗟兹輓近,當澄其源。導德齊禮,經訓是尊。刑不可馳,亦不可毒。五毒畢加,民將速速。一牘之微,數歲未決。將焉決之,詳當罔缺。恐獨受賕,析律二端,出入匪當,號痛抱冤。故提刑者,以剖是非,以斷邪直。庶職或惑,糾察是力。臬臣司獄,敢告執式。

鹽法道箴

唯地之利,鹽爲大寶。官海熬波,淡食適少。通關帶市,舟車靡窮。道職其法,南北罔蒙。持籌握理,歲省月稽。奸商詭販,宜杜其私。雄灝處有東漢之風,真著作才也。巡軍其嬈,計相其媮。物艱利涸,齊民迺餓。昔在夷吾,謹正鹽筴。孔僅佐漢,牢盆持法。國以罔漏,人以罔乏。今日告女,勿奪民之利,將速其弊。勿骫國之常,於身不詳。道臣司鹽,敢告執綱。

督糧道箴

夏王作賦,四方畢來。貢及粟米,俶造其規。皇皇汝道,曰督其糧,攸息攸耗。簿問必詳,陳陳相因,既紅且朽。汝矑瞢瞢,厥宜有咎。帆海輓河,漕艫萬千。兼春帶夏,覆敗爲患。牙吏紿官,實侵實盜。巍巍神囷,云胡可飽。宋作十綱,元用八事。輪轉有常,而後世云踶。國賴以不匱,民賴以不困。運臣司糧,敢告執憲。

兵備道箴

天降淫威,儒臣興武。鎮扞重方,言禦其務。鷹兮有爪,虎兮有牙。稱娖政術，以定九區。栿栿尺籍，胪分殊事。攘僉斥壬，威械孔有。豬突豨勇，紛紛其群。鼓之舞之，堅重成軍。無憚其艱，逌巡勿前。無倖其易，汎剽自遂。機來汋今，算去踵故。汝勤任以旅力，厥惟具具，漢曰刺史，唐曰巡察。邦之神偉，亂以其法。備臣司兵，敢告劾剳。

知府箴

肅肅郡牧，邦吏所瞻。解嬈除苛，化行以漸。單州複縣，籍籍必析。政撥其煩，顭萬晝一，冗文碎教，卒用差忒，故利不可以不興，弊不可以不除。前後切郄，政曷云敷。昔黃霸牧潁，吏民稱神。陽城守道，撫字孔辛。胡爲黖淺，冥眴亡見。坐嘯晝議而是疏是嫚。單惠勿恃，廉約勿虧，以率下吏，以集庶黎。政平訟理，慫兢勿墮。府臣司守，敢告執圭。

知縣箴

旼旼下邑，百度孔繁。迺設大令，以萴以宣。截亨補歉，徵税是均。無曰多取匪虐，而便文自營。泯泯棼棼，訟獄滋出。邪正既分，惟刑其恤。民有室家，汝則保之。民有性質，汝則曉之。明明在上，赫赫在下。殲回逐良，不宜有午。宋登擾法，神父迺稱。張潭平政，慈君頌興。酷哉義縱，卒及于刑。故曰操刀勿傷，製錦勿裂，如鏡斯懸，如冰斯潔。縣臣司令，敢告就列。

内含豪芒，外運渾光。斵古扣奇，固勝《太(元)[玄]》《法言》耑以僻澀駭世。

黄岡夏仁壽校字

羅田王葆周覆校

聚寶山銘 并敘

曹集蓉

出齊安城而北里許，有聚寶山。晴巒煙靄，雨磴苔繡，細石犖確，作丹碧色，即東坡居士怪石供也。其石大者如拳，小者如栗。蔫雲菸日，争呈畫圖。越嶠吳峰，遠獻屏障。捫蘿攀葛，岫勢仰俯。古刹鵠立，鐘聲蕩雲。大江帶環，帆影入座。五光十色，莫可縷陳。有亭巋然，是名浮翠。開墾十笏，展拓半弓。林摇古魂，竹拂清夢。翼亭之側，厥有澄泉。游魚數頭，平布石上。翠鳥雙影，如翔波中。以此光景，足供眄睞。衫袖疑古，襟懷欲仙。援筆爲銘，毋忘佳賞云爾。

金仙鑿闢，寶珞莊嚴。分峰布武，磨鏡開匳。羅漢紋留，靈章影錯。畫樹常春，真花不落。高疑切漢，爛欲流金。空青册府，積翠林岑。色相無邊，法華已悟。明月飛來，白雲長住。

造句雅鍊，足與洪氏卷葹閣並傳。

前　題

童樹棠

盤魄南國，坤脈抱靈。萃精於黄，吐華發榮。鱗峋崇邱，燭乎太清。旁唐駮犖，爛斑昆熒。山陰太陰，山陽朝陽。二曜垂精，磥磥大光。哲人採奇，戾兹一方。中有瑰異，爰貢其章。酌之斟之，獻汝廟堂。

骨韻高華。

前　題 并敘

前　人

曩聞有大星辰從風群飛，散落後土山，得之而爲石，石抱之而爲寶。黄州城北聚寶僲山，或取乎是。肰兹説疑荒，但以非常光氣鍾於一岡，無小大石，瑕采照耀，有足異者。乃鐫石垂之銘，辭曰：

富媪所積惟崇山，大石碎石方兼員。寶光離離紛爛天，作銘樹石蒼厓顛。上有五色雲鬱盤，南方降精生大賢。

雄鷙淵懿，東漢之遺。

前　題

梅作芙

黄州城北二里，有異山焉。西枕大江，南淩赤鼻，東北迴崖沓嶂，連接大崎。其高百丈，周迴數千步。竹木希少，小石纍纍。間有異者，磊砢光怪。雕刻繪畫不能及。蘇和仲取以供佛印者，即此。以聚寶名，蓋其實也。銘曰：

巋然寶山，孤標直上。綿蠻霳霨，瓌瑋森爽。訬突雲陰，光麗仙掌。林林央央，名騰兹長。大江東去，夏隩西來。連山波湧，奔湊争迴。巑岏霾霧，飛滴殷雷。陰陽孕育，精氣裒裒。礌礌珣玗，磑磑珹玏。寒暑琢磨，日月拉拭。千狀萬態，五光十色。蘊而彌輝，傀然莫識。人來當花，月到如星。絶頂霄崿，峥嶸高冥。有空青府，曰浮翠亭。饕奇枯坐，石勒貞珉。

千辟萬灌，捫之有稜。

前　題

王葆心

自黄岡北出二里，有聚寶山焉。其廣數畝，西對赤壁，左界江水。居人築亭其上，名曰浮翠。亭後有泉，名寶山泉。軒榭出塵，鱼藻交映，土多迤靡。林木翳如，可以眺望，可以泳游。無尋幽陟遠之勞，靡登高臨深之懼。方之柯山西隩，亦勝概也。地志以坡公取石供佛印，蓋即此山。

夫大星落曜，洪爐錬精，神山之石出以五百年。天漢之機，贈於秋八月。奇物所萃，緊古傳焉。若乃深山窮谷，尺壁寸珠，共瓦礫以託根，與草木而同腐。牧童敲火，耕牛礪角。頽岡斷嶺，纍纍一方。鬼嘯狐嘷，荒荒數塊，亦其常耳。乃自坡公，易以餅餌，比之鉛松。佛印刻其言，參寥受其供。而此山遂與石以争顯。意者天生尤物，必異人以提倡而真始出歟。某少慕子瞻，長而奔走，弭節江畔，假館郱城，於以夏口吊古。南坡摻奇，睹兒童之浴江，慨古人之不見。景兹邱壑，實具美觀。秋月春風，桃花緑水。高謝塵緣，希蹤往哲。所思不遠，良足慰情。坡公倘聞，其許我乎？

銘曰：峩峩崇邱，大江之南。磅礴隆起，巖然兀巉。韜精毓光，取贈瞿曇。瞿曇日嘻，净水注之。空洞了徹，是曰瑰奇。靈石非寶，頑石非癡。媧鑪所錬，天機以支。惟兹磽確，實與之齊。終當觸雲，聿興澍雨。或成嘉肺，以達民苦。坡老不生，參寥無語。碟砢摩挲，相望終古。

古澤之中，寄託遥深，米顛逢石必拜，蓋自況也。

卷六　詞章　詩

論黄州詩絶句

宋

潘邠老大臨，黄岡人，有《柯山集》

梅作芙

柯山蕙蒨畫圖開，風雨重陽句自裁。屈宋以來猶崛起，蘇黄而外此奇才。

前　題

夏仁壽

奇才久已重庭堅，風雨重陽思惘然。千載七言人膾炙，好詩原不在多傳。

前　題

黄子勗

南圃東湖次第開，江山點綴要奇才。催租偶敗重陽興，終得蘇髯句法來。

何斯舉頡之，黄岡人，有《黄州雜詠》

前　題

王葆周

頡之瀟灑吐詞芒，雅韻迷離動陸黄。誰識當年明妙筆，早將逸調啟嵬薌。

前　題

黄子勗

蜀客堂成雪裹時，非徒文説上梁奇。平生不負齊安景，一卷黄州雜事詩。

林子仁敏功，蘄州人，有《蒙山》《高隱》二集，弟子來敏修，有《無思集》

前　題

梅作芙

松坡高隱倏眉梨，百卷新詩自整齊。李杜光芒杳無見，只餘宗派衍江西。

前　題

王葆周

處士林泉歲月深，江西詩派冠儒林。伯夷傳與陶潛集，不盡壎篪避世心。

前　題

石相欽

高隱湖山歎二難，廿年詩骨劇清寒。何因鎩羽秋林後，不向風前振羽翰。

前　題

王國楨

風懷澹泊有無間，舊派江西韻最嫻。漫説新篇驚海内，十年高隱老蒙山。

夏均父倪，蘄州人，有《遠游堂集》

前　題

王葆周

下筆清高蕩古魂，韋陶於此託孤根。人間徒自拘繩墨，未識文莊强項孫。

前　題

夏仁壽

阿堵傳來筆有神，肯將繩墨守前人。江州風景江西派，佳處無非一味真。

前　題

洪席珍

遠游堂上絶風塵，落魄天涯柳又新。左調祁陽尚監酒，醉吟未害作詩人。

明

董損齋樸，麻城人，有《損齋集》

前　題

黄子鶡

投紱歸來灌舊園，釣魚灣近避塵喧。文房雅擅長城譽，一瓣香留董五言。

陳濟寬溱，蘄州人，有《獨醉堂稿》

前　題

石相欽

枉謫爐山戟可持，五中激烈自成詩。怨而不怒風人旨，獨醉編猶會得之。

前　題

黄子鶡

遷謫何人亦足豪，詩名獨醉雜風騷。城頭不盡當年感，薏苡松楸入望勞。

田菊山重器，蘄水人，有《菊山遺稿》

前　題

石相欽

菊山遺稿斲輪工，飣餖陳言漫與同。文敘成編兒已老，當年一榜捷蟾宫。

何大復景明，羅田人，遷信陽，有《大復集》

前　題

王葆周

信陽復古振群英，當代淫哇盡廢聲。俊逸參軍誰妙語，一篇明月憶平生。

王稚欽廷陳，黄岡人，有《夢澤集》

前　題

王葆周

入對彤庭正妙年，鳳鳴萬里破風煙。春蘭秋菊争幽豔，一例魂銷矯志篇。

前　題

范毓璜

嵇狂阮嘯渾閒事，枉被人呼李謫仙。千古吞聲爲才藻，披肝一疏有誰憐。

前　題

洪席珍

名士翩翩王稚欽，壁間烏母發狂吟。紅衫窄袖渾無賴，愁絶南巡諫諍心。

王伯固一鳴，黄岡人，有《朱陵洞稿》

前　題

夏仁壽

宦途何必計升沉，胸有奇詩便足儞。詠到孤臣長糞土，少陵而後又朱陵。

王子雲一翥，黄岡人，有《智林村》《長迹園》諸稿、《青蓮》《花樓》《尋子》《西征》等集

前　題

王葆周

奇蹤莫訪智林村，門第烏衣亂世存。無計風騷開面目，長江寒漲咽吟魂。

前　題

程廷藻

沅芷湘蘭屈宋芬，東歸就養鳳山雲。自從一飲清泉味，巴水年年緑到君。

李天瑞文祥，麻城人，有《檢齋遺稿》

前　題

王葆周

畫鳩微諷惱臣安，兩疏歸來冰雪寒。猶記岳陽燈火夜，江聲萬古老蚪蟠。

吴石梁良吉，黄岡人，有《居湖集》

前　題

石相欽

寥寥一集誦居湖，曾謁姚江味道腴。純粹至今猶可掬，風規不減邵堯夫。

陳元復仁近，蘄州人，有《應叩鳴集》

前　題

黄子昺

歸自眉州絶愛憎，行吟時挈剡溪藤。愔愔大雅難諧俗，省識絲桐顧子承。

張子龍步雲，廣濟人，有《苾芻度閣集》

前　題

石相欽

雝雝絶似鳳凰鳴，獨向騷壇狎主盟。投老自看無别業，手開草昧變文明。

鄧震卿楚望，麻城人，有《詩删續稿》

前　題

黄子昺

春風江上漫句留，百可園中别幾秋。諫草不傳詩句在，堪憐聽雨亂鄉愁。

王純甫同道，黄岡人，有《侍御詩草》。弟行文同軌，有《蒼蒼閣稿》《蘭馨集》及《合江亭遊燕》諸草

前　題

黄子昜

純甫瑰奇行甫才，翩翩詩思出塵埃。雙珠自有風雲格，不寄諸公籬下來。

前　題

石相欽

情日牢騷思日沉，枯桐烈烈自含音。詩多逸氣王純甫，有弟居然嗣二林。

寇巨源學海，廣濟人，有《二餘齋集》

前　題

梅作芙

一簾溪水緑鱗鱗，遊子詩曹各惜春。藜杖湿扶花外雨，風情想見寇山人。

前　題

夏仁壽

獨醒江湖賸一身，山人自是有情人。幽懷擬賦間居樂，花雨寒流字字新。

易楚衡之貞，蘄水人，有《易州集》及《三舍篇》

前　題

石相欽

青浦廣文廉著偁，耐寒石硯飲生冰。至今浣誦《易川集》，宗派當歸杜少陵。

瞿睿夫九思，黄梅人，有《文莫堂集》及《明詩》《擬明詩》《樂章》

前　題

石相欽

博奥誰儕瞿聘君，六經著作積如雲。周詩且有明詩擬，小雅原從大雅分。

汪伯子美，弟仲子勳，黄梅人，有《東山雙隱集》，又與弟灼著《怡怡堂集》

前　題

石相欽

東山雙隱日吟哦，弁序褒從章與羅。觸景成詩皆曠逸，劇悲棄去不傳多。

朱子德期至，蘄水人，有《王屋山人集》

前　題

黄子昜

公子翩翩玉筍班，漫云吾意卜青山。交情雅得胡之驥，一卷遺詩故劍還。

周冏卿宏綸，麻城人，有《冏卿詩》《澄海》等集

前　題

黄子勗

冏卿才調困風塵，一疏批鱗到海濱。詩思應隨遷謫遠，垂楊古道有征人。

梅克生國楨，麻城人，有《燕臺集》

前　題

梅作芙

灝氣流行思邈然，侍郎才調更無前。當年衣鉢分明在，不識公門孰與傳。

前　題

王葆周

壯氣昌黎巨刃摩，呼風嘯月看山河。燕台司馬真雄兀，萬里青天自放歌。

前　題

石相欽

怒風颯颯撼燕臺，狂嘯居然斫地來。李志曹崧驚欲死，應推司馬不凡才。

石楚陽崑玉，黄梅人，有《石居士詩删》

前　題

黄子勗

結髮論詩到白頭，以唐爲範石蘇州。古風近體皆堪誦，不附當時七子儔。

瞿太初甲，黄梅人，九思子，與弟罕均能詩，有《與善堂草》及《赫踬编》；罕有《餘力稿》

前　題

黄子勗

十三童子解親危，黄口能題雪裏詩。讀到飛霜嗚咽處，才人孝子合留祠。

楊用極大鰲，廣濟人，有《榛苓遺草》

前　題

黄子勗

空嫺詞賦困公車，歸過南雍得自如。吟出樂天新樂府，熬煎性命是州胥。

楊子馬晋，廣濟人，有《漁磯集》

前　題

石相欽

梅川幾輩競吟壇，雄偉求如子馬難。悲泣高山丞戰死，豪情想見怒衝冠。

袁子理希燮，黄岡人，有《白燕》《宫鶯》詩各十首

前　題

石相欽

十五能詩早著聲，分題《白燕》與《宫鶯》。三袁唱和無虚日，婉秀偏饒詠物情。

吴明仲亮嗣，廣濟人，有《師白齋集》

前　題

黄子勗

給諫新詩五字優，六朝顔謝企風流。更嘉疏理熊廷弼，如此人才可惜不？

邱謙之齊雲，麻城人，有《吾兼亭集》及《粤中稿》；子坦，有《南北遊詩稿》及《楚邱》《度遼》等集

前　題

黄子勗

好向風波静處留，詩情不共宦情休。箭瘢任帶沙場血，有子還如定遠侯。

梅彬父之煥，麻城人，有《中丞遺詩》

前　題

王葆周

文孺相聯屢奪官，孤懷欲寫措詞難。車生烈烈奇男子，詩卷完時國已殘。

前　題

洪席珍

悽絶從軍出塞行，孤臣杖殺總君恩。可憐秋草黄昏後，定向何年入玉門。

劉敬伯養微，廣濟人，有《康谷子集》，弟養吉詩附集後

前　題

黄子勗

縹緲群仙發嘯長，西遊夢記玉英堂。如君才力堪分幟，也復推尊李夢陽。

周白石明偉，羅田人，有《焚餘草》

前　題

王葆周

删盡《離騷》始作詩，雍容儒雅亦吾師。公餘自寫《焚餘草》，莫認尋常俗有司。

張□□啟佑，蘄水人，有《耐仄居詩》

前　題

梅作芙

流水三篙月一灣，長桑無術更幽閑。菊英蘭露芬如許，只在吾廬環堵間。

黄美中正色，蘄水人，有《棣華軒集》

前　題

王葆周

一卧蓬廬歲月徂，青燈秋雨老蝸居。傷時杜甫偏寥落，黄葉敲門自著書。

周天格壽明，蘄水人，有《敦和堂集》

前　題

黄子勗

徵君衣製芰荷工，潭水千尋鑒此衷。寫出丹心詩卷裏，依稀甫里陸龜蒙。

劉同人侗，麻城人，有《同人稿》

前　題

王葆周

劌心撟舌興幽奇，昌谷嘔心數卷詩。草碧吴江春色老，傳人例不鬢垂絲。

曹石霞允昌，麻城人，有《有蔬堂詩集》

前　題

王葆周

被髪佯狂苦自污，荒寒粗飲酒頻沽。唐寅才氣唐瞿哭，獨抱靈光嘅影孤。

前　題

黄子勗

狂死行歌續採薇，清才得似石霞稀。蕭蕭夜雨吟哦苦，獨向空山禮少微。

鄧扶風雲程，黄岡人，有《懼菴集》

前　題

黄子勗

濁酒難澆塊壘胸，荒園遥望鼎湖龍。詠懷未了持髯去，可是窮途阮嗣宗。

杜茶村濬，黄岡人，有《變雅堂集》，子世農著《斷雁吟》

前　題

梅作芙

一曲長歌换百金，故交鮑叔最知貧。臺城草樹徘徊處，無限窮愁日暮吟。

前　題

洪席珍

江南文讌擅風流，遺老飄零到白頭。惆悵梅花村畔路，何人爲葬杜黄州。

前　題

童樹棠

莽莽河山吊夕陽，筆能清老氣能蒼。漁洋詩教偁中晚，劍外淮南未是長。

前　題

王國楨

採薇槁餓作吟魂，文采風流世所尊。一什金焦詩律改，令人搔首憶梅村。

杜蒼略岕，黄岡人，有《些山集》

前　題

王葆周

貧居荒業老風情，才士都從亂世生。想到流離時愈苦，銷磨心血對寒檠。

前　題

洪席珍

東坡善謔欒城默，二杜風流似二蘇。造物由來忌才士，江南黄葉死孤廬。

萬頤莊爾昌，黄岡人，有《頤莊詩集》

前　題

梅作芙

不襲三唐不擬陶，孤桐百尺日增高。若非機杼從心出，難許詩中一世豪。

萬退修爾昇，黄岡人，有《秋水岑》《滋言》二集

前　題

王葆周

樂天諷諭獨標新，生有聰明及古人。歌泣至情期感世，十年草澤一孤民。

鄭亦懷先慶，黄岡人，有《肯岩集》

前　題

黄子勗

幸逢元老結知音，賸有高名説到今。不使銷聲江漢上，漁舟一跋愛才心。

劉幼陵子杜，廣濟人，有《浣花溪集》

前　題

王葆周

名字皆宗杜少陵，溪居又託浣花偁。身經散亂同歌泣，可有光芒萬丈騰。

毛文貞鈺龍，麻城人，劉守蒙妻，有《毛文貞集》

前　題

黄子勗

慘澹孤吟七十秋，一番節序一番愁。春風暮雨貞心苦，不讓當年燕子樓。

國朝順治

顧黄公景星，蘄州人，有《白茅堂集》

前　題

童樹棠

氣大難收有怒潮，一篇純駁雜相招。若論樂府真奇絶，不獨才能冠本朝。

前　題

程廷藻

大卷牛腰身後名，白茅堂畔氣縱横。十年老友都零落，苦爲才多掩士衡。

前　題

闕　名

亮節雄才顧赤方，未芟榛楛有雌黄。楚人不善爲名譽，五百年來孰短長。

劉克猷子壯，黄岡人，有《屺思堂集》

前　題

洪席珍

金門射策冠群英，健筆真騫碧海鯨。清絶屺思遺稿在，卻因文字掩詩名。

李東皋炳然，蘄州人，有《江麓堂集》

前　題

石相欽

陶鎔後進講帷披，大筆千秋著述時。巨眼雨湖張子駿，知君老敵杜陵詩。

李元熒見璧，蘄水人，有《宏圃集》

前　題

石相欽

詩有立乎詩以先，此心冥會最超然。美中嘖嘖深推許，何處吟壇覓比肩。

毛龍泉炳，廣濟人，有《春風草堂集》

前　題

石相欽

父老相攜贈一錢，今人足並古人傳。眼看春冷山陰道，惜别詩猶頌劍川。

盧澹崖綋，蘄州人，有《四照堂集》

前　題

石相欽

解組怡然老薜蘿，名山著述等身多。堂開四照風流藹，最愛詩情帶永和。

劉廓庵醞驥，廣濟人，有《芝在堂集》

前　題

王葆周

劖刻華文露性情，婺牙隻字亦聰明。疏籬苦竹情何限，班固遺書尚未成。

前　題

王葆龢

雅健深雄益自酣，李王而後又鍾譚。長風山社歸零落，令我蒼茫憶廓庵。

王昊廬澤宏，黄岡人，有《鶴嶺山人集》

前　題

王葆周

日麗風和萬國明，一時安雅徧公卿。羅胸饒有寬餘氣，不作人間變徵聲。

楊傳人繼經,蘄水人,有《菊廬詩集》

前　題

石相欽

宋意沉酣學劍南,蘭畦春曉愛晴嵐。座中一例誇詩筆,留與漁洋佐偶談。

盧叔向經,黄安人,有《長安秋興詩集》

前　題

石相欽

至今遺愛頌推官,耽暇揮毫墨未乾。非是少陵無限感,自多秋興滿長安。

王雪洲追騏,黄岡人,有《居俟樓集》

前　題

夏仁壽

磊落嶔崎王雪洲,美人山鬼寄清幽。知君懷有山花筆,祇寫江天不寫愁。

前　題

石相欽

月下梅花影即離,嫣然髣髴雪洲詩。再三雒誦豪情出,又是天空海濶時。

葉井叔封，黄岡人，有《慕廬集》

前　題

洪席珍

十子才名滿洛中，漁洋最賞是游嵩。恠來標格高如許，曾堉詩人杜水東。

前　題

石相欽

濁酒長安不易居，詩名壇坫近何如。樊湖風月乘舟夜，二十年前聽讀書。

張長人仁熙，廣濟人，有《藕灣集》

前　題

童樹棠

筆能幽折氣離奇，第伯東京封禪儀。若盡裁縫鍼綫跡，便成蒼渾杜陵詩。

前　題

王葆周

雋永鏗鏘憶藕灣，千年灑灑有無間。黄公楚在聯吟陣，雅是人間玉筍班。

前　題

黄子勗

江鄉詞客幾經秋，坐對青山照白頭。風雅故交聲氣合，雪堂榻下宋商邱。

陳覲伯之京，蘄州人，有《天衢遺集》

前　題

石相欽

覲伯超然思不群，激昂淺露漫同云。雅音自得風騷旨，蘊藉情如出水雲。

國朝康熙

張石虹希良，黄安人，有《寶宸堂集》

前　題

黄子勗

石虹早困白雲門，詞館風流晚歲尊。詩格竟隨遭遇改，前如東野後西崑。

前　題

洪席珍

發策曾邀博物偁，御書白羽賜親承。歸來萬槿園邊路，素葛烏紗曳壽籐。

舒康伯逢吉，廣濟人，有《綜雅詩集》

前　題

石相欽

身世轗軻自鬱陶，北征詩憶愚山褒。悲歌終古聞燕市，絶調何人復楚騷。

王擔人材任，黄岡人，有《尊道堂詩鈔》

前　題

王葆周

文人鈎巧鬬聰明，分體鏗鏘韻疊成。回憶皇華軺使日，流聲劍外已縱横。

前　題

范毓璜

詞客清芬重賜書，秋風秋雨憶相如。欲從沈老嚴詩律，猶問江南舊草廬。

前　題

洪席珍

西澗歸來興尚豪，長篇險韻鬬英髦。巋然魯殿靈光在，屢費愚山折柬招。

黄曉夫利通，黄梅人，有《懷亭集》

前　題

王葆周

應機立斷即成篇，草詔枚皋憶昔年。識得新詩揮洒樂，石亭伸紙本天然。

金會公德嘉，廣濟人，有《居業齋集》

前　題

石相欽

南宫高步冠群英，致仕因能撰述精。五色琅琅金石訓，共欽雅正發鏗鏘。

前　題

黄子勗

滿徑蓬蒿一卷詩，江皋鍵户日覃思。梅花玉篴歌殊健，編入青蓮舊集宜。

陳仲夔大章，黄岡人，有《玉照亭詩集》

前　題

王葆周

仙人飛迹躡清虚，無際銀濤繞帝居。下界吟魂誰似得，乾坤月下莽榛墟。

前　題

范毓璜

館職親除列御屏，松湖鍵户一鐙青。何須定作驚人句，澹雨微云玉照亭。

前　題

洪席珍

松湖歸養荷恩偏，綺歲詩名百粵傳。玉照亭荒佳句在，風流合在柳蘇間。

靖果園道謨，黄岡人，有《果園詩鈔》

前　題

黄子昺

官箴不忝古名臣，鄉誼尤能洽比鄰。十畝松陰三徑菊，但將餘事作詩人。

余□□學益，黄梅人，有《年譜圖詠》

前　題

石相欽

骯髒牢騷自不凡，抒情水木並風帆。可歌可愕人間境，放筆拾歸詩一函。

趙雪亭士泰，黄梅人，有《雪亭詩集》

前　題

石相欽

句烹字鍊杳無痕，探得前明七子源。即從當代論風格，雅似梅村與櫟園。

前　題

黄子昜

雪亭對景輒忘疲，柳岸瓜棚自詠詩。佳句摘來真豔絶，琴臺花鳥夢西施。

前　題

王葆周

賈佛推敲發浩歌，雪亭春去影婆娑。單衾短劍真蕭瑟，流落人間斷句多。

李良哉佐，麻城人，有《鄰坡堂集》

前　題

王葆周

暇呼老杜與神游，細律清嚴自講求。欲向螺山收散佚，知音無復沈方舟。

李生槃、秦京、張畸、郭從、黄載華、黄載嶠、熊楚荆俱蘄州人，稱“雨湖七子”，各有集

前　題

黄子昜

文酒追隨歲月馳，雨湖吟社重當時。不堪師友凋零後，感舊懷人七首詩。

國朝乾隆

南念貽昌齡，蘄水人，有《樗野詩稿》

前　題

黄子昴

斯人端合主騷壇，得句還應勝得官。斑管一枝箋一幅，晉唐軼事幾悲歡。

南伯容心恭，昌齡子也，有《豆塍遺詩》

前　題

洪席珍

十年北轍小游仙，夢裏黄州歲月遷。賸有豆塍遺稿在，酒家題句尚流傳。

喻岑居化鵠，黄梅人，有《素業堂雜著》

前　題

石相欽

長身玉立喻匏園，問字時停過客軒。詩自清癯以骨勝，寥寥素業稿中存。

李義民本質，黄梅人，有《自覺堂詩集》

前　題

石相欽

襟期豪放李羲民，墨菊精工迴絶倫。太白云遥長吉往，一家詩派付斯人。

喻冶存文鏊，黄梅人，有《紅蕉山館詩鈔》

前　題

王葆周

山河瀇漭吐靈奇，一世文名塞外知。絶似雞林金作餅，中華遠購白公詩。

前　題

石相欽

好將山館築紅蕉，鍊冶諸家氣力饒。横出一枝偏得髓，喻鳧騰向碧天寥。

前　題

黄子勗

誰將遺集塞垣攜，驚歎奇才過碧雞。豈識沉檀焚一炷，紅蕉館裏拜昌黎。

喻嵐波文鑾，黄梅人，有《春草園集》

前　題

石相欽

不求奇崛喻嵐波，新警猶能得句多。坡老春陵遺法在，石農評賞豈云阿。

王徒洲鑾，黄岡人，有《白洋山人詩鈔》

前　題

洪席珍

徒洲才調十三齡，先輩風流足典刑。游倦歸來耽嘯詠，無人知是少微星。

國朝嘉慶

陳太初沆，蘄水人，有《簡學齋詩存》《詩删》

前　題

童樹棠

本來明月是前身，況復中年學道人。浩氣再加沉鬱好，便應文藻照千春。

前　題

胡　浩

妙探騷雅寫宏才，元氣爲根理亦該。絶大精神能到處，凝然不動鬱風雷。

前　題

范毓璜

匹馬湖湘紀勝游，燕雲楚雨望中收。飄然一曲真霞舉，宣室才人未白頭。

前　題

洪席珍

奇藻英詞世莫聞，狀元品望重南金。知音同究天人理，只有湖南魏默深。

陳芴生準，蘄州人，有《棓瓠集》

前　題

王葆周

歌名棓瓠憶蕭重，作集何期命意同。今古英雄當末路，荒談讕語遣奇窮。

盧鏡亭爌，黄安人，有《記里鼓詩集》

前　題

石相欽

岱洛周游盧鏡亭，澹然無欲見芳型。詩非著意求工妙，流麗皆能寫性靈。

潘四梅焕龍，羅田人，有《四梅花屋集》

前　題

范毓璜

三載校書居秘閣，十年相馬遇燕臺。何如老作閒雲伴，四樹梅花一笑開。

陳九香瑞琳，羅田人，有《食古研齋詩集》

前　題

王葆周

詩人沉滯下僚多，冷落參軍自放歌。宗法眉山成別調，十年前已噪漳河。

國朝道光、咸豐、同治

梅菊陔見田，黄岡人，有《□□集》

前　題

王葆周

當途無計覓知音，一炬秦灰舊恨深。零句尚留人世口，窮年莫慰讀書心。

陳凝甫昌綸，羅田人，有《量齋詩鈔》

前　題

王葆周

太行王屋鬱崔嵬，卷裏山川得得來。尚憶楊公青阮眼，孤寒隊外賞奇才。

熊卧雲五緯，羅田人，有《仰止書屋詩集》

前　題

石相欽

一腔忠義寓於詩，抱負宏深欲濟時。選句卻嫌方志略，寥寥只載刺貓詩。

范倩仙，蘄州人，字同里，張氏有《耐寒詩草》

前　題

王葆周

清波古井静無瀾，冰雪樓中筆硯寒。餘事流傳清妙句，文貞相並好驂鸞。

釋重珂，蘄州人，有《莖草亭詩集》

前　題

王葆周

千經攤向妙明鐙，清坐蒲團倚瘦籐。衣墜天花人入定，東山終古一詩僧。

前　題

石相欽

東山古寺釋重珂，詩共雨湖七子哦。莖草亭留清響在，宜人晚翠滿岩阿。

國朝光緒

陳雲舫錦，羅田人，官至鴻臚寺少卿，有《蕉雪詩鈔》

前　題

王葆心

官階纔達便成翁，詞客支離萬古同。雪夜長安眠破寺，焚香孤拜杜陵公。

補遺

范季常昌棣，蘄水人，有《移園集》

前　題

王葆心

熱淚盈盈泣楚城，知音猶爲惜詩名。年年鸚鵡洲前水，似爲才人咽恨聲。

羅田葉啟壽校字

卷七　詞章　詩

擬蘇子瞻《武昌銅劍歌》

童樹棠

空江雨過風倒吹，斷岸劃破青崖肌。江神迎神照夜火，太乙下斲蒼苔鎖。三尺銅劍秋水清，溢溢寒塘光帖妥。供奉得此沙潭處，黄虵蜿蜒忽飛去。細看碧血生土花，上有古字真人署。蘇子與汝夫何緣，明窗大几相周旋。君不見古來神物豈易得，泗水寶鼎消秦年。

雄傑，能合仙才、鬼才於一手。

前　題

范曾綬

天門奇竹拂天帚，武昌江邊風怒吼。忽然濤頭衝岸裂，突出神物形蚴蟉。何年遺跡血模糊，土花剥蝕亂星斗。風胡開眼歐冶歎，魑魅遁形罔兩走。鄭公相遺亦多情，蘇子得之喜且驚。電光熤熤初入手，從兹健僕添平生。剸蛇斬蛟四方去，玉具三尺腰間横。人間由來寶金石，瓦棺篆鼎勝圭璧。沉沙遺鐵半段槍，猶自摩挲認前昔。但須古物羅繽紛，何事開爐鑄矛戟。

前　題

劉　鵬

我有雙刀遺子由，鄭公慷慨如代酬。贈我一囊繫何物，三尺芒寒氣森鬱。此物閉藏江岸深，倏然裂出風爲拂。有文未題許旌揚，静江故事差相方。彼以石投此以塊，同歎碧血聲鏗鏘。目懸不是斬蛟手，誰忠誰奸難擊剖。君不見黄蛇入水雷轟天,鐵板高歌主恩厚。

奇縱得之獨造。

前　題

劉鏡華

斗牛寶氣輝騰紫,神物何年潛碧水。六丁掣取吴王宫,孫劉一試飛青虹。武昌昨夜江岸裂,石破天驚光似雪。電紅燒尾玉龍飛,果然百鍊非久微。多年埋没今始出,太阿逼視方悟稀。風塵落落誰儕偶,慇懃供奉眉山叟。鋒鋩作作雪堂寒,虎氣上騰驚户牖。寄託深微。黯黯青蛇色,片片緑龜紋。擬奏金刀績,還銘畫閣勳。君不見五彩燄起光氤氲,壁間指顧通風雲。

前　題

黄巨源

周處手提三尺劍,老蛟血透芙蓉豔。何年飛入大江東,矯矯神龍蟠巨壍。六朝五代幾銷磨,誰識精華伏太阿。天生神物不世出,兩脅繡澀苔花多。歷晉而唐而我宋,石裂江開如決甕。聲大而遠。一聲霹靂飛雪光,海鼉湖蛟皆侍從。淒淒古血生銅花,蘇子得之喜且嗟。蒼涼副使黄州客,拓落琴書伴酒家。君不見雲台二十有八將,東漢山河資保障。腰間玉具吐寒芒,千載鬚眉清且暢。

前　題

張炳壽

武昌江中埋劍鋒,風號雨晦馳青龍。龍飛上天不可得,寒芒閃閃驚顔色。須臾空中聞霹雷,電捲雲開歸澤國。時清神物流光彩,五百年前如有待。試將拂拭認前朝,氣奡神奇,高渤海之遺調。陰縵陽文儼然在。我今得此何所營,朱雲盛氣折公卿。君不見英雄腰底横秋水,長向人間報不平。

前　題

胡　浩

滄江岸裂生紫煙,干將化魄飛上天。銅精出土二千歲,電光照水長於彗。夜來雷雨生太空,蛟血餘腥滿江裔。神物忽來人所有,精神與汝長不朽。昔從供奉吐雄芒,今對蒼髯飲白酒。三尺銅劍固絶倫,蘇子亦是嶔崎人。君不見武昌大江有異氣,慎勿化去延平津。

前　題

畢自厚

君不見豐城之陽延平水,地下玉虯呼不起。又不見公孫説劍如有神,渾脱瀏亮驚天人。奇才異物久銷歇,誰披斷莽窮山根。嗟余好古生已後,鄭公空謫樊山守。忽驚電擊與雷轟,黄虵墮江老蛟吼。或疑靈胥酬漁翁,佩解千年化龍走。又疑吴王避暑宫,土花濺血埋崆峒。不然胡爲顯靈異,山石傾裂光熊熊。不鑄漢宫人,寧爲伏波柱。感君贈我伴琴書,願效雞鳴夜聲舞。

清壯頓折,亦如觀公孫舞劍器也。

前　題

梅作芙

濕烟四積孤雲峻,寒夜老龍縮成寸。龍眠塵槖静不鳴,學杜得骨。大江無風日奔迅。要知龍身非久藏，訇然石裂山分張，寶氣森森貫霄漢，神光濯濯飛雪霜。方今太平日無事，大戟長槍俱棄置。人言此物老有神，依公猶抱琴書志。君不見雋生往見暴公子，櫑具蓮花已如此。

前　題

余仁恭

何年神物埋黄沙，淒淒蛟血生銅花。武昌江頭岸摧裂，靈虵飛出電光掣。供奉鄭文嘗得之，贈與髯公成異説。蘇子開匣稱新奇，冶鑄精巧光陸離。摩挲掌上閃寒碧，愛如新獲連城璧。君不見王郎砍地歌莫哀，拔爾抑塞磊落提三尺。

豪宕自喜。

前　題

謝　椿

天帝裂炭洪爐燋，雷公風伯驅龍蛟。赤堇山破若耶涸，鬼母嗷泣天吴驕。鼓鑄已就星斗摇，神靈錯愕不敢鞘。鉞從文起至脊止，芙蓉擲下秋江皋。江皋裂圮四方怒，大江白日來胥潮。鄭君前世定歐冶，神物入手平驚濤。持贈蘇子昆吾刀，對此亦足張詩豪。側耳夜聽風蕭蕭，當窗瞥見虹騰霄。

奇桀。

王元之竹樓

王懋官

竹兮本孤直，不與凡卉儔。公性與之然，寄意于斯樓。浮生逐流電,斯樓獨千秋。何必重覆爲,始云久遠謀。

蒼遒。

前　題

周錦森

竹樹散寒碧,煙云鬱青蒼。縹緲風帆飛,溟濛沙鳥黄。竹樓巀天半,一覽窮八荒。中有謫仙人,鶴氅巾華陽。登樓日夕坐,讀《易》焚爐香。一去八百年,古戍寒鴉翔。我來吊秋草,江聲語興亡。不見樓中人,明月秦時光。

前　題

李林滋

刳竹伐瓴甋,十年已凋朽。文編小畜集,樓名乃垂久。我尋城北隅,隱然存土阜。旁爲赤嶂磯,月波對疎牖。下有横江館,賓僚昔奔走。髣髴聞吟詩,彈棊恍脱手。投壺與鼓琴,聲疑出林藪。夏雨冬霰零,風雷有時吼。陳迹廢不修,傳述在人口。尚餘數莖竹,嫋嫋翳培塿。

前　題

范曾綬

微雨掃空翠,翼然城上樓。江山倏變幻,遺跡烟雲浮。竹瓦僅十稔,兹樓名自留。名留斯不朽,逸韻猶風流。人事有代謝,寒飈動颼颾。大呼樓中人,相與數春秋。

韓魏公讀書堂

王懋官

公去竟不返，大江日夜東。中原幾興廢，此堂猶屬公。公神在何許，元氣摩蒼穹。鬼物亦已滅，長空號夜風。

沉勁。

前　題

周錦森

春草亭上緑，蓮池秋意深。光黄來巨人，書堂無古今。我亦倦游者，讀書巖解事。書堂跡已荒，鐘聲發鄰寺舊址在安國寺左。相州晝錦闢，晝錦淩飛仙。黄州懷舊游，舊游歌昔賢。思公位將相，景祐治平年。鴻羽養鄧林，龍爪留虞淵。

前　題

畢自芬

鬱鬱安國寺，坐對江流空。中有讀書者，云是韓魏公。掃榻寺西廊，夜雨孤鐙紅。二女翩然來，言笑無由通。一朝登廟廊，補衮書奇功。遺暉照青史，景仰方無窮。昔時讀書堂，今爲荆棘叢。堂前更何有，殘碑卧牆東。約略見碑字，猶書天聖中。

蘇子瞻乳母墓

王懋官

生死得相從，母乎亦何幸。坐令一抔土，名與才人永。落落數字碑，精誠常耿耿。過客拜荒阡，呼空時引領。

前　題

曹集蓉

白楊何蕭蕭，知是誰家墓。獨有乳母墳，千載名如故。文章榮枯朽，恩勞重封樹。太息朝雲冢，海外埋烟霧。

前　題

范曾綬

釣臺磯水邊，漂母墓下土。當年一飯恩，此媪遂千古。推之撫字意，微甚不足數。鞠育代他人，用心亦良苦。子瞻識此意，報德酬一乳。豐碑題高阡，千載識任姥。

前　題

范曾綬

春半棠梨花，開時亂無主。荒塚何纍纍，部塿烏足數。中有乳母墓，年深宿草補。眉山千里魂，東阜一抔土。名流一乳恩，留名便千古。

雋永。

前　題

陳慶萱

養不必其子，葬不必其里。子瞻有乳母，巋然墳特起。薄宦隨四州，高堂侍三紀。嗚呼臨皋亭，七旬人已矣。墓碣誌恩勞，諸兒與伯姊。生有益於人,自然長不死。

收句警絶。

前　題

李林滋

獻之有保母,退之有乳母。子瞻之乳母,邁過之保母。撫視積恩勞,遷謫隨奔走。學杜句法。卒元豐庚申,生祥符己酉。維十月壬寅,僑葬城東埠。内碣刊誌銘,外碑紀誰某。市朝幾遷貿,缺齾委榛藪。幽魂泣寒食,伊誰奠杯酒。鳩工共扶植,庶幾垂不朽。

前　題

周錦森

言尋東皐石,苔蘚一何斑。有宋蘇長公,風義留其間。聞昔韓吏部,銘碑報乳母。眉山趨步之,碑字大如斗。唐宋兩大賢,文章映先後。俛讀長嘆息,風生墓門柳。

秦少游海棠橋

王懋官

溪水日夜逝,花隨風雨過。所恃惟才名,歷刦無催挫。棠花誰争妍,新詞誰敢和。營營道旁客,何如此醉卧。

前　題

周錦森

橋水鳴不息,花開月如曙。仙人秦少游,醉卧海棠處。倘儻清逸，勝於少游原詞。前水復後水，日向花間流。今月復古月，照我花下游。今人非昔人，花月空蜉蝣。

前　題

帥培寅

棠花驕且豔，不爲路人香。夜深人不知，秦髯入睡鄉。淮海老詞客，醉卧橋爲宅。頹然玉山倒，行樂及春夕。杜老舊無詩，髯以詞補之。至今橋上月，能照海棠詞。

清豔。

前　題

吴臨翰

杜公吟百卉，未及海棠花。司馬昔題橋，絢爛無名葩。秦公拚一醉，酒色如流霞。睡起驚灼灼，光輝徧津涯。紅妝高燭照，詩意增英華。清深華妙。遥知定惠院，吟詠同褒嘉。今來花縣北，懷古尋蒹葭。驅馬度虹梁，豔句猶紛誇。欲和芙蓉城，付與丹青家。

前　題

李林滋

一叢紫臙脂，婀那覆橋柱。如觀洛陽牡丹，爛漫可愛。昔有題詞人，夢醒天未午。細雨濕海棠，正逢村酒醹。又思入醉鄉，招尋劉阮伍。欣賞獲長公，橋名昔自古。迢迢八百年，虹梁杳無覩。花與定惠院，芳荄一時腐。惟有緑楊橋，依舊題杜宇。

前　題

許集奎心武　羅田

東坡飲安國，五醉海棠下。咄哉秦少游，醉花窮日夜。矯變不凡。黄州二三月，游騎紛無數。日見棠花開，而忘橋水故。欲訪醉歌人，月照寒谿樹。

杜于皇飢鳳軒

王懋官

飢鳳不啄粟，所食惟琅玕。焉能逐群雞，刺局争一餐。高舉青冥外，氣健韻高。往還浮雲端。翹首望不及，憑軒起長歎。

前　題

畢自芬

鳳兮生不辰，孤飛江南北。朝棲失梧桐，夜啄鮮竹實。深摯似杜陵。故國多青山，榛莽不可息。遺詩重貞珉，千金購不得。茶村有故里，騷人快游陟。賢哉楊郡侯，築軒牓村側。鳳去軒猶存，淋漓搨遺墨。

氣格清深。作者沉於學，是年冬應科試到郡，出場嘔血卒。昌谷爲文傷命，誠可惜哉！

前　題

陳慶萱

詩骨埋鍾阜，書聲聽蔣山。白下老游客，黄州仍故關。中原鹿已失，鼎湖龍不還。忍飢時一鳴，孤鳳在人間。哀怨譜《離騷》，變雅不可删。舊軒圮復構，高翮入煙寰。

清遠有唐音。

前 題

帥培寅

俗人長苦飽，志士長苦餓。蕭然梅花村，苦吟僧一個。九苞珽雲飛，文采照帝座。鼎湖龍上天，造物都顛簸。紫綬並金章，癡想景運佐。黄岡老布衣，日伴寒梅坐。兀兀鬱孤懷，奇氣落咳唾。薇蕨不充腸，肯將俠骨挫。鍾阜好青山，長共高人卧。至今鳳凰墩，百鳥不敢過。

奇采逸骨。

前 題

李林滋

詩人例窮阨，茶村乃過之。暮年棲白下，三旬僅九炊。身死不得葬，少子遠流離。賴有滄洲翁，營壙青山陂。鄉人重高義，故宅葺爲祠。規模仍狹隘，棟宇防傾攲。承祀更無人，阿誰具明粢。生亦常苦飢，没亦常苦飢。憑軒重太息，鳳德今何衰。少陵舊茅屋，屢被秋風吹。至今浣花宴，盛集上巳時。願言告士友，置産盈十畦。以供修除費，以備奠醊資。報恩縱無人，諒有梅花知。

俎豆名賢，宅心甚厚。

前　題

周錦森

霜風摧竹實，雨雪凋梧枝。鳳兮千仞上，嗟爾來何遲。黄虞日以遠，毛羽日以蹇。東南蔓榛棘，鳴聲變悽惋。阿閣萬里深，飛飛求故林。至今鳳棲處，百鳥多清音。

跌宕似太白。

秋　陰

童樹棠

黄葉無聲飛滿林，雲光不動晝陰陰。梧桐一院晚煙瘦，橘柚滿庭秋氣深。天外斷鴻低處影，花邊寒蝶倦時心。短籬曲徑西風孏，醞釀霜華意不禁。

深細耐人十日思，粗才不能作，躁心不能讀。

前　題

聞宗穀

濃陰漠漠歷城頭，天半銀雲澹不收。作勢釀成重九雨，耐寒禁得一分秋。疏鐙點點沉漁舍，荒絮團團撲釣舟。獨有塞垣真慘澹，風云接地起邊愁。

深遠處不減漁洋。

前　題

范曾綬

海棠謝卻芭蕉老，誰爲黄花更乞陰。紗霧輕籠寒日薄，羅雲疊覆碧天深。蟲吟繞(砌)[徹]憐琴澀，雁字書空訝墨侵。好夢如塵吹不散，夜涼疑是釀秋霖。

冰雪聰明。

前　題

洪席珍

涼陰漠漠混朝昏，摇落西風葉打門。飛雁帶雲迷遠岫，歸鴉擁霧失孤村。天低菡萏圍屏影，水暗蒹葭點墨痕。欲步虹橋看衰柳，斷煙零雨已消魂。

前　題

曹集蓉

白門柳色劇蕭蕭，水墨模糊畫意饒。遠浦驚回鷗夢杳，晚煙衝破鷺飛遥。關山黯淡黄沙塞，風景淒迷白板橋。竟欲吹開新月色，碧闌干外一枝簫。

前　題

陳慶萱

嫋嫋西風晝掩門，梧桐庭院隱朝暾。茶煙半縷淡無迹，花影一簾秋有痕。古徑雲深天欲暮，長亭酒罷月初昏。空江寂歷雁飛起，煙水茫茫何處村。

前　題

程廷藻

樹色濛濛隱斷河，陰晴無定意如何。時聽微雨打窗過，最愛斜陽傍晚多。二面夾出。近水小樓深護影，隔堤衰柳淡横波。天孫也學人間巧，織得秋雲薄似羅。

前　題

李鴻渚

秋陰漠漠鎖林塘，疑雨疑晴費酌量。王維畫稿所不到。江暗蘆花微露白，山沉槲葉半園黄。不愁日薄潛催菊，但怕天低暗釀霜。莽莽浮雲風未掃，吹開端籍管絃長。

秋　雨

童樹棠

西風小雨動淒清，一點微涼向夜生。破屋叢蕉寒自語，空山落葉濕無聲。蕭騷氣味醒殘夢，隱約秋心上短檠。曾記讀書蕭寺去，一鐙孤劍坐天明。

前　題

胡　浩

一夜西風度小樓，連朝飛雨易成秋。打來落葉窗疑語，濕到寒雲雁亦愁。新夢不禁黄菊憶,舊痕初上緑苔留。卷簾何限蕭騷意,獨自焚香半下鈎。

前　題

陳慶萱

空階滴瀝響淒清,況是蛩吟四壁聲。梧葉緑殘閒院浄,蓼花紅洗遠波明。西窗剪燭詩人話,南内淋鈴帝子情。十四字如鐵鑄成。爲問相如消渴病,茂陵遮莫望朝晴。

前　題

聞廷炬

幾度淒風喧復寂,半天寒雨正簾纖。翠禽摇水棲斷岸,黄葉和煙堆濕檐。瘦損廬江三尺艇,冷敲蕉閣一鈎簾。茂陵秋思今宵急,孤館閒愁脈脈添。

秀色清聲,能得元人勝境。

前　題

夏仁壽

秋雨淒淒落萬絲,半吹屋角半飛池。壓餘木葉梢猶重,洗盡山光瘦益奇。腐草晚涼蟲語歇,遥天晝寂雁來遲。秖今詩思清如水,記取吴淞夢入時。

前　題

謝　椿

滿天風雨漲秋池,鎮日閒情四望時。小苑影低紅樹濕,層樓霧重碧簾垂。階鋪梧葉愁來易,窗嚮蕉聲夢醒遲。記否巴山曾夜話,殘更滴瀝訂交期。

秋　晴

胡　浩

微風吹盡薄羅雲,昨夜霜華重十分。日出寒煙臨曉散,天清響葉在空聞。半塘映水金雕度,一字横秋朔雁群。曾記早行溪澗去,青山紅樹照紛紛。

深心獨造。

前　題

童樹棠

曈曨瘦日照人清,昨夜霜高釀曉晴。喜到青天群雁響,開來黄菊晚花明。危樓一笛吹殘客,紅樹千山送早行。化工之筆。古有崔黄葉,今有童紅樹矣。欲取秋光瀟灑處,畫圖濃淡試關荆。

前　題

劉　鵬

樹頭喜見挂銅鉦,剪取秋光畫不成。蟲語細穿瓜蔓架,蝶衣低曬荳花棚。中無宿障水天合,上有晶毬山海清。分得芳暉苔過雨,陰陽底事又相争。

前　題

黄子勗

水天一色净煙寰,好景登臨莫浪删。兒女深宵遲拜月,闌干閒處飽看山。風光颯爽浮幽渚，霜信迢遥到玉關。堪愛夕陽無限好，青溪紅樹畫圖間。

前　題

聞宗穀

鄉村香稻熟家家，犢背騎來賽社華。黄菊籬邊人載酒，丹楓林裏客停車。三間矮屋餘斜照，一角殘山襯晚霞。遥指江干紅樹外，鱸魚唤賣片帆斜。

前　題

范曾綬

畫幨天開萬景清，人煙橘柚望分明。場驅碌碡黄雲入，樓敞花瓜露月迎。瀑布崖高秋有色，擣衣村遠夜無聲。晚霞詩寫離奇格，莫訝山容太瘦生。

秋海棠

王葆心

清怨盈懷鬱不開，記從牆畔結瑶胎。豐肌豔質愁千種，衰草斜陽淚一堆。蓄隱抱秀，悱惻芬芳，韻遠心孤，似楊誠齋、姜白石詠物之作。幽砌月寒蛩自語，小園花落燕猶來。百年粉黛都消歇，合拾新名入綺裁。

八月偏逢一笑春，闌干十二玉横陳。臨風楚楚如堪畫，映月姍姍亦可人。住近西川分姓晚，魂來洛浦化身匀。兒家未受東皇寵，自抱秋心遠俗塵。

偎煙怯日好威儀，冷豔安排絶世姿。紅線千條牽别緒，檀心一縷化相思。蘼蕪取字年華小，楊柳多情骨相癡。何止東風悔消息，夕陽留戀入山時。

冷眼看空幾樹花，牡丹何事作官家。香生短夢秋無語，情老寒光月有華。庸福争名羞命婦，孤根補恨倩靈媧。三春無力移佳植，蝶醉蜂迷日已斜。

垓下虞兮血未乾，滿腔悲緒又無端。鷓鴣嶺上千枝嫋，蟋蟀堂前一捻寒。半面殘妝追晚菊，寸心幽怨逐枯蘭。境元思澹，獨得清閒。清高彭澤方呼酒，爲愛閒情亦起看。

百媚生眸笑倚風，故園晚景尚玲瓏。紅塵已斷三春夢，巫女猶來十二峰。瘦蛺抱枝煙漠漠，濕螢黏葉月濛濛。花神故意留情種，令我咨嗟想化工。

前　題

張壽之

雁語蛩聲月滿天，夜深倚徧曲闌干。唾痕一砌蒼苔破，淚點千條翠袖單。涼露静添香細細，寒鐙斜照影珊珊。玉壺血作當時種，難得靈芸帶笑看。

不信相思恨未窮，東風嫁去又西風。情纏樓角斜陽外，腸斷牆偎細雨中。蟬鬢留煙籠晚翠，鮫珠滿地種殘紅。有誰燒燭更闌夜，豔對新妝聽斷鴻。

清深華妙，玉谿之遺。

前　題

范曽綬

東風狼藉又西風，妙品神仙色不空。春意太濃移晚徑，秋陰依樣護芳從。夢回冷露憐筋緑，心暈殘霞褪粉紅。已改山妝還待聘，幾生修到與梅同。

前　題

蕭　璟

不向東皇怨命窮，春園嫁後事匆匆。蕭蕭簾角數枝月，楚楚牆陰一捻風。獨處誰憐隨意緑，小名應唤可憐紅。如何金屋神仙格，纔種愁根便不同。

春陰乞罷又秋陰，種得相思一徑深。石砌飄摇思婦淚，玉堂遲暮美人心。壓階紅綫嬌無力，潑路胭脂豔不禁。江上芙蓉漫相妒，繁華舊夢付清砧。

天仙飛行，凡材無從學步。

前　題

梅作芙

六朝粉淚太荒涼，幻作名花亦斷腸。紅豆幾生留別恨，晚霞一抹點新妝。歌殘玉笛情無限，夢入金秋夜未央。記否燭燒春睡足，芳心豔到碧雞坊。

前　題

畢自厚

再來容我續前盟，一色猩紅映月明。圖畫恰宜添没骨，懷人猶自惜傾城。羞從金屋陪佳麗，慣向秋風泣別情。腸斷華清舊宮女，玉環春夢已頻驚。

前　題

聞宗穀

牆陰一角黯深紅，占得春容八月中。細朵新抽偏畏日，低枝斜曳乍摇風。濕螢閃閃偎孤影，瘦蛺依依護幾叢。最是涓涓涼露夜，檀心有恨總無窮。

前　題

鍾鵬程振之　黄岡

嫣然一笑桂堂東，耿耿檀心一點紅。莫道無香非國色，須知有豔不春風。華清人醉秋霜後，姑射仙歸夜月中。秖爲能回天寂寞，開時不與衆花同。

前　題

李鴻渚

懶將絳雪鬭春暾，獨自秋高戀小盆。金屋幾時留絶色，玉階親與種愁根。晚風牆壁離人影，曉月樓臺倩女魂。到底神仙妝束好，薄施脂粉也温存。

一枝摇曳曲欄邊，八月春長倍可憐。生向煙霜難論命，早離香色總由天。秋陰誰復飛章乞，涼夜依然照燭眠。寄語芙蓉莫相妒，幽情旖旎自年年。

冰雪聰明。

前　題

胡有焕

前身應是斷腸人，楚楚嬌紅似帶顰。修到名花仍薄命，飛來寒蝶亦傷神。雨中有憾含清淚，風裏無香悟净因。一樣傾城分冷暖，任教西府競陽春。

前　題

黄巨源

滴破嬌紅雨未休，美人和淚染芳洲。濕螢閃閃迷花徑，瘦蝶依依隔畫樓。裙襞漢宫涼有韻，髻裝洛水澹無儔。温柔擬識仙妃面，好向東牆慰素秋。

雅贍。

擬昌黎薦士詩

（師課超等第一）

童樹棠憩南

六經盛文章，道理有關係。詞人接曼衍，宇宙縱夸麗。奇才覯亦罕，瀾漫歷千歲。闊稀斗與箕，星宿粗可計。屈宋揚宏葩，體氣川岳大。馬楊弄譎詭，博奥騁光怪。建安數曹劉，高骨實雄邁。衝波灌六代，垠厓劃崩壞。鮑謝率勁旅，迴軍鼓旗旝。國朝得李杜，巨刃摩天外。續兹能者出，追逐思偶妃。阨窮老孟郊，桀驁嘻亦太。風霆摎隙竅，錯綜八方卦。萬象鬬剛猛，拔劍喜出隘。精靈恣揮呵,餘浪肆坌濞。雄兀羃險,不讓退之。乾坤方皓朗,斕斑值運會。聖皇索魁倫,抱采在一介。讀書契遐古,洞達斲蕪蒯。昭然揭暠日,闇曖操弗害。微官溧陽尉,有葳真一毳。偷啖及升斗,狗馬非所貴。糟糠悦偉髦,焉知八珍味。俗流況多謗,肌雪生癬疥。蚤聞志士守,難忘在溝澮。磨滅誠昔甘,華茂遺冠帶。但思天生民,好德誰復妎。麒麟耀郊藪,舉世睹所快。五十算幾何,坐觀成耄聵。羲娥照宵昕,奔逸將不逮。賢相曾嗟咨,歸張動歔欷。咫尺通湖江,遊鱗可滂沛。爰居魯東門,尚饗鐘鼓沸。檮櫨鏤山藻,知者爲甯蔡。眷兹卓犖人,酸寒增慷慨。珠璣屯槁壤,使我寸心痗。關雎愛賢才,窈窕求厥對。馥采典文,時賢無從望其項背。拔菜薦宗廟,神明通告祭。静姝俟城隅,婉孌極旁睞。汲汲君子懷,釀酹鍾淑氣。姬公三吐哺,後世稱智慧。

前　題

胡　浩

乾坤盛文明,精靈巧奔湊。大材相繼作,暗奥争結構。劖刓厥陰罅,搰鑿洞陽竇。前觀成周詩,元氣相啄彀。孔子手删定,萬滲無一漏。西漢存篇章,蘇李尚樸厚。建安曹與劉,俊骨闊雄步。六代横頹波,陶阮力張彀。中間鮑與謝,鬼斧劃肌腠。國朝窮華英,日月譎吞吐。射洪陳子昂,齊桓首稱霸。李杜摩巨刃,萬怪恣刻鏤。雷硠擺青冥,風霆嘌呵詬。有窮者孟郊,桀驁世驚畀。神驥脱銜索,控制難指嗾。奇則晴雨雹,荒野駭龍鬬。怪則舞干戚,刑天壯可怐。大則沸四溟,鵬鯨攪摎漱。深則緪地柱,鼇載屹不仆。當其施手時,爐炭光赫鑄。思鑱啖舊苦,力猛抱新怒。肆極幻亦夥,俶詭理法度。豈惟振高藻,實行復姱嫭。皜圭厲方潔,清潭洗潦汙。取予介不苟,孑孑天所賦。炎歊有斯人,冰雪寒可怖。嗟唏溧陽尉，寸禄效趨走。雖千太倉粒，不及營鋤耨。微官等贅瘤，琮琥賤身價。漘潫寡洪瀾，細沫安足呴。方今聖皇心，拶羅及遐陋。明堂薦麒麟，群能喜疏附。寧乃五十年，獨召天所妬。眷懷承歸張，感歎幾驚吁。汎舟藏大壑，夜半負可去。提挈易反掌，榮枯一吹嘘。沉迹何蹭蹬，胡爲尚呀謼。手足無柔紓，攀援拙其素。寶器可假人，不如借毛羽。微詩公所睹，上瞰清廟奏。

力幂詞雄，學韓得骨。

洋器四詠

曹集蓉

顯微鏡

萬丈靈光照西域，釋迦眼作青蓮色。群魔羅刹無逃形，玻璃幻現空明國。伊誰偷取青蓮花，洪爐鼓鑄揚其華。白虎騰精視火候，燭龍張目分丹砂。丹砂已分寶物出，瑩瑩明鏡冰玉質。寒氣襲人不敢玩，霹靂無聲飛電疾。途經大海入中華，鼓浪騰風驚縱逸。鏗然拶取玉匣看，湛湛波濤凝一室。初或揚眥披埃塵，微絲懸蝨同車輪。蠛蠓蚋眥俱洞悉，蟣肝蚊睫皆縷分。更或高視極八表，山河收納掌中小。增城九重朝日巔，懸圃八柱青云杪。字字用心，語語到格，非撚斷吟髭，無此深穩境界。咄哉神異有如此，皜質圓規羌莫比。何用争誇照膽寒，不須更飲上池水。鏡兮鏡兮加磨礱，鱗甲奮怒如虯龍。興云致雨會有日，金光一道淩青空。

時辰錶

挈壺氏缺銅漏訛，法物剥泐埋煙莎。典雅。容成隸首不可作，測辰揆景徒婞娿。西洋妙制靈且捷，有如異物來牂牁。詳占斗綱演神策，黍累圭撮無或過。銀鍼剔敲入玉匣，寶紐鍊冶藏金堝。微磨交推旋緑螘，重輪圓轉盤文螺。奥扃秘軸極纖末，運動安置平不頗。兩儀周回惟轉轂，雙丸騰跳同抛梭。揣稱處，匠心獨運。鐫文四圍定晷刻，字體髣髴蚪與蝌。蒼龍金虎應星象，黄鐘輕徵諧聲歌。衡石權概悉可準，地維天鏡紛相磨。占晨奚煩丸擊壁，守夜不必更傳鼉。自從鑿空開西域，市易轉運皆爲痾。惟其機巧差利用，可以披莠挼嘉禾。星學算學俱精密，爾來參酌無殊科。中華豈好用夷法，遇有可採當收羅。蓂莢朝生桐識閏，微物尚且供摩挲。矧爲製器本便利，藉以推測亦足多。銅史金徒古器渺，紛紛聚訟操矛戈。折衷自此定一是，授時乃可分羲和。日月合璧星聯貝，大撓甲子重編摩。

電　鐙

劈山翻海驅神龍，電光礹磾交雲峰。龍盤電掣倏忽不可見，擲下一朵丹芙蓉。芙蓉擲入玻瓈鐘，五光十色紛熊熊。蚖膏豹髓安用此，璀璨直在虚無中。赬如王母丹旐下，燦如江姬火珠瀉。爛如燭龍張目視，豔如牟尼紅蓮化。或疑當年羿射九烏尚餘一，日輪銜銜中夜出。又疑嫦娥别竊奇藥蟾宫奔，素魄幻作扶桑暾。靈談鬼笑渺難測，天地都變黄金色。人間燈燭不敢明，神錟一騰群爝息。此地真爲不夜城，此身竟入化人國。在昔寶炬盤螭擎，九華照耀來仙真。繒樓錦山列若畫，金枝緑桂光交縈。剥削民力事游戲，脂膏忽散煙花明。曷若此燈無事銖貝費，但見霞車虹靷丹蕤輣。頌不忘規。我願移燈照蔀屋，天花飄灑騰金粟。神龍銜珠電光矚，九霄不撤常明燭。

氣　球

天低四維如倚蓋，手摘星辰分霧靄。下視齊州九點煙，置身疑在青天外。突兀。我聞天圓如虚毬，清氣濁氣相沉浮。直假虚毬躡元氣，天跳地踔神靈愁。尻輪風御何足道，雲水鴻蒙惝恍變。幻同遨游遥見仙，仙人手把芙蓉綵。云裹宫闕晃蕩天門秋，虹霓爲裳霞爲馬，玉女投壺紛來下。羲和鞭日左右行，砰訇散作丹蕤光。日形球形騰跳參錯不可辨，下界但訝雙日隨龍翔。是豈女媧一日七十有二變，雄虺驅逐尸羅戰。抑豈龍伯大人一鈎連，六鰲神仙倏忽浮水面。我知混沌既鑿乾坤鐫，水沙激蕩風輪顛。崑崙懸圃九重八柱誰得見，乃使蒙莊鄒衍幻説徒紛然。欲窮造化洩機巧，惟是唐突真宰淩飛仙。從此茫茫積氣復開闢，有如雞子黄白窺中邊。窺中邊，翩然降，銀濤下瀉齊奔撞。屈原呵壁空疑猜，不到九霄終愚惷。我謂此球别有爲，解衣磅礴浮雲披。獨攜謝朓驚人句，搔首遥天試問之。

前　題

王葆心

顯微鏡

寒光四流天宇擴，煙霧横空開碧落。晃然一鏡出奩中，十二萬年無此作。攜歸遠自伊麻奇，微茫入眼分妍媸。菱花嘽凾開不老，照我夜鬢皆成絲。非銅非寶極怪様，爲影爲形乍難狀。秋痕如線指不容，萬里斜看勢奔放。尺宅寸田觀獨縱，近水遥山紛自貢。意境蒼削處，絶似少陵。問爾犀然牛渚人，與此精奇誰伯仲。離朱變色象罔走，赤水元珠望如斗。當年徒自詡神功，巧奪聰明名亦朽。芥子須彌恍惚逢，羅紋拾垢起微濛。瑣碎半江秋練白，依稀一豆鬼鐙紅。蓬頭番子紛四出，蟻集蠭屯探密秘。博採乙陰所未言，氛影涓埃皆得實。棘端母猴桃核船桃核船一枚，虞山王毅叔刻《赤壁賦》者也，作於明天啟壬戌秋，見東軒主人《述異記》，靈怪飛動如天仙。若將此鏡燭奸幻，肝膽灼見三生前。蛾眉新黛愁欲絶，躍躍情心都了徹。纖新極矣，而氣格仍蒼茫勍健，是爲大家。九幽魑魅百媄形，一一蒼茫爲發洩。書生得之何所用，麻沙蠅頭短檠共。君不見泰西小學考索工，千百小兒争玩弄。

時辰錶

大撓精靈夜無色，造化乃被泰西得。洩將萬古無盡機，流傳漸入中華國。國中洋奴工製器，火機火輪俱快利。去年作鐘號自鳴，樸質處有古法。今年成錶更珍異。小如豹眼大如盤，一物經營值萬錢。代漏龍與知更雀，無此慧珠輕且圓。王公庶姓及閨閣，腰間肘後鏗鏘懸。陽烏汩水陰兔生，握手不爽午夜情。挈壺刻漏空所有，舉以測天天亦驚。我聞奥廬法蘭西一製動四萬，其法變易屢滋蔓，怪奇出人意表中，從此西人擅化工。化工無名復無恨，獨恨斯物追神聰。西人重利兼好游，一聲嘯出山海秋。紀年一千八百數，紀月三十又一周，幻中出奇奇出幻。嗚呼！璿璣玉衡至此皆可休。嗚呼！璿璣玉衡疇識之，上古無錶亦授時。

電　鐙

若木全低九龍暝，千尺光芒一鶴脛。海上新開不夜城，地道火生輝四映。星攢亥市射玲瓏，律令鬼捷靈暗通。芝蘭挺穗蚖膏怒，再返百日天無功。警句。貧家寶珠照几案，雨宵好月來天半。劇憐歌舞照華筵，檻外微風響翠鈿。銀箭金壺千百轉，歡場猶自戀尊前。青春買盡難飛踐，輸取旁觀開冷眼。我有短檠淒可悲，荒齋相伴影浸微。良宵耿耿緑綈膹，竹外殘螢相對飛。慷慨跌宕，精彩雙佳。塵寰到處有哀樂，人工争巧天工非。深匡高鼻虯髯客，迺令清蟾喪精魄。人間裾屐亂如雲，浮世風流有時歇。嗚呼！此鐙但照芙蓉闕，不向沙場照白骨。

氣　球

天笠高圜覆遼廓，萬古雲煙扃槖籥。有誰振翮輕翺翔，霞舉軒軒入溟漠。泰西氣球巧入微，中徑三丈淩風飛。結繩爲網摺疊細，下繫錦繖兼幐帷。排雲馭氣騰空起，直上青霄天尺咫。列子御風殊泠然，博望乘槎一彈指。捷似王喬控鶴奇，快如梅福跨鸞時。人間可望不可即，上屆官府紛交馳。玉宇生寒日色薄，俯瞰下方無城郭。脱盡紅塵與古游，轉疑我在天上頭。高韻琅然。十洲三島俱在眼，孤蹤如此空千秋。且尋牛女入銀漢，更接盧敖期汗漫。朝來東海弄雙丸，暮訪廣寒扶桂幹。五銖衣薄舞蹁躚，天桂飄香合有緣。太清休問圖書府，奎璧無光坡老顛。剛風莫共陣雲黑，一吹恐入羅刹國。翻憫寰區蟣蝨臣，舉首問天天不聞。碧桃種罷一身健，手折夫容下白雲。

前　題

王懋官

顯微鏡

顯微鏡，信奇絶，雙眼晶晶單眼凸。光芒四達窮隱微，神妙直到秋毫末。泰山遠望吴城馬，鏡光鑒形無遁者。吁嗟乎，廬山石，唐宫銅，此鏡一出凡鏡空。世間俗眼多眇瞶，安得此鏡懸空中。五章瀏亮頓挫，似香山樂府。不徒照物見毛髪，照人肝膽明於月。

時辰錶

時辰錶，玉轤旋，轉機緘妙縹鍼蕙，尾鳴素面蟾暉皎。鄂漢蟬焉大芒落，晷刻何曾失分秒。吁嗟乎，圭測日，魚知更，金壺銀箭聲鏗鏗。若教相與鬬工巧，頫首自歎無此精。時辰錶，誰造成，竊恐天公怪汝鈎物情。

電　鐙

電氣鐙，誰所燃，木炭質，尖其端。兩鋒相對復有間，電氣倏過金蛇盤。鐙塔燄燄光霧團，照燿城市無雲煙。電鐙乎電鐙，西方用汝一千八百六十年。切當。法人富索德，製造更奇特。兩端相距同，流光恒一色。吁嗟乎，日居月諸有代謝，電氣之鐙長不夜。

氣　球

輕氣球，泠然空際浮，馭氣上升下連榻，縱送飛走遨以游。遨游淩碧落，態度轉舒綽。仙鶴翩躚横遠空，雲鵬摶扶在寥廓。俯視齊州九點煙，雲日光中時隱約。吁嗟乎，公輸之雲梯，淮陰之紙鳶，何如此球捫參歷斗摩青天。摩青天，究何補，耗殺機心徒自苦。

前　題

梅作芙

顯微鏡

西洋之技何淫巧，鑿險穿幽掺地寶。廬山裂破石鏡飛，鏡光照物物無小。蚊鼓翼兮蚤作鱗，忽作怒猊驚剽塵。石上鋮如磨鐵杵，牖中蝨似懸車輪。何來畫師更奇譎，伸紙揮毫興飄忽，樠林旋室紛參差。石傘窊樽競凹凸，珍禽奇獸掍異人，攢列交錯傳其神。圖成展玩不盈尺，對鏡彷佛窺八溟。我欲因之放眼孔，手把奇書撥霧滃。

時辰錶

甲子既作璣衡傳，周髀宣夜紛談天。日月一周十二時，誰何製器推測之。器成徑寸掌珠小，形質團欒光皜皛。千分百刻積算精，茸毛歷歷墨痕渺。玻璃外覆震仰盂，刻劃精絶。機紐内貫斗運樞。紐轉機發三鍼度，一鍼迅疾一鍼徐，其餘一鍼鍼所屆。困敦赤奮判疆界，潛氣暗隨天左旋。征途隱與日西邁，忽然霧晦煙蒙冥。尤覺此物老有靈，纔經卯飲午餐候。口不能言語以形，法式未詳律曆志。勳猷許列羲和次，張説地儀古所稀，乃今異物紛紛致。君不見四座閴寂金錚鏦，簾前更有自鳴鐘。

電　鐙

日月競舉蒙莊燭，朝朝暮暮光相續。廖天燭滅風雨寒，電掣金蛇何煜煜。蛇行空中縱遠眺，目光激射陰陽曜。燭龍自睡蛇自醒，墮入銅盤猶四照。玉柱直矗重長虹，火毬礴灼燒遥空。太乙下觀駭不止，藜杖落手心充充。飛光上燭九霄遍，上界神仙毛髮見。奇麗之作，合仙才、鬼才爲一手。擬具赤章奏玉京。建章改號通明殿，帝曰俞哉光天下。寰海永清城不夜，諭爾冒秏士女知，不須更覓鱻魚脂。

氣　球

有客嶠嶠乘虚毬，排雲馭氣空中游。君身何緣有仙骨，不與世俗相沉浮。無根之門霄霓野，天雞喔咿走天馬。白榆蒙翳仙如麻，舞羆戲豹紛來下。回眸下望山嵬峩，畏途捷徑俱蹉跎。奇文鬱起，其《離騷》哉？獨指虚無問征路，氣淩雲嘐吞銀河。入世出世有如此，泠然御風追列子。會當題詩最高處，倚天一笑暮煙紫。

前 題

葉啟壽

顯微鏡

天低非易窺,人心更難揭。誰能具隻眼,微茫覆能發。有客來自西,貽我一輪月。上炬牛斗墟,下燭龍虵窟,中鑒人藏府,有如析毫髮。當其佐璿璣,蒼蒼露凹凸。玉京光瑩瑩,銀漢水汩汩。奇采四照。不惟廣寒樹,親照吴剛伐。直覲天帝顔,端冕拱金闕。掉頭察坤維,琅環指門閥。東西大海洋,烏兔争出没。比然牛渚犀,百靈見恍惚。不數地鏡圖,照寶山可掘。況乃爲人身,伊邇匪悠忽。有弗肝膽質,得毋光明竭。灼惟照無私,精神徹皮骨。卻喜日林仙,風流尚未歇。何人製斯鏡,相對自咄咄。請試通三才,我心更超越。

時辰錶

久違宫漏聲,孰與花磚數。有物省機括,五行自孳乳。散爲十二時,刻八分十五。影測渾天儀,指點六街鼓。謬爲雞籌訂,闕替貓睛補。捫掛雖異名,各自歷千古。周生竹不如,段公鐵可睹。懸之自高堂,滿月照簷户。來送一聲鐘,陰陽鏗子午。有客縮令小,鏘佩一星吐。馬上馳耿詢,用聽還用睹。樞紐動自然,中規不踰矩。抱箭如轉輪,羲和任接武。莫混指南車,疑續姬公譜。

電 鐙

暝入上海天,夜光一齊作。如破雲雨迷,震電飛閃爍。瞿然問奴婢,誰訂上鐙約。萬户焚膏油,底無後先著。言得異人術,能將燭龍縛。壺伺玉女投,鞭代雷公着。持用照中夜,銀線預聯絡。當其放潛曜,列缺司槖籥。一笑開天顔,嘉爾去昏虐。還需慎樞機,火齊善斟酌。影防亂掣虵,燄戒輕流鶴。徹此繼晷功,書味同領略。助我日月光,流輝長不落。

氣　球

下士朝玉皇,悠悠苦無路。魂夢雖云勞,動防墮煙霧。咄哉西人球,來貢展天步。宛然若太極,一氣爲貫注。呵欻清飆生,崛起問太素。上天如駕舟,下天若乘輅。片刻滄海超,一徑罡風度。聊挾飛仙游,敢觸閽人怒。群彦隤然驚,羌莫解其故。我請驗此行,衝宵得所附。玉京把芙蓉,銀漢喜先渡。熟盼羽衣舞,親斫桂宫樹。就訪河源騫,生謁箕尾傅。上台重攀留,列宿争擁護。奉來香案雲,灑得諸天露。仙樂琅璈,非俗耳箏笆可比。蓬瀛賦歸來,紛紛咤奇遇。如放妙鬘雲,徧示熏香具。豈知覲帝鄉,坐憑有餘裕。但培元氣成,何境不能赴。藉兹經營巧,蒼蒼常會晤。矧迺補化工,參贊吾何作。

前　題

謝　椿

顯微鏡

黑雲捲地邊風勁,十萬盲人漫奔迸。忽然大地放光明,瑩瑩特出菱花鏡。此鏡一照何其神,蟭螟蚊睫皆逼真,安得千億隨給取,人人可與離朱倫。異哉中華奚用此,以心作監如止水。氣格俱到。雙目瞭瞭無餘子,甄拔奇才阿堵裏,顯微之鏡如是爾。

時辰錶

夜煮羊脾猶未熟，俄頃東方出朝旭。西洋不易辨昕宵，漏刻無銅衡少玉。誰歟作錶分時辰，銀鍼圓轉懸重輪。輪皆左旋合天運，鍼復直指同斗寅。一規具有方圓體，乾坤機括入梯米。中國推測豈無爲，張衡曾造渾天儀。

電　鐙

天鼓斂聲飛電逼，西洋竟作無雷國。只疑長掣紫金蛇，不道明鐙爛漫色。此鐙一照天蒼涼，飛蛾戲鳳同游翔。大漠冷雲作丹書，碧海魚眼如星張。豈是羲和回日馭，倒擲一輪紅太陽。君不見吞刀吐火火煥燦，西域化人本奇幻。

氣　球

濁氣下結清氣浮，以天包地如圓毬。圓毬之外仍積氣，鼓蕩天地無時休。西洋窺測作奇戲，乃以圓毬御元氣。太空騰跳浮雲披，其中疑有小天地。但恐頃刻來剛風，此毬此氣歸虚空。絶似一元十二會，乾坤人物俱銷鎔。噫嘻乎，列子御風徒潦倒，莊周尻輪何足道。

前　題

范曾綬

顯微鏡

沙漠十萬里，幽隱靡不燭。赫赫光天中，八荒仰朝旭。何人吸日精，有鏡巧鑄成。秦宮昔照膽，明月空長城。異物奚足貴，任以方技鳴。戲具幻烏有，活潑窺瓦缶。沙蟲百萬軍，歷歷看臂肘。蠅頭數千字,瑩瑩辨蝌蚪。仁人之言悱惻。海邊見若木,天上見白榆。何如照黑獄,冤鬼血模糊。

時辰錶

圭景測日月,晝夜更相代。雨晦數晨夕,殊難辨暗曖。西國製新巧,瑩滑看皎皎。宵爲代漏龍,晨爲報更鳥。應候隨鳴鐘,晷刻殊易曉。禹寸陶分,非憤悱於學者莫能道。敢以癡且聾,抛殘春復冬。慇懃度鍼意,躍躍無停蹤。

電　鐙

五金能引電,電影昭熠煜。江天信不夜,遠鐙照簇簇。傳聞泰西論,六光殊炫目。燐蟲亦有芒,花下紛閃倏。矧以天精垂,收撮入虛屋。靈光既已騰,烈燄豈終伏。譬彼繁星繫,入夜光不囿。何疑幻術奇,張鐙滿幽谷。

氣　球

昔聞導氣術,好奇事惝怳。今見御風入,淩虛高萬丈。霄漢爲熟路,輕車任來往。運球憑攝氣,吐納在虛幌。置身宛轉中,青雲頃刻上。快哉小游戲,天日窺萬象。多事求神仙,金莖挹朝沆。拂霄無逸翮,飛昇仍幻想。

電　鐙

毛聲遠

灼灼紫電輝生芒,西洋鬼工善收藏。製作奇鐙鬭太陽,高竿挑出照四方。瞭如旭日生扶桑,皎如夜月穿虛廊。亮如明鏡懸高堂,烈如燭龍爛天閶。或照曲巷與康莊,游人往來鬚眉彰。或照梨園子弟旁,釵弁旗幟凝飛霜。或照佳人曲洞房,隔簾一一窺紅妝。黄犬狺狺吠不遑,鳥雀夜起時鳴翔。海中螭龍意彷徨,疑是夜珠出世光悠揚。嗚呼,天地自有光,矯揉造作徒神傷。警健。君不見田夫荷鋤歸故鄉,明月皎皎星煌煌。

電　鐙

聞廷炬

白日黯輝映,黄昏駭瞻矚。音節清遠,得唐賢矩矱。盈盈明月圓,光餤奪樺燭。清輝照人衣,一色寒如玉。何當風雨來,閃灼摇微緑。

羅田王葆心校字

黄岡夏仁壽覆校

卷八　詞章　詩

擬蘇東坡和子由園中草木詩

梅作芙

京華滿冠蓋，汝獨依林於。詎無萬里志，而溺是區區。風勁籬菊開，英華供含茹。含茹亦云已，詩思標清腴。人生意常多，世短苦不舒。達哉漆園叟，遊樂觀濠魚。又聞陶靖節，委懷在琴書。汝亦適所適，豈或於汝譽。

小園久不至，地毛生已廣。荒徑走牽牛，詰曲八九丈。果贏復施延，交錯如罾網。園吏喜相告，露重秋瓜長。瓜與眾芳伍，露無私恩養。胡爲期及秋，獨博老農賞。齊物徒空言，物理自迷罔。造化意如何，荷鋤結深想。

西域産蒲陶，移植關中麓。寸根去千里，銜子疑飛鵠。草木各有心，將毋憶歸復。我亦淪天涯，傷心豈汝獨。苞茅不常致，得此自堪縮。會須及秋來，實落酒應熟。醉卧姜肱被，一唱涼州曲。

五月榴華開，嬌顏燦丹火。濛濛夜雨零，又似珠排顆。淒涼隋故宮，紅粉空苔鎖。剩有六幅裙，化作花婀娜。世俗競浮豔，今見子亦頗。子聞粲然笑，君語與時左。但餐秀色飽，萬事付遊惰。萱草固宜男，何如躬閱我。

萬族欣有托，蓼花獨隱憂。托根瘴江岸，岸坼花漂流。岸坼不可復，花漂何時休。不見千點萍，頹波與沉浮。擇處失其所，於人更奚尤。遥想高原上，生意紛夷猶。

高原更何有，白芷儕芎藭。芷堪資新浴，藭亦佐秋菘。所貴老其質，翹然充藥籠。毒神七十二，診化天無功。多少嬌色花，雖貴未有庸。風霜纔幾日，枯朽各忽忽。

昨日蘆葉生，蒼蒼如甲坼。今日蘆着花，花開頭已白。蒼白蘆不知，秋光自狼藉。常疑中有人，千載尚珍惜。悵望杳無際，古愁竟幽夕。何處胡茄吹，涼煙鎖空碧。

昔夢南山遊，飛昇如有方。幽人屢惆悵，神藥終渺茫。安得天降精，倏忽生昌陽。瘦根盤龍骨，長葉森劍鋩。我欲濯復漬，皎潔淩冰霜。不須和玉屑，要勝煮松肪。安期在何處，追逐參翱翔。

曾結避世堂，南溪竹深處。泠然引窗風，羲皇殆其庶。何時種闢輔，个影摇清曙。想見座中人，蕭閒無俗慮。任真忽忘天，此樂誰相語。日暮倚立時，幽人自來去。

種柏東皋上，矮幹弱不支。山葵與叢箐，縱横没其姿。嚴霜日摧枯，獨出衆乃奇。本以堅多節，頻逢歲寒時。感懷孔明廟，載詠杜陵詩。遥遥十年計，苦心空自知。

前　題

余嗣勳

萱草長庭幽，挺秀超且拔。亭亭千萬頭，略似金釵插。擢英紛陸離，吐穎含萌蘖。爲屬披荆蕪，長當記初約。愛此能忘憂，天機常活潑。無使驚秋零，與衆共摇落。

了俗莫如竹，種根在前廳。休從與可畫，倖免陶公釘。森森老幹立，瘦影垂中庭。我日邁林下，往來撫竛竮。觸我發生意，歲時無改青。況能引薰風，静聽聲泠泠。

前　題

吴臨翰

池沼何所有，翠荇與蒼蒲。方塘一鑑中，照見鬚與眉。清曠不讓姜白石。水草雖數種，顏色分榮枯。煙濕白蘋渚，日麗紅荷湖。野鷗忽飛來，意適無勞劬。清宵得明月，卻憶煙江圖。

俗流豔金谷，怒馬群遨遊。畸士好長生，毒蛇守菖蒲。迂儒無此適，撥草尋泥溝。引流資灌溉，根潤苗始抽。待其成立後，盤鬱成龍虯。何須三千年，始有蟠桃偷。

前　題

霍鳳喈

種柏待成林，十年方合抱。材老節乃堅，頗怪材難老。不知篤材意，耗盡天工巧。願作棟樑用，勿憚風霜飽。君看枳與棘，成材常苦早。叢竹生官舍，天意非率爾。警彼在官人，勿爲此君鄙。勁節類松筠，直道過弧矢。秋霜昨夜流，顏色乃更美。中心虚有容，四時清不滓。寄言立身者，勁直當如此。

前　題

謝　椿

苕苕百尺桐，結根在階左。枝柯轉蒼翠，冉冉寒煙鎖。孤高接青霄，童然庇高廈。培植人材，亦當如是。處身植朝陽，鸞鳳鳴其下。女乃擅扶持，慎勿同楸檟。待汝成琴瑟，自有知音者。

松柏在東園，經年色不改。共抱歲寒心，雨露培根柢。逼真宋賢。當其麗春時，群芳豔成綺。獨此松與柏，鬱鬱生澗底。凝霜殄異類，卓然高枝在。志士莫怨嗟，良木總如此。

種麥期有熟，種稻期可餐。勿使田園下，蔓草留宿根。老農惜地力，終歲不稍安。豪放樸質，神似老坡。老農告我言，須有此憂勤。君看盤匜物，粒粒皆苦辛。我今食官倉，不敢忘此言。

岝羊山草木詩

山長周錫恩

盆　松

鬱鬱蒼髯叟，所喜住巖壑。移根入華屋，風煙遭束縛。有如魯仲連，强之受秦爵。盆盂置高堂，縱貴非所樂。憐爾强直性，蜷曲隨衆作。根學蚯蚓蟠，心容螻蟻嚼。園丁劣解事，慇懃放椶索。縱汝返東岡，豈無千歲鶴。

蕉

我初種芭蕉，根幹一尺强。培灌曾幾時，嶄然過我長。鬈心既散漫，扇葉亦開張。展陰蓋檐瓦，緑意殊未央。遮天奪雨露，衆卉遭淩傷。闕棠曰：愛才之心，至此極矣。欲遂加剪拔，恐辜種植腸。秋霜一宵冽，離披委西廊。嗟爾脆薄性，得意安可常。正直倚牕竹，迴立猶蒼蒼。

烏　桕

山村富烏桕，枝椏蔽田野。皸皮蝕風雨，醜怪頗不雅。賤陋弗見採，得價讓梧檟。夜霜變顔色，天工巧煉冶。萬柄珊瑚纖，亭亭若可把。詩人適秋郊,愛此停瘦馬。笮油然燈光,爛若火珠瀉。上燭公卿座,下照耕織者。嗟爾寒乞材,光輝滿天下。

柿

紅實何纍纍,壓樹重以稠。竇珠吐丹鳳,異卵啣赤虬。詩人善爾詼,聲價一何優。爾本輭美質,皮滑肌亦柔。篋筐賣山市,價賤良易售。衆貪咀嚼快,列席齊珍饈。甘以悦衆嗜,内藴豈暇謀。光華一朝破,潰爛將誰尤。

月季

好月月月圓,好花學月好。連環紅不斷,春意未肯老。藤蔓苦詰屈,形醜態逾佼。美惡本無常,多隨人意造。薔薇與玫瑰,各具攀結巧。交加蔽粉垣,羃䍥掛絲繰。寒梅恥延緣,牆東長困倒。

枯楊

種楊每難活,臿楊每易長。風枝及雨秋,便得蕭蕭響。寒飆墮衰緑,霝亂蓋漁榜。枯株何嶄然,人立影三兩。客來惜摇落,濃陰説疇曩。汝髮既已髡,余鬢亦蕭爽。百年等秋零,何用悲莽蒼。

竹

味佳莫如筍,用廣莫如竹。愛竹復嗜筍,吾意難兩足。東鄰乞南枝,鋤煙種寒玉。拳拳主人心,寵汝過群木。風之復雨之,養此千丈緑。客去廳事清,懇款寫衷曲。門牆富嘉植,偏愛不嫌獨。虚心銜主意,雨窗淚簌簌。放此疎直幹,毋貽愛汝辱。

薑

學佛戒五辛,種薑代葱韭。青苗抽薈蔚,紅牙互孳紐。兒薑方長成，掘泥摘其母。母離子更肥，物理固難數。凍雨滿畦棱，兒薑心暗苦。人生有本根，鄧琛曰：誦此詩而不墮涕者，非人情也。顛撥更誰補。感傷無母人，荷鍤淚如雨。

題東坡笠屐圖

童樹棠

不巾不履山中人，細雨灑濕輕煙匀。野外游戲尋芳鄰，一笠一屐雙稱身。竹籬茅舍迎嘉賓，婦女喜笑兒童親。美髯瀟灑裝束新，仿佛尚見真精神。南天萬里竄逐處，青山緑水朝日暮。披圖再拜不能去，吁嗟千載真如晤。

題東坡笠屐圖

何楚楠

君不見桃園夜宴李青蓮，皓月流照宫袍鮮。又不見雪徑騎驢孟浩然，毳裘瀟灑梅花天。二公勝蹟俱已矣，遺像阿堵猶争傳。東坡先生盛文采，後先輝映五百年。有才亦復明主棄，一一風藻垂山川。當時逸事競圖寫，農家笠屐真奇緣。的知巖谷勝廊廟，坐令簪紱羞瑩牽。我今拜公公不語，疑公高蹈羲皇前。恨無添毫愷之手，圖我公側揮吟鞭。君不見商邱詩人宋牧仲，平生衣鉢蘇家禪。跋公之像爲公壽，公後乃有緜津編。

深逸，逼真大蘇。

晴川閣公餞俄儲紀事

曹集蓉

俄羅斯於古爲蒙古别部,稱薩爾馬西亞。康熙初建都波羅的海口,曰彼得羅堡。後疆域日拓,南據沃壤,北括不毛之地,斜跨亞細亞、亞美利加兩洲北境,環長二萬餘里。志驕以逞,屢爲邊塞患。今年春,俄儲慕化,求覽華風。詔許之,蓋將以禮俗馴慄悍,且彰示聲威。俾不敢輕中國。寎月中旬,輪船駛至,總督張公、巡撫譚公,檄水師駐省會,旌旆殷雲,江水欲立,礮聲絡繹不絶。俄懼請歸,迺餞於晴川閣。傑搆隆聳,風日清霽,以賓以燕,其鼓駭駭,既威且禮,箴之石之,吹之煦之。震懾柔馴之道,於是乎在。謹長歌以紀其事。

少海星光明海外,北風吹入中華界。中華台曜燭雲霄,絶域旄頭不敢大。重光之歲來上書,谷蠡當户争廷趨。詔許屠耆慕義至,被我純績環金犀。海舶直駛數萬里,摩阿震旦真仙區。琪花瑶卉兩岸列,燕支不數狼居胥。沿途遊覽兼讋震,楚鄂山川尤重鎮。夜絢波羅燈燭光,曉排魚浦風雲陣。大江一片旌旗紅,虬龍曼舞吹腥風。拔刀直欲斷瀚海,磨劍豈止摇崆峒。呼毒禽黎早望氣,黄抵煎鞏交潛蹤。吞刀吐火技莫逞,化人欲返蓬萊宫。蓬萊餞别禮儀重,杯酒殷勤皆妙用。晴川高閣敞瓊筵,嗅草吹蘆能御控。幣帛方看賓布陳,樂章且奏婆駝弄。提官隗搆象胥通,指南車造如飛輊。在昔侍子徵遐方,賜坊錫號冠帶傍。明習圖書愈狡猾,熟識險要難周防。漢皇晉武鑒豈遠,往往末路虞鴟張。我朝制御自有道,萬國倏忽通梯航。放遣賢王縱部落,驃曲不許淆咸章。諸公善體聖朝意,帳捲珍珠歸頡利。漢水艨艟浪不驚,南樓風月春争媚。從此金床識斗杓,朱蒙渡水慕中朝。一輪紅日幽都照,萬古冰天凍盡消。

前　題

葉啟壽

漢江三月清如玉，朔方有客來不速。客出朵思烏孫族，自彼得羅陳奏牘。自慚海外苦齷齪，十道五洲隘遊牧。山侈帕林河喀穆，徒夸佛落與沱瀌。本地風光，亦新亦典。帳飾高車韋蓋屋，使犬坐馬還跨鹿。牛蹏之人更牛足，波羅錫伯濫徵逐。亞美里加同往復，生居沙漠增赧恧。中國有聖海波伏，萬歲威德綏遠服。粵自界碑立博木，加惠至今日益篤。皇恩覆幬争仰沐，十又七年介景福。錫晏賜賚倍優渥，館我行人罷露宿，塾我子弟蒙樂育。俄人慄水更讋陸，齊託帲幪走輪輻。小子曾未度嘉峪，轉遜臣民舉遊躅。敢請珠江通玉舳，幸瞻五嶽窺四瀆。皇帝曰可惟汝欲，六合一家久吾屬。由來推心置爾腹，豈云相疑到臣僕。天語遥傳初筵告，雪山蒼蒼冰海緑。察罕稽顙若崩角，喜溢東宮澡且濯。吉占春仲乙未朔，八日壬寅曙雞喔俄儲以二月八日出俄都。希臘王子裝並束希臘國太子同行，上官廿四點頭目侍駕上等二十四人。水程三萬轉艕艫，鐘表隨身識盈縮。打更不借高麗濮，飛軑重瀛迅如澓。瑶華十部滿行簏，乙亥舟抵魯山麓。交衢供帳罄繁縟，迷離洞天三十六。行宫儼爲和屯築，爛漫琳琅映瑚琭。鏤金錯彩滿梁袱，槖窪碗碟鄂莫肉。羊羹無尾駝峰獨，益蘭鄉味雜蔔苜。膾鯿敬進槎頭鱅，雞豚美陳漢人畜，其餘奇羞當蔬蔌。考鼓伐鐘舞槐柷，日墮筵徹鯨膏續。霓裳羽衣鑪香酷，電鐙爛若升朝旭。昨日郊迎承楚督，有鏡能言莫予毒聞有佩鏡能知吉凶。惟督有令嚴且肅，貢物烏鎗爲所畜。八門細柳無敢黷，惟督有禮文郁郁。能將君命義不辱，推厚遠人舒踖踧。晴川花團錦簇簇，橋跨長虹豔陽暴。白貂七寶金剛矗白貂帽飾以金剛鑽，素袷短衫聲褻褻。主人風颸元戎纛，上國衣裳耀珠襮。瑩瑩碧瞳瞠曼睩，晢面笑顔如可掬，免冠即席露氈襆。罽褲欣坐芙蓉褥，帶悸犀毗類鍍鋈。銀盤特愛瓊漿沃制軍新制銀盤，箸鳴鸞刀拜公餗。盛燕在斯古爲孰，興酣豪飲醉醽醁。願假七襄付征軸制軍詩有“多感停槎問七襄”之句，唾珠腕玉扇作櫝。奉仁歸向柏靈讀，陽春白雪真絶曲。和韻無功出縑牘聞俄儲贈制軍錦亦有詩，檢點明朝送輿輹。三日觀者集如鶩，我聞眾言紛禱祝。僉謂彼心安可卜，今年辛卯此停輂。伏惟聖度宏抱蜀，疆臣佐理康茀禄。此去稱汗受符籙，他日來朝路應熟。

杜工部詩可爲史，以其隸事親切也。

前　題

王懋官

春風吹緑漢江口，一帶官堤種楊柳。海西王子喜遊巡，日射晴川錦帆走。迎鑾稽首諸番朝，行宫奏樂徹雲霄。神似太白。飛頭長股伺顔色，翡翠玻璨恣飾雕。檻中矗起飛雲殿，朱城紫陌花如霰。十丈霓旌拂逝波，黄鶴僊人來對面。火樹銀花爛太空，城開不夜逼玲瓏。瞭如明鏡皎如月，五光十色飛熊熊。重譯來王重修好，漢南司馬馳文藻。回紇諸酋見大人，契丹有使知元老。筵前弱冠玉亭亭，璹琩擎杯注緑醽。晶盤春鰲紅臕盎，大别山頭風滿庭。握手歡應聯兩國，驪駒未賤情無極。千章豹緯重縑緗，一幅烏絲貽翰墨。柔遠群知國體尊，一時嘉會總天恩。此日敦槃誇盛事，(花)[華]夺日月共乾坤。

紆徐詄宕。

前　題

王殿華

天風吹海水，波滅如砥平。大海神珠生，少海浮槎行。交戟列周衛，乘風遊太清。奇氣突兀。縱横四萬里，漢廣維霓旌。南國有韓范，經略垂美名。鶴駕雲外來，六纛前郊迎。高閣斗酒會，中西尋好盟。一詩鸚鵡才，一書鵝鴨驚。漢陽樹歷歷，賓宴娱瑟笙。持此作圖畫，歸爲海邦榮。雄傑。飛鵬還三山，八十一大瀛。千年並萬歲，不聞波濤聲。

歕濤欱雲，横絶四海。

前　題

夏仁壽

聖朝盛懷柔，皇波蕩無垠。小邦修貢職，大邦多來賓。彼儲者誰子，遊覽上國春。萬里動風色，海上飛舟輪。渺渺漢陽渡，雲開通古津。戈旗白日華，礮舟紛駸駸。江心萬火然，照見城上闉。張公柱國手，出關何彬彬。餞儲晴川閣，高會羅鼎珍。贈儲詩兩篇，儲如聞天鈞。粲乎遠人來，可以張皇仁。昔時鞭弭敵，今爲樽俎親。但去守公法，長效齒與唇。

老健。

前　題

張　朗

六合正清朗，九區静風塵。海水息其波，外方靡不臣。有來固所懷，良遊洵足珍。王子何翩翩，逍遥漢之濱。春江壯風濤，高閣何嶙峋。鄂羅與希臘，聯袂稱上賓。主人敬愛客，温語相拊循。嘉肴羅山海，旨酒葡萄新。合坐同所歡，晢面解笑嚬。感此恩德至，免冠謝主人。酹我以清酒，惠我以瑞珉。贈詩見存慰，格滿烏絲匀。何以投報之，錦羅與金銀。相逢不厭促，重洋返風輪。巍巍魯山麓，濯濯漢江漘。千載長若斯，王路許同遵。

以古辭織今事，難在到格。

前　題

謝　椿

冰洋萬古莽窮荒，浪跋鼋鼍海自航。稽首呼韓鏗玉佩，上書雕庫焕金章。賀蘭山過燕支淡，天馬歌成苜蓿香。聞道屠耆覘虚實，諸君慎勿懈邊防。

火輪新自日邊來，楚鄂風雲萬幕開。旗影角聲同慘壯，華言夷語各雄猜。敵情帖服中原勢，軍令分明大將才。夜半遥空雲霧斂，旄頭光不敵三台。

晴川閣俯大江低，兩岸軍威列水犀。開仗千官鳴劍佩，當筵萬寶簇玻瓈。歸裝文物今應滿，絶域蠻王豈久稽。從此華風通塞外，何論鑿齒與雕題。

誰使群夷互市通，泉刀耗竭帑虚空。盈廷無復珠崖議，諸將誰爭瀚海功。慕義左賢知欵塞，救時魏絳暫和戎。盛朝控御超隆古，日射扶桑萬國紅。

體格莊雅，合崆峒、茶陵爲一手。

前　題

余錦琪

晴川高閣敞江千，重譯來賓雅魯歡。海客輪賓游萬里，舟師擁節集千官。皇圖鞏固蠻奴羡，相度包容犵長安。寄語西番佳世子，中朝禮樂告呼韓。

雅鍊。

前　題

王樹勳

高閣臨江夜月明，鼓簧並坐酒初盈。千緗舊籍供吟覽，七字新詩息戰争制府張公贈俄儲一律。東道晴川原有約，西人漢水可爲盟。十年定例通朝聘，再整衣冠覲帝京。

健舉。

前　題

王葆心

鶼鰈猶嫌近，紘埏若可周。欲窮天海闊，直溯漢江流。二月蠻花灼，三春瘴雨收。無雷辭故國，貫月快行輈。迎送餘披姆，追隨徧長酋。脱哀賫虎節，納密擁龍騶。遠度烏蘇里，經過澄海樓。新居金作府，遠驛玉爲鞦。早識荆州地，傳來博望侯。疆臣開别館，官道迓飛舟。綵幟標桅起，和軨鎮轄求。櫂聲傳激越，夷語雜咿嚘。樹表知儲位，陳師寵遠游。霓揮看羽葆，日麗壯厹矛。幾夕燒瓊樹，誰家上玉鈎。流離欣熠夜，火齊又通幽。爛影彤庭外，凝煇水渡頭。見聞新亘古,奔走極遐陬。樂此偏思蜀,懷歸更唱謳。酒車重酌醴,方駕屢頒羞。羶肉漿成酪,酥糟爵進觩。數巡賓抑抑,三獻興油油。坐暖雲移檻,詩催漏報籌。醉忘高閣小,俯視萬帆浮。幸有南皮在,能教北羯柔。威名回紇重,詩價舍人酬。槃敦聯嘉會,冠裳戢隱謀。萬邦方晏譽,一介許綢繆。帝曰循前籙,人其使有鳩。熙風飄鄂渚,化雨接瀛洲。舉踵羅荒服,追蹤勵壯猷。皇晟誰載筆,盛事播千秋。

中唐宏整。

前　題

鍾鵬程

簡命登南服,遐方願識韓。路通天極遠,風度海門寒。疾電馳青鳥,祥雲下紫鸞。天驕思夏甸,地主屬春官。綺席臨江敞,編氓夾道看。仗排番葆蓋,儀肅漢衣冠。白羽真名士,黄袍稺可汗。夷歌來驃國,鬛相出郟瞞。酒進鸚杯緑,霞蒸象箸丹。秋霜森畫戟,春膾雪晶盤。詩購香山易,書摹信本難。江城喧鼓角,香霧蹴波瀾。迢遞歸蓬島,依稀憶蓼灘。芳筵情欵洽,氊帳話團圝。省識屏藩固,應知鎖鑰完。會教鳴鏑解,漠比徙頭曼。

宏峻。

擬韓孟鬬雞聯句

夏仁壽

二豪忿忓忓,對起屹然住。(韓)伸頸毛豎張,睁睛火灼吐。(孟)擢膊勢豪厲,竦軀氣矜倨。(韓)舞爪快撾鐵,摇翅急飛霆。(孟)突壯競填軏，跳鋒懼掣僕。(韓)將去還引來，似怯更藏怒。(孟)拉羽雪吹庭，裂肌血喋路。(韓)攻怠費全力，息鋭生巧覰。(孟)反復事未決，進退勢仍遽。(韓)斗起飛坳埃，渾奔染塗淤。(孟)翯臂踔粘瓢，啾耳望勸助。(韓)渴戰盛陘呶，咤奸戞伏捕。(孟)高冠碎垂首，彩裳塌露跗。(韓)盤盤勇賈餘，呼呼語成絮。(孟)相殘鷙若獍，得儁健比狙。(韓)兩雄立不並，七禽縱又去。(孟)獨勝動欣顔，歸凱闊行步。(韓)定遠班投筆，報恩良借箸。(孟)天時未足憑，地利豈云據。(韓)爲告死綏人，採我鬬雞句。(孟)

眼有紫石棱，鬚如蝟毛磔。

前　題

童樹棠

驚風沸郊垧，鬬場砥且廣。(韓)兩雄各强豪，剽怒氣相仿。(孟)沉機憤交會，潛鋒飽先養。(韓)傲睨矜觜距，側耳駭影響。(孟)壯心恣咆哮，猛氣生肸蠁。(韓)將作頸忽瘦，抱枝心已痒。(孟)兜鍪戴危冠，金鐵拳毒掌。(韓)天地矜峥嶸，營陳列莽蒼。(孟)啄觜旋低卬，奮爪競磨蕩。(韓)瀑血殷車輪，飛肉灑塵坱。(孟)直前屢震震，小退倏鞅鞅。(韓)勢均講和恥，勇憤背城想。(孟)銜枚寂以待，躍拳斗而上。(韓)敵情伺平圜，戰期約昧爽。(孟)對立何獰峯，決勝各勉强。(韓)趨奔方卷甲，搪撐頓樹顙。(孟)陽陰速開闔，風雨疾俯仰。(韓)收功喜搴旗，敗績嗤責杖。(孟)急呼見摧翎，書守思割壤。(韓)憑陵甘碎首，狡捷巧扼吭。(孟)賁育負桀鶩，項劉較雄長。(韓)偶爾區贏輸，幺麽徒擾攘。(孟)豈有太廟俘，甯受牛酒賞。(韓)英奇觀且笑，志士增慨慷。(孟)哦吟鬬雞篇，踔厲嗟獨往。(韓)

怵腎雕肝，可與郊愈雲龍上下。

前　題

鍾鵬程

人心喜鬭争，物性秉英烈。(韓)峥嶸峙兩雄，勝負競一決。(孟)氣若飽蛙怒，毛如饑蝟磔。(韓)高冠岌噴火，長爪森卷鐵。(孟)鼓翼似矜豪，蓄鋭疑藏拙。對蹲尾並翹，圓睜眥欲裂。(韓)多方誤周防，隨旋試狡譎。誘敵謀獨工，退舍材非劣。(孟)伺殆鼓三撾，攻瑕電一掣。飽奮漚池拳，饞喋鬨舆血。(韓)距躍羽生風，摧落毛飛雪。腷膊聲喧騰，搏擊力奮絶。(孟)急戰方正酣，相持且暫歇。小勝戒尤嚴，偶挫剛不折。(韓)對壘羞乞援，蒐乘嗤補缺。季郈勢未降，劉項力相埒。(孟)鼓氣怒瘿生，噉仇枯腸熱。開壁忽飛騰，交綏即振掣。(韓)低昂競比儗，前卻互更迭。助叫濤海翻，旁觀堵墻列。(孟)利嘴争啐啄，尖距恣劚抉。猿臂胄竟懸，雄冠纓慘結。(韓)格鬭死生輕，豢養禮數别。負賄恥駑駘，鳴雄博歡悦。爲擬鬭雞篇，壯士勵高節。(孟)

入後沉激動人，如觀太史公《刺客》諸傳。

前　題

趙雋杭

大雞峩雄冠，小雞鼓勁翅。(韓)呃喔具英心，連軒顛盛氣。(孟)竦峙競峥嶸，嵺立比剛戾。(韓)疏指郈裝金，傑毛季成介。(孟)攖身如轉雪，怒瞋欲裂眥。翻㒕翍標風，振迅距持鐓。(韓)戒旦争光鳴，妒敵各噤閉。三郎奮毒拳，亞子激壯志。(韓)搏擊聲喧豗，飆舉羽迸墜。舞劍歇中途，攫力破餘地。(孟)悍目閃晶瑩，秉性負强毅。

(韓)裂血亂殷翎,斷尾猶奮臂。(孟)劉項擽興亡,慈策角勇厲。疊翮鐵衣披,矯首丹砂碎。(韓)振擎挾矜豪,勝負分形勢。夾道湧雲屯,助叫轟雷磕。(孟)飢餒不告勩,清厲其可再。果敢賈所餘,浩烈昂然勵。(韓)燕臺既受金,趙璧復拔幟。山谷、荆公能之。轡膾羞庖廚,肝膽披忠義。君看鬬雞篇,聯句羞堪紀。(孟)

刁斗森嚴,如程不識治軍。

前　題 用昌黎《石鼎》聯句用韻

魯家璧

古今盛鬬很,如肆割與烹。(韓)哀哉翈翈姿,亦騰雌雄聲。(孟)問渠象協巽,攸往胡占亨。(韓)朱朱日出入,啄粒猶時驚。(孟)登天縱爾兆,利武惟人貞。(韓)願安塒桀間,毋爲蠻觸争。(孟)豈知么麽物,卓爾彯長纓。(韓)昂昂如赴敵,慷慨心難平。(孟)深沉厲智勇,機械方潛萌。(韓)況當兩雄遇,勢恐難即傾。(孟)陣排幾已燭,幟樹神尤清。(韓)譬如兩軍會,決勝先持盈。(孟)無何直赴敵,如將功期成。(韓)首抵威豎髮,視怒光射睛。(孟)相持兩不下,聲勢强格撐。(韓)翕張蹲兩足,堅如温酒鐺。(孟)鐺韻奇絶。不雄敵不怯,勢作項羽坑。(韓)不奇兵不入,渡作韓信罌。(孟)忽然徑前搏,力將九鼎擎。(韓)忽然左右辟,盤旋若嘗羹。(孟)忽然静以俟,勢重不敢輕。(韓)忽然動以應,地大疑難盛。(孟)超騰迭上下,氣勁彌縱横。(韓)輸贏定俄頃,聲大誰能鳴。(孟)即今偶不勝,務積金石誠。(韓)且前賈余勇,且卻覘敵情。(孟)須臾敵敗走,有地公然并。(孟)激昂矜得意,詡詡形象呈。(孟)嗚呼攘奪象,倏忽來鏗鏗。(孟)沙蟲露草場,得食紛棄撜。(孟)丈夫立兩大,雞鳳宜分明。(孟)努力加餐飯,願早宏言行。(孟)

名章俊語紛交衡。

黄州課士録題辭

王懋官

國朝揚化重儒臣,吾鄉前輩尤絶倫。一時瑰瑋稱冠楚,幸得提倡施陶甄。今年刊成課士録,黄州頡覺開文局。攬讀未竟齒牙芬,藻葩豔豔聲珠玉。壯哉吾黄楚之尤,我朝傑搆推陳劉。邇來儁雄復踵起,一一都被春風收。如此愛才蓋亦寡,不減杜陵宏廣厦。量長較短區四科,名家雅重專門者。自從六籍委秦灰,魯叟粹旨荒蒿萊。説經鏗鏗漢儒出,遂使後學祛蒙埃。家法相承縱恢拓,敢謂斠稽類穿鑿。晉魏而還誰比倫,經師匪可名士託。千秋理學仰程朱,遥遥聖奥注真儒。繩趨矩步墮迂闊,豈若瞑坐同禪枯。探索動將隱怪務,吾儕多被讀書誤。不知卓行自中庸,斯篇慎勿空談付。經濟之學時所崇,乃以炙輠轟兒童。口排吻擊競捫虱,揚眉吐氣驚王公。我讀黄州課士録,是何才識多練達。治安一策無賈生,籌畫之精見諸葛。詞章迴若亂狂濤,樹幟由來豔楚騷。波瀾倒湧三千丈,炳靈江漢何滔滔。上規唐宋迄兩漢,六朝朱墨供點竄。文壇巨手快屠龍,噴霧崩雲紛浩汗。群英著述炳縹緗,五光絢彩音琅琅。東坡蘇子昔有語,異人大半生光黄。氣概骯髒筆拗折,可歌可愕皆奇絶。揚鑣分道看驊騮,千里良材無駑劣。可知難得是人師,一尺階前妙品題。八代起衰韓吏部,半生樂育楊關西。嗟嗟文字懸日月,屈宋遺光騰焯爍。湘蘭沅芷尚流芬,同是才人不刊作。

霍鳳喈

今代圖書府,儒宗竟屬誰。群材争北面,大雅作南皮。昔記懸冰鑑，欣逢敞絳帷。幟標湖學盛，風振楚江衰。桃李成陰日，鹽梅負望時。鴻泥尋舊迹，虎觀啟宏規。惠澤雄都溥，春風下邑吹。令頒槐市法，蹤訪竹樓遺。赤縣羅才傑，黄堂肅表儀。膏油分鶴俸，道路指羊歧。弦子周孱國，荀卿楚大師。四科宣寶訓，三雅肄初基。箋想蟲魚註，斑從豹鼠窺。筌蹄無宋漢，道德有藩籬。聖脈通千古，陰謀謝六奇。名高天下士，曲簿郢中兒。潤色輝鴻業，源流溯古詩。金針頻暗度，玉律自堅持。衣鉢傳薪火，經營仗鼎司。萬間開廣廈，翹首塵親麾。

鍾鵬程

萬物陶鴻鈞，大運有通否。人與天地參，斡旋端在此。古昔作先民，庠校敦造士。繩墨設大匠，何材非杞梓。此風既陵遲，蕭瑟生泮水。頹流蕩無垠，哇聲色還紫。振興復何人，南皮張公是。星軺昔採風，擷芳楚江沚。經心倡孤學，濃蔭遂桃李。朅來握大纂，高山群仰止。鱔堂開兩湖，宏規崛然起。餘波被吾黄，棫樸煩指使。夾袋拔高材，上舍風同軌。太守承公命，雀躍還拊髀。尺書下八城，焚膏謀繼晷。鶴俸亦可捐，花縣皆賢宰。荀卿楚大師，振衣肅模楷。四科秩然分，迷途車南指。訓故先六書，典博極三禮。漢宋通津梁，格致精性理。道學無門户，政術有根柢。鴻業須潤色，辭意歸頌美。典册發高文，斠校刊僞體。顧曲不教誤，誰復歌下里。茅塞豁以開，周道砥如矢。有基勿憂壞，在位方樂愷。廣廈構萬間，尸祝從此始。

程廷藻

蟲魚箋註久荒蕪，劫火誰翻漢代書。一自昌黎提倡後，瓣香重奉董江都。

羲文一畫闢天根，周邵程朱派不分。識得靈犀能透頂，此中天地自氤氳。

雕蟲刻篆小儒功,名士風流自不同。借箸侈談當世事,始知捫虱是英雄。

建安風骨本高騫,一代文章樂府傳。要識淵源深妙處,靈均幽怨接毛篇。

魯家壁

斗大黄州學海如,銀濤無際起龍魚。自從鼇頂文傳後,又索人間未見書。

炳靈江漢楚材儲,流到黄州是尾閭。提倡宗風人恰到,張南皮又李江都。

漢箋宋理晉唐詩,天遣詞曹一手持。絶大才華心獨細,熊陳雖在也尊師。

秋陰秋雨寫秋心,秋海棠詩思更深。倘把洞簫吹赤壁,滿江風月白沉沉。

集蓉深穩作芙雄,古體居然字字工。假令季香今未起,讓卿獨步大江東。

語不驚人誓不休,憩南奇肆最無儔。晴江萬里秋帆穩,忽挾風雷偪舵樓。

好詩原不在多傳,夏静山詞劇可憐。藜杖濕扶花外雨,問誰能似者天然。

一聲高唱楚天晴,無限絃歌起八城。恰似吕岩傳道日,金蓮萬朵照寰瀛。

乘槎曾擬渡銀河,下界罡風惡忽多。誰想歐陽能相士,暗中摸索到東坡。

卅年前記走江城,獻賦曾傳第一聲。慚愧董澐今老大,祗將詩卷問文成。

王楚喬佑季　羅田

四科分列重真材，翼軫靈明次第開。復古匡時人迭出，文章雅更剪蒿萊。

世教盱衡志轉移，諸生小范最英奇。千言侃侃談經濟，想見王郎轉麈時。

余春鳳海峰　羅田

鴻名舊已噪秦中，壓卷千言氣象雄。剖別四科諸利弊，經師争拜郭林宗。

盧駱王楊體不同，校讐深夜燭摇紅。可憐忙煞蘭臺筆，長爲詞壇補化工。

間坐秋陰感物華，吟成晴雨玉無瑕。最憐紅樹千山句，豔煞乾嘉管杏花。

范曾綬澤珊　蘄水

早從雲水洗雙眸，海嶽奇觀萬里收。鄉國不愁荆璞獻，衆盲行矣讓離婁。

蒼厓茅屋野花群，真賞無人自在芬。何似長鑱劚仙藥，参苓争種滿山雲。

年來懷槧苦淹遲，著作名山老尚疑。九畹幽蘭千畝竹，燈窗把卷各争奇。

不遜朱絃太廟音，畫來眉嫵人時心。莫言品是金華貴，瑶草原從下界尋。

涼飆初動桂花天，金粟浮空照影圓。滿院風光香不隱，秋高同證木樨禪。

解從骨相寫清高，詞賦源流振楚騷。文豹豐狐有殊格，耀觀何止在皮毛。

雕鎪五色鳳修翰,錦繡須知是鏤肝。極境文章獨拭目,層樓高處出奇觀。

聞宗穀

作養人才記典刑,重開講幄課通經。名臣心事名儒學,盥手東西讀二銘。

釐定章程誥戒申,多情太守拔材真。儒林模楷推元禮,管領江山要此人。

手民一樣分清俸,仙吏風流想見之。同是吾黄賢令尹,嘯歌不廢放衙時。

果然振拔到單寒,字字珠璣次第刊。風氣能開歸大雅,泰山北斗一瞻韓。

一篇團扇寫風情,六代才華誰與争。晉宋以來無此格,江南壓到庾蘭成。

沅芷湘蘭屈宋思,滿腔忠愛鬱離奇。二千年奉鄉先輩,一卷嶔崟續《楚辭》。

繡褫錦贉護琳琅,五色迷離與十光。莫似《論衡》輕取得,枕藏鴻寶蔡中郎。

四科並列道彌昌,抉弊探源後學商。記得一經游夏授,孔門原亦重文章。

鴻泥爪跡繼前賢,此地剛留小住緣。别與汪家添韻事,逸園從此也名傳。

畢惠康

自從茂叔講筵開,鑄就英英絶世才。一代鴻文今讓楚,須知桃李賴人栽。

秦灰孔壁任探奇，半訂譌文半證疑。莫謂雕龍終小學，東山游夏本經師。

學博才精識絶倫，不難下筆語驚人。胸中自有奇書在，何事拘拘不敢陳。

陶樑仙坡　蘄水

詞章不錬不嶔奇，錬是文人一字師。寄語門牆諸弟子，丹成要學老須彌。

討古論今字句遒，酒酣誤曲早凝眸。津梁後學刊新稿，沆瀣師生一氣求。

徐慶文□□　蘄水

龍門聲價長應同，都在經師賞鑑中。省識門牆多化雨，共欣壇席廣春風。青芝赤箭香囊備，鐵板銅琶俗韻空。從此甄陶多士荷，拈毫摛藻想寝工。

萬蔭棠□□　蘄水

春風化雨兩無痕，省識皇皇著作言。自愧才踈羈驥棧，儘多聲價長龍門。南樓夜月嫓同賞，西席金鐘許共論。從此門牆諸弟子，斗山威望益當尊。

李鴻渚竹溪　蘄水

一州斗大起江濱，誰識佳篇的的新。策仿《治安》緣報國，詩追雅頌爲還純。奇才争説童紅樹，劫火休燒夏美人。慚愧何郎《明月賦》，也將巴曲溷陽春。

萬寅□□　蘄水

真珠收盡錦囊寬，未忍抛遺次第刊。老氣縱横凡豔掃，春風和煦士心歡。幾人聲價龍門重，百瓣英華馬帳看。培植才猷資黼黻，一斑窺豹此毫端。

徐文佐左人　蘄水

威望斗山尊，栽培盡荷恩。英華歸馬帳，聲價重龍門。名下無虚士，篇中有粹言。隔江風月好，評罷許同論。

徐登俊□□　廣濟

吾黄文人冠前楚，楩楠杞梓鍾山川。高材樸學靡不有，聖脈自古常綿綿。我曹敬恭桑與梓，淵源繼續宜精專。擁書百城以爲富，高朋勝友羅樽筵。若非大匠立繩墨，不模不範終茫然。去年吾黄始課士，課作集類千餘篇。琳琅交垂珊瑚蔭，磊落瑰異真堪傳。伏讀此書大稱快，里學振發夫何緣。高歌染翰題簡末，夜深光氣連星躔。

童德潤蘭皋　羅田

吾黄人文號冠楚，堂堂之陣振振鼓。屈宋以後多逸才，各擅專家堪略數。精通禮樂推詹瞿，天臺學術誰相伍。義夫杖鉞抗元兵，壽卿挾策助明主。文章邠老暢元風，繼起尤稱顧與杜。今兹多士復輝映，振臂讙呼張後勁。骨清肉膩聲和平，嚼徵含宫遹鳴盛。昌黎薦士具苦心，籍翱郊島紛相慶。會當什襲獻石渠，匪但藝文光志乘。鯫生風骨頗嶙峋，喙硬眼底恒無人。雲在高山獨舒卷，蘭開幽谷蒙荆榛。展讀兹編一再過，瑩肰可愛怡心神。建溪之茶新豐酒，啜過始知爲味真。丈夫傳文原下策，肰果如斯傳亦得。留與千秋萬目看，兵燹風霜無薄蝕。未知負才失志者，可能揮灑數行墨。斯文今已際昌期，雄雞一聲天下白。

余錦琪□□ 黄梅

炳靈江漢英，蘄黄堪領袖。南皮張制軍，江都李太守。精心重揆文，市駿充内廄。廣廈庇寒士，闢門開雲竇。觥觥周老師，振鐸得心授。甄求拔地才，音賞鈞天奏。示我課士篇，元氣謝雕鏤。欲崇五經郛，須闡眾説囿。真儒溯淵源，理境休佐鬬。匡時重明達，壽世俱競秀。香露盛薔薇，盥手奉長書。義川有傳人，崛起濂溪後。

范曾緒木君 蘄水

騷情賦豔光陸離，鴻文自昔稱楚詞。風會千年有衰歇，追逐大雅當今誰。黄州八屬人文藪，冠冕全楚多雄奇。一州七縣勢羅列，卦象排比無參差。龍頭扶運記先哲，劉陳接武聲名馳。文章鉅公少軒輊，後生嶽嶽登凰池。中間楚氛嗟甚惡，風鶴苦警長江湄。江漢湯湯動鼛鼓，武功既定文教施。今之制軍昔提學，風雅人望張南皮。校士敦本務實學，屏去俗豔培根基。邇來主講得名宿，經古一席人中師。青藍同出本殊特，濁清辨味分澠淄。經濟詞章與理學，各競心得勤思維。擇其殊異付梨棗，鑑别杪忽分毫釐。文場自古多炫惑，目辨五色真良醫。有如一洗上池水，快覩雲霧青天披。安得長駐桑梓地，較勝他省文衡持。

梅世魁□□ 麻城

噫嘻異哉！才難之説豈信然，胡爲斯文一手編。焚香浣手危坐讀，知是空前絶後之名賢。吾黄山水稱奇絶，毓秀鍾靈多穎哲。得其清者拔文壇，得其雄者争勳烈。先生萬國蔚名才，不惜緇帷絳帳開。文章經濟雖殊趣,負笈擔囊遠道來。詩書事業期條貫,日與諸生相問難。各將餘緒吐心胸。猶把洪爐勤鍊鍛,源頭濬瀹在明經。毛鄭紛紛各户庭,旁搜博採祛衰見。轢漢輘唐喜獨醒。明經而後宜修行,性理淵源期究竟。鵝湖鹿洞有傳人,至義名言駕先正。坐言尤貴起能行,比晏方伊已半生。平居擬上天人策,同作温公未仕情。文詞乃殿四科末,篆刻雕蟲重先達。衙官屈宋傖鄒枚,一派傳燈有衣鉢。均皆曠世號靈奇,何爲一門都聚之。箋經註史有遺作,如讀漢秦以上班班駁駁之文詞。石室玉房添寶笈,夜夜惟聞鬼神泣,大洩乾龍坤馬靈。月露風雲並收拾,春風時雨護書帷。入室升堂恰好時,應將著作壽黎棗,使之千秋萬世相昭垂。讀餘掩卷懷千古,詁經之作收天府。更聞天下書院祇四名,得此可增四而五。浙江詁經、四川尊經、湖南校經、湖北經心最有名。

劉會冕

胡公周子各千秋,經義祥明治事休。從此士林佳話徧,湖州而後又黄州。

李林滋

人文冠楚擅黄州,顛倒賢才始見收。何必牙籤三萬卷,即斯四部便千秋。

唐華清矯如　黄岡

文星輝翼軫,宗匠駐旌麾。大振湖州學,分頒上舍規。竹樓尋故址,槐市啟新基。制欲鴻都仿,風還馬帳吹。群才争北面,一瓣出南皮。爲問成陰日,誰忘手種時。

夏仁壽

不加附會不支離，識得形聲義始規。二百年來家法在，詁經從不貴新奇。

談心説性各尊聞，鹿洞鵝湖兩派分。畢竟陸朱同異處，後人何用訟紛紛。

拘守常談未得行，古今利害各分明。前朝制度當時事，經國文章鐵鑄成。

文無駢散只求是，詩到宋唐均不刊。何苦甘充古人隷，莫教求悦世賢看。

聞廷炬

燕臺吕袋彰新惠，檄捧南皮舊范模。一帶湖山歸管領，主持壇坫李江都。

彦真歸後興鄉校，華嶽祥雲一例看。同是年來倡里學，泰山北斗仰瞻韓。

批評風月見精神，綴點珠璣字字新。藏善生平原不解，激揚風教賴斯人。

集帙成詩歌萬寳，門分一席壯奇觀。知名合附齊安志，裂石梅花永不刊。

考訂居然馬鄭才，芟支鏟爛幾徘徊。譚經那更譏拘曲，知是雲臺□右來。

栗布文章冰雪氣，探雲躡月苦尋思。茫茫理窟分明在，勃窣何人更似之。

名臣事業名儒學，經濟文章屬二難。絶大精神才子筆，解衣槃礴議長安。

接跡風人揣稱侔，英詞高誼步南州。如何紈扇裁高調，壓倒年來菊部頭。

探花得氣争先著，最是知名汪逸園。約略東山刊集日，一簾春雨護重門。

胡承英□□　廣濟

堂開仁在震關中，雅範非唯草訓蒙。巨眼孫陽能踵武，驪黄牝牝冀群空。

宋桷株儒録用寬，精勤託業學師韓。甄陶萬類歸鑪冶，一卷瑯嬛九轉丹。

八代扶衰語去陳，應裁僞體見天真。駑駘附驥三生願，大雅扶輪幸有人。

小技雕蟲壯士羞，龍門聲價託荆州。須知匣劍藏鋒久，李白心輕萬户侯。

劉子政克三　黄岡

東壁星垂耀，輝分翼軫宫。澤沾槐市雨，春動竹樓風。齋舍開胡瑗，緇帷設馬融。四科宣寶訓，一瓣屬宗工。大手淋漓筆，宏爐造化功。萬間開寶廈，翹仰五花驄。

王殿華

璞玉生楚山，沅湘生蘭芷。黄州故邾地，八城如列齒。厚善覘土風，秀靈毓奇士。文章根六經，名言闡精理。蔚之爲國華，勳業輝南史。疇昔唐宋時，樊川與蘇子。權篆移此邦，題詠含宫徵。遺響千百年，高山猶仰止。况有濂溪人，提倡宣宗旨。匠門無棄材，樗櫟成柟梓。訂樂師九思，無欲追曹氏。堂堂康壽卿，功名心竊比。柯山風雨來，七字師閭里。甲乙平地高，丹梯矗雲起。光風霽月懷，培植森桃李。展轉吾有思，庶幾勤礪砥。

吴宗岱□□

聯翩浮藻增詞瘴,瘠駁豐肥紛異狀。滔滔文運倒頹波,憂世何人百川障。名公興學主提倡,繩墨條條依大匠。黄州地脈毓蘭芷,吐秀揚芳學花樣。爬羅剔抉發奇光,鏜鎝噌吰希絶唱。選詞按部類矜嚴,運筆馳風逞豪放。談經娓娓奪匡鼎,説理洋洋聯馬帳。經綸豁達顯才猷,詞賦瑰瑋益清壯。嗷嗃綺靡盡停音,鳴盛和聲慎趨向。撿金集玉得精華,出滯宣幽異標榜。此書既出見苦心,撮壤不遺徵雅量。從兹學校富搜求,好坐書城深醖釀。

吴臨翰□□　廣濟

旌旄指處士風蒸,文教提倡學校興。聞説起衰韓吏部,儒林從此瓣香承。

大雅扶輪久寂寥,何論蘇海與韓潮。自從滿郡春風煦,一一齊安滯羽翹。

經心學道證淵源,才略文章史籍根。放膽高談今古事,毫端端不拾陳言。

虚懷端不讓歐修,韻事何殊文選樓。一自精華搜采後,美人香草合千秋。

漫説騷壇易主持,一官一集更難期。莫誇吴郡新詩本,試讀黄州課士詞。

盧澍瀾□□　黄岡

卿雲糺縵紛天章,東壁爍爚騰寒光。士遵聖訓務學殖,雝雝翽翽鳴高崗。緬維六經文字祖,爛然斗極天中央。大易精藴萃群聖,主理主數争參詳。書遭秦火漢多僞,古文出壁乃其良。詩具正變入聲樂,異哉束晳乃補亡。春秋三代互得失,孰起錮疾鍼膏肓。

《周禮》六官立民極，國服爲息荆公王。《儀禮》文繁義瑣碎，有條不紊網在綱。古《禮》注疏號《禮記》，兩戴大小鑣分揚。《孝經》夫子行所在，白虹黄玉排天閶。《爾雅》蟲魚自磊落，一名一義紛難量。六經緒餘及子史，屈宋幽豔班馬香。三都兩晉冠《選》學，八家韓柳蘇歐陽。曰曾曰王富經術，不懈及古參翱翔。讀古人書非易事，況論時務陳法詳。偉哉南皮張總制，終朝汲汲甄才忙。兩湖院啟庇多士，復設經古於楚黄。太史周公士之望，漱滌六藝揚群芳。制軍不惜折節請，皋比高設升講堂。指示群儒讀書法，分門別類增其長。經義治事仿湖學，公真皎日出扶桑。金經陶冶愈華澤，滿城桃李列門牆。珊瑚玉樹世罕見，公盡收作囊中裝。弟子昏魯愧枵腹，驥尾得附名益彰。披公此編大稱快，陸離金薤垂琳琅。安定而後能幾見，千秋萬世永輝煌。高歌濡筆識簡末，夜深寶氣聯文昌。

楊戴榮□□　廣濟

一溯南豐派，馨香祝不休。眼光增雪亮，舌本益風流。論美石渠閣，名高文選樓。精華搜刮後，此事自千秋。

徐龍藻□□　蘄水

讀此心先折，荆雲鬱忽開。頒來傳世寶，鍊就救時材。夒樂關全局，陶鎔出異才。中興今已卜，非止聖賢胲。

王樹勳

經學由來重古今，六書三禮貴研尋。倘能淹貫無疑義，自爾從容有會心。

宋明門户習相沿，道學相傾又百年。悟到同歸方是學，朱程王陸總真傳。

漫云官禮病斯民，自古清談更誤人。識得時機兼古治，處爲名士出名臣。

律度須知規矱式，神情還自妙心裁。獨成家數無依傍，始是千秋著作才。

葉啟壽

黄州古之弦子疆，瑰瑋世出翹楚邦。鬻子不作荀卿亡，士氣摧抑千年藏。繄自星臺耿文昌，異人世出南皮張。典學于鄂公旦明，一時有美無弗彰。吾鄉周師尤英英，齡纔髫丱升其堂。廿年公還領荆疆，都人聞命馳奏慶。再至教澤逾泱泱，兩湖儷海經心江公視學湖北，建經心書院，今復建兩湖書院。杜陵廣廈何堂堂，偏設酒醴陳笙簧。殷殷垂顧先吾黄，飭賢司牧交提倡。當求人師于鼓羊鼓羊山爲師所居，令剖卞璞成圭璋。我師時抱栝棬傷，縞素欒欒悲小祥。太守再三束幣將，勉起傳薪修門牆。自維斯道甘苦嘗，讀破萬卷撥巾箱。治經許鄭加考商，窮理朱陸毋賊戕。措爲世業資劻勷，目燭今古安黎蒼。發爲文章資贊颺，手抉雲漢歸縹緗。昔主鄉試岐山陽師光緒戊子典試陝西，誓砭沉痼箴膏肓。忘餐抖力日不遑，廢寢咯血夜未央。矧復振拔關梓桑，迺釐茂矩提宏綱。四科分課金玉相，風雨逸園持校量書院未建館，僦汪氏逸園。尺短曾弗類寸長，眼紫如電昭毫芒。腕動如風掃秕糠，削奪勤劬斠討詳。每盼甲乙皆心降，日新月異群頡頏。榛蕪漸剔松桂香，膏霢益沃芝蘭芳。歷棋帙緝縑爲裝，弁言自敘示表坊。珍重親署昭珩璜，受誦警喜滋悚惶。登降激勵駢趨蹌，弱植咸冀蒸爲宗。户絃家絲書滿床，藝圃從此夸豐穰。嗟余薄祜棲幽篁，儲籍夙乏曹公倉。似凍無褐飢無糧，立雪無地輸游楊。叢過聚咎行傍徨，憂樂期媲希文雙。腹枵十萬奚胥匡，韓潮宋海徒望洋。欲渡不獲一葦杭，逞來千載天茫茫。幾回泣灑歧道傍，自分憔悴同姬姜。惟餘壯志猶貞剛，祖訓母教虞礙妨。仰瞻岱宗高且莊，北斗懸耀輝銀潢。拂拭眾羽軒鸞凰，遥指雲路鳴翺翔。仰畣上源何洸洸，下演流派亦湯湯。兩兩道範照漢江，顧我遐孫千里駠。欽佩恐負鈎膺瓖。撫卷三歎冬牕涼，皓魄入牖飆褰裳。安得鎔質百鍊鋼，挾狂攜獧追中行。

黄岡鍾鵬程校字

羅田王葆周覆校

跋

夫探藏書於石室，必資津逮之功；迷大霧於荒墟，端賴指南之助。先覺後覺，責有難辭；經師人師，品宜兼備。良以俗學争鳴，風尚各異。或矜一得以淩馬鄭，或膠己見以薄程朱，或因鑿空之言而放爲高論，或假鈔胥之事而妄詡宏通。不有興之，誰爲導之？不有化之，誰爲成之？此講學所以貴薪傳，執業所以有衣鉢也。書院之設，創自宋時。山長之稱，崇於元代。自時厥後，風氣日開。

國朝右文稽古，造士儲才；化育彌隆，薰陶浸廣。凡行省、府、縣，莫不各有書院。法良意美，震古鑠今。制府南皮張公主持壇坫，獎掖後進。往歲視學鄂中，有經心之設。其後采風吾蜀，創尊經之規。近以兼圻鄂、湘，復建兩湖書院，宏規茂矩，海内大觀。所以培植人材、甄陶士類者，於斯爲盛焉。上章攝提格之歲，壽昌捧檄黄岡。制府以黄郡爲人文所薈萃，績學之士當有專家，特慮步趨各歧，祈嚮互異，模之範之，實賴其人。命隨郡守江都李公創設經古書院，延羅田周伯敬太史主講其中，釐定新章，萃集後乂；八屬髦士，興起蒸蒸。程課分門，學問循轍；校閲精當，棄取謹嚴。一話一言，必本先正；單詞片語，不落恒蹊。期月以來，集成卷帙，擇其殊尤，付諸剞劂，題曰"黄州課士録"，屬壽昌綴言卷末。

竊維考據之學，貴於貫穿。摭拾群言，飣餖者誤。理學之家，希在賢聖。出入各主，排擊者非。經濟之才，宜有實際。好高騖遠，空談者疏。詞章之士，所尚淹通。麗語靡辭，俳優者雜。太史兹選，其弊悉祛，言必雅馴，辭尚體要，足以沾溉後學，激揚多士。

昔鵝湖鹿洞，朱子於此講貫而大學之道日明；經義治事，胡瑗以之名齋而分門之學益著。以今方古，何以過之。異日者，正學昌明，宏材輩出，齊安人士，度越尋常，此固見制府栽培之隆，太史教育之力，郡守宏獎之功。

壽昌以迂疏譾陋之才，濫厠其間，亦得附驥尾而同彰，斯亦幸矣。成都楊壽昌謹跋。